汉语言文字实用讲义

HAN YUYAN WENZI
SHIYONG JIANGYI

◉ 冯雪冬 编著

辽宁大学出版社 沈阳
Liaoning University Press

图书在版编目（CIP）数据

汉语言文字实用讲义/冯雪冬编著. --沈阳：辽宁大学出版社，2024.12
　　ISBN 978-7-5698-1443-9

　　Ⅰ.①汉…　Ⅱ.①冯…　Ⅲ.①汉语－文字学　Ⅳ.①H12

中国国家版本馆CIP数据核字（2023）第205309号

汉语言文字实用讲义
HAN YUYAN WENZI SHIYONG JIANGYI

出 版 者：	辽宁大学出版社有限责任公司
	（地址：沈阳市皇姑区崇山中路66号　邮政编码：110036）
印 刷 者：	沈阳市第二市政建设工程公司印刷厂
发 行 者：	辽宁大学出版社有限责任公司
幅面尺寸：	170mm×240mm
印　　张：	15.75
字　　数：	230千字
出版时间：	2024年12月第1版
印刷时间：	2024年12月第1次印刷
责任编辑：	于盈盈
封面设计：	高梦琦
责任校对：	郭宇涵

书　　号：ISBN 978-7-5698-1443-9
定　　价：46.00元

联系电话：024-86864613
邮购热线：024-86830665
网　　址：http://press.lnu.edu.cn

前　言

2015年，学科教学（语文）专业学位硕士研究生领域开始招生。培养方案中可自由设置的学分有限，我们主要确定了三门专业方向课程，课程涵盖语言、文学、文化三个领域，旨在培养学生运用语言文学文化基本知识、基本理论解决教学实际问题的能力，实现举一反三，与基础教育有效衔接。

2015年3月，我开始为语言方向课程"语言文字教学专题"准备教学材料。非常幸运的是，我一直以来参加一些基础教育的公益课堂，对中小学生的基本情况有所了解。语言文字教与学的过程中存在的问题还是不少，这不是说我们的老师教得不对、教得不好。考试永远是个指挥棒，考什么决定了教什么，这很功利，却很现实。然而，具体考什么，恐怕不容易知道。于是，死记硬背、重复训练的经验主义思维和方式，成了"主流"，这在语言文字教学中尤为突出。比如，文言文教学中，要求学生一字不差地背注释，一句不误地背参考书的译文。评价实践中也的确存在抠字、抠句，不合教材、教参就不赋分的现象，这无疑为经验主义、填鸭式教学提供动力。结果是学生力不从心，重复机械劳动，还有就是"劳民伤财"。我们也注意到另外一种倾向，"不学而务求其道"，师生致力于追求答题的方法。各种噱头，讲方法，讲"大语文"。我不知道语文有多大，我可以确定地说凡是宣扬"大语文"的，也不符合术语提出者的本意。语文就是语文，教学就是教学，学习就是学习，一切方法都是锦上添花。教学方法的革新势在必然，否则就不能实现提升和发展，这是常识，我们并不反对。问题是我们不能把心思放在如何讲授答题方法，如何学习答题公式上。实际上，这些东西也不需要学。那是人类认知的共性，如同先穿裤子再穿鞋一样，自然就会了。

　　语言文字的教与学离不开生活，实际上所有的知识学习都是一样的。我们的教育有时候脱离实际远了些，传统节日都需要特殊记忆，公历和农历根本分不清，城市里的孩子甚至不关心东西南北。我想大家根本不会相信，我们的孩子，甚至"大孩子"，在面对以自己所在地为参照点，太阳是由南到西还是由北到西的问题时，会有比例相近的答案，还有就是无论南北，没有态度。我们关注理念、大谈改革，引进高大上的理论时，也需要适当地关注实际，关注绝大多数的教学实际。脱离生活的结果就是语言文字素养不高，认知水平很有限。o的音值，有一段时间内热议强烈。这本来是个常识，读过中文系的也都知道，o是单元音。可实际却是业界学人、一线教师、教育博主、学生家长等各类人群，微博、抖音、公众号、视频号等各路平台，众说纷纭，各持己见。简单的问题复杂化，对的似乎要成为错的。1958年公布的《汉语拼音方案》，标志着汉语拼音的诞生。《汉语拼音方案》非常明确地把o的音值注为"喔"，注音字母为"ㄛ"；同一横列的右侧是uo，注字为"窝"，注音字母为"ㄨㄛ"。显而易见，前者为单元音，后者是复元音，o不是uo。问题是"上学时就是那样学的"，曾经老师也是那样教的，现在说不是uo，就是不接受。为什么？我们的认知能力太弱了，我们观念也相对守旧，甚至基础教育语文教师也坚持以往的误读。大学现代汉语课程的学习，是机械记忆来的，并没有思考过。说o是舌面后、半高、圆唇元音，都知道；说现代汉语的十个单元音韵母也知道，可误读成了复元音却依旧坚信不移。这就不行。

　　语言反映思维，掌握了一门语言就具有了一个民族思考问题的方式。何况汉语语言文字如此历史悠久，如此丰富而独具魅力。说话本就是一件大事。说好汉语，了解汉语，以科学的精神面对祖国

前 言

的语言文字，以科学的态度优雅而幸福地生活，民族复兴的路上不可或缺。语言文字素养是一个国家、一个民族国民素养的基础和集中体现，正确地使用祖国的语言文字，科学地认识祖国的语言文字，树立强大的语言自信和文化自信，代代国人义不容辞。语言文字工作者，特别是基础教育语文教师、高校教师和当代中文系的大学生们，我们必须牢固树立汉语言文字意识，学好、教好、研究好汉语言文字，为提升语文教学质量，提升国民语言文字素养，提升国民语言文字认知能力。同时，我们要敢于站出来纠正谬误，特别针对那些为了博眼球、获流量而哗宠取宠的群体。这些人混淆视听，蒙蔽民众。比如，拿出几个例子要起诉《新华字典》；拿着《现代汉语词典》对比《新华字典》指责《新华字典》漏收语词；拿《新华字典》前后版本，质疑新版收录的新字新义，等等。别的不说，《新华字典》凝聚了几代学者的心血，一直在动态地科学完善过程中。增补还要保证篇幅，删减还要保证全面。在经济与丰富之间做到了最优最好，多一字嫌多，少一字嫌少。这样一部经典辞书，被一些人毫无依据地拿来无理取闹，不怀好意地横加指责，这要带偏很多人的。我们不是要一味地止于书斋中，要敢于挺身而出，发表正确的观点，普及常用语言文字知识，创造公平的语言文字使用和研究环境，提升国民的语言认知能力。

我的这本小书是在语言文字教学专题讲义的基础上形成的，其中有个人的一点儿思考。主要的想法就是结合生活实际，引进教学实例，培养学生思考问题的方式和看待问题的能力。书中充分借鉴了已有的研究成果，常识部分引用了现有成果的用例，非常感谢前辈学人给予的真知灼见和丰富语料。书后集中列入了参考文献，如有疏忽遗漏，绝非主观故意，请诸方家见谅！书中也用了不少网络上的用例，特别感谢网络平台、感谢编辑者。拙作如果能为汉语言文学专业本科生、语文教学领域和汉语言文字专业的研究生，或者是中小学语文教师提供一些学习帮助和教学参考，那是非常庆幸的。

无论如何，我们的心是好的，我们想为语文教学做一些事情，希望能够实现一点儿愿望。

本书成书过程中，鲁英丽、陆萍、高业清、王心雨、谢瑞霖等研究生承担了校订工作，辽宁大学出版社责任编辑于盈盈和审校的各位老师给予不少帮助和精心地校正，在此一并致谢。

冯雪冬

2024 年 3 月

目 录

绪 论 1

第一章 汉字和汉字教学 16

第一节 文字和汉字 16
第二节 汉字的过去和现在 21
第三节 汉字与基础教育语文教学 44

第二章 词汇和词汇教学 91

第一节 词汇单位 92
第二节 词义和词义的构成 106
第三节 词汇与基础教育语文教学 122

第三章 汉语语法教学 159

第一节 语法教学不能回避的几个问题 159
第二节 语文教学中语法分析的方法 176

第四章　汉语语音与语文教学 ·················· 196

　　第一节　汉语语音基本知识 ················· 196

　　第二节　汉语语音与基础教育语文教学 ········· 212

参考文献 ································· 235

结　语 ··································· 240

绪　论

汉语有多长时间的发展史，我们还不容易说清楚。不过，有文字可考的历史可以追溯到 3500～4000 年。从《诗经》的时代算起，汉语史至少也有 3000 年。没有文字时代的汉语面貌，我们无从准确地得知，只能通过已有的文献材料，研究某一时代的汉语，窥测当时的社会生活。漫长的汉语史，承载着光辉灿烂的中华文化，彰显了中华民族不朽的勃勃精神。历史为中华民族选择了汉语作为交际工具，汉语选择汉字沟通视听，记录上下五千年的中华文明。

一、关于语言

我们正在使用的现代汉语和通常所说的历史上的人们所使用的古代汉语都是汉语，都是汉语的阶段性形式。汉语是一门语言，要学习汉语，我们首先应该知道什么是语言。

（一）语言是符号

语言作为符号，具有两个方面：能指（形式）和所指（内容）。在符号中，这两个方面对立统一，不可分割，互为表里，互相依存。比如，交通路口的标识，如下图所示。

禁止停车　　　　禁止长时间停车

一个红圈里面有一个"×"，这是标识的能指，是形式。它所包含的禁止停车就是内容，是所指。同样的形式，一个红圈里面一个"\"，代表的是禁止长时间停车。这是通过眼睛看到的，我们称之为视觉符号。运动场上，裁判员一声枪响，起跑线上的运动员立刻冲出，这枪声也是符号。它的能指是枪响的声音，所指就是"跑"，声音是耳朵听到的，是听觉符号。人民币上的凸点和方角，标记具体的面额，这主要是为盲人朋友们设计的，用手触摸到凸起的部分（能指），就能够辨别具体的面额（所指），这就是触觉符号。

第四套、第五套人民币盲文面额标记一览

名称	1元	2元	5元	10元	20元	50元	100元
第四套	·	:	··	··	··	···	····
第五套	·	··	·」	:」	·」	·」	·」」

同样，嗅觉、味觉也能感知信息，构成嗅觉符号和味觉符号。比如，我们约定打开酒瓶的盖子，闻到酒的味道的时候，在场的所有人都鼓掌欢迎来宾。酒的味道就成了能指，"鼓掌欢迎"就是所指，这是用鼻子实现的，是嗅觉符号；倘使恋爱中的小女孩儿塞进男孩儿嘴里一块橘子味儿的糖豆，就是告诉他"今晚我答应和你一起看电影"，塞进巧克力味儿的含义是"今晚有课，去不成"，那这糖豆就成了甜蜜的味觉符号。这样的例子比比皆是，其中普遍性的原则是，符号的能指和所指之间的关系是在一定环境下的约定关系。表示禁止停车的牌子，放在垃圾处理站就是一块废铁；运动场外的行人，听到发令枪响最多是吓一哆嗦，一定不会起跑；白纸上的凸点再多，也不是钱；饭店里酒香弥漫，也不代表要人鼓掌欢迎；满嘴的橘子糖豆如果不是男女约定，也看不成一场电影。凡符号都是约定俗成的，能指和所指之间没有必然联系。看到闪电知道下面会有雷声，听到梅子就吐出了酸水儿，含到糖块就吮吸了香甜，这都不是符号，是事物或事物之间固有的特性。只有当酸味用于某种约定时，其本身才是嗅觉符号，醋本身却不是符号。人能用语言交流，通过声音感知意义，声音就是语言符号的能指，意义是所指。

（二）语言是音义结合的符号系统

语言是音义结合的符号系统，属于听觉符号。我们通过语言表达思想、交流感情，而非依靠书面文字，有些语言至今还没有文字记录。我们也不能单纯地依靠肢体行为表达丰富的思想感情，而语言交流过程中直接感知到的就是彼此发出的承载意义的声音。人发出的有一定意义的声音叫语音，语音是语言的能指，其承载的意义就是语言的所指。系统，我们不难理解，就是处于一定关系的多个成员的组合。英语、汉语的不同，就在于两种语言的不同系统。因此，我们说语言是一种音义结合的符号系统。

语言有三要素：语音、词汇、语法。语音就是语言的形式，在语法规则组织下的词汇是内容。也有人认为，语言有两要素——词汇和语法。因为词汇本身是音义结合体，但这样一来语言的形式是什么呢？当然还是语音，那内容呢？是规则支配下的意义吗？当然不是，因为规则直接支配的是词汇。因此，三要素之说更合理些。那么，我们这里就可以解释什么是语言了。

语言就是以语音为物质外壳，以词汇为建筑材料，以语法构成规则的音义结合的符号系统。这是从本质上为语言而下的定义。另外，从功能上来说，语言又是人与人之间重要的交际工具。语言增强了人的社会性，人类社会随语言的产生而真正地产生。语言也是人类认识世界的工具和传承文化的载体。

语言又有口语和书面语之分。口语是人们口头使用的语言，书面语是用文字记录下来的口语，是文字产生之后的产物。记录在书面的语言往往都是经过斟酌的，书面语一般较为庄重、严肃，结构严谨，长句多；口语则生动活泼、简洁、通俗、自然。然而，口语同样可以被记录在书面上，书面语也同样可以通过口头来表达。因此，我们认为，口语、书面语应以语言色彩为依据来区分，口语即有口语色彩的语言，书面语即有书面语色彩的语言。

二、汉语的历史分期

语言有其自身的发展规律。有一点是肯定的，历史上的汉语一定经历了量的积累和质的飞跃。不过这样的飞跃不同于朝代的更替，不同于政体的变革，也不同于文学的流变和社会思潮的起伏。很难想象，隋唐更替的瞬间，人们所操的语言一夜骤变，晨起而不知昨日言语。当然不可能。然而，古代汉语的"之乎者也"是怎么成为现在这个样子的？现代汉语是从什么时候开始的？这中间发生了什么？这是学习现代汉语、古代汉语，以至学习一门语言首先要了解的一个基本的问题。我们上面谈到语言的三要素，汉语的历史分期当然是以语音、词汇、语法等诸多要素的发展情况为依据的。历史上，汉语大致经历了以下几个发展阶段。

　　上古汉语　先秦两汉　《论语》《孟子》等和《史记》中的对话
　　中古汉语　魏晋—唐　汉译佛典、《世说新语》、《孔雀东南飞》等
　　近代汉语　晚唐—清　白话诗、"三言"、"二拍"、"四大名著"
　　现代汉语　五四—今　《骆驼祥子》等现当代文学经典

　　各个时代的口语可以反映在书面语中。典型的口语文献和史传文学中的语言描写，反映当时的语言面貌。这里，我们可以比较下面不同时代口语文献选文的语言面貌，从而了解汉语的发展历程。

上古汉语·先秦例

　　曾子曰："吾日三省（xǐng）吾身：为人谋而不忠乎？与朋友交而不信乎？传（chuán）不习乎？"（《论语·学而》）

　　吾：人称代词，我。日：每天。三省：多次进行自我检查。三，泛指多次。一说，实指三个方面。省，自我检查、反省。为人谋：替人谋划事情。忠：竭尽自己的心力。信：诚信。传：传授，这里指老师传授的知识。

　　子曰："吾十有五而志于学，三十而立，四十而不惑，五十而知天命，六十而耳顺，七十而从心所欲，不逾矩。"（《论语·为政》）

　　十有五：十五岁。有，同"又"，用于整数和零数之间。立：立身，指能有所成就。惑：迷惑，疑惑。天命：上天的意旨。古人认为天是世间万物的主宰。命，命令。耳顺：对此有多种解释，通常

认为是能听得进不同的意见。从心所欲：顺从意愿。逾矩：越过法度。逾，越过。矩，法度。

《论语》是语录体散文，反映的是当时文人的口语，虽不完全同于口语原貌，但足以窥一斑而见全豹。人们就是这样"之乎者也"地交流思想、表达感情。

汉以后，则有了新的变化。

中古汉语·南北朝例

孙子荆以有才，少所推服，唯雅敬王武子。武子丧，时名士无不至者，子荆后来，临尸恸哭，宾客莫不垂涕。哭毕，向灵床曰："卿常好我作驴鸣，今我为卿作。"体似真声，宾客皆笑。孙举头曰："使君辈存，令此人死。"（《世说新语·伤逝》）

孙子荆：孙楚（？—293），字子荆，太原中都（今山西平遥西北）人。爽迈超俗，颇以才藻自负。以著作佐郎参石苞军事，为苞所劾，遂湮废积年；后扶风王骏起为参军，转梁令，惠帝初再为冯翊太守。

王武子：王济，字武子，太原晋阳（今山西太原）人。少有逸才，风姿英爽，娴熟弓马，勇力绝人。并长于清谈，修饰辞令，朝臣皆未能过。尚武帝司马炎女常山公主，以白衣领太仆，早卒。

阿母谓府吏："何乃太区区！此妇无礼节，举动自专由。吾意久怀忿，汝岂得自由！东家有贤女，自名秦罗敷（fū）。可怜体无比，阿母为汝求。便可速遣之，遣去慎莫留！"（《孔雀东南飞》）

区区：小，这里指见识短浅。自专由：与下句"汝岂得自由"中的"自由"都是自作主张的意思。专，独断专行。由，随意，任意。贤：这里指聪明贤惠。可怜：可爱。

孙子荆的"卿常好我作驴鸣，今我为卿作""使君辈存，令此人死"为当时口语实录，其白话程度与《论语》相较而言较高；乐府诗《孔雀东南飞》大有现代人所仿写的古体诗意味，很容易读懂。

魏晋南北朝时期也是佛经翻译的高峰期，佛典中的白话词则是一般中土文献所不易见到的。

近代汉语是汉语质变的重要转折期,大量白话文献在这一时期产生。

近代汉语·唐宋元明清例

唐:他人骑大马,我独跨驴子。回顾担柴汉,心下较些子。(《王梵志诗》)

王梵志(隋末至唐初年间前后在世),唐初白话诗僧,卫州黎阳(今河南浚县)人。原名梵天,生卒年、字、号生平、家世均不详,隋炀帝杨广至唐高宗李治年间前后在世。

宋:梓人抡材,往往截长为短,斫大为小,略无顾惜之意,心每恶之。因观《建隆遗事》,载太祖时,以寝殿梁损,须大木换易。三司奏闻,恐他木不堪,乞以模枋一条截用(模枋者,以人立木之两傍,但可手模,不可得见,其大可知)。上批曰:"截你爷头,截你娘头,别寻进来。"于是止。(南宋·周密《齐东野语》卷一"梓人抡材")

元明:蒋兴哥人才本自齐整,又娶得这房美色的浑家,分明是一对玉人,良工琢就,男欢女爱,比别个夫妻更胜十分。三朝之后,依先换了些浅色衣服,只推制中,不与外事,专在楼上与浑家成双捉对,朝暮取乐。真个行坐不离,梦魂作伴。自古苦日难熬,欢时易过,暑往寒来,早已孝服完满,起灵除孝,不在话下。(《喻世明言·蒋兴哥重遇珍珠衫》)

清:此开卷第一回也。作者自云:因曾历过一番梦幻之后,故将真事隐去,而借"通灵"之说,撰此《石头记》一书也,故曰"甄士隐"云云。但书中所记何事何人?自又云:"今风尘碌碌,一事无成,忽念及当日所有之女子,一一细考较去,觉其行止见识,皆出于我之上。何我堂堂须眉,诚不若彼裙钗哉?"(《红楼梦》第一回)

宋人笔记是以文言为主且其间有白话出现的文献,即使如此,

"截你爷头,截你娘头,别寻进来"的口语实录,也能初步感受当时语言的口语化程度。至于后面的话本和小说就已经十分接近现代汉语了。

这里,我们明显能够感受到汉语从古至今的发展变化,总体趋势就是白话程度越来越高。特别是唐宋以后的语言面貌,与前代相比已然有质的差异。需要另外说明的是,语言的发展不以人的意志为转移,不以政治历史要素等为依据。语言是有其自身发展规律的,是渐变的。当语言从量变的积累达到质的飞跃时,一个新的阶段就开始了。这还仅仅是理论上的考虑,实际上其发展阶段的界限却十分模糊。我们说先秦两汉是上古汉语没有问题,东汉就可以视为过渡阶段。若说隋唐是近代汉语的上限,或是中古汉语的下限也都能说清楚。基于此,王力先生在分期时采用了"过渡阶段"[1],袁宾先生提出认识主干和部分重叠的原则。[2] 我们说,五四为现代汉语的起点,这也仅是个参考,一般可以说是五四运动前后。前可能推及至百年、几百年。从这个意义上来说,现代汉语的历史似乎很短,又似乎不短,而通常我们做现代汉语研究以五四运动之后的文献为规范。吕叔湘先生认为,现代汉语是近代汉语的一个发展阶段,体现的就是语言发展的渐变性和缓慢性。[3]

三、汉语、汉字

古代汉语、近代汉语、现代汉语都是某一时代人们所说的语言,都是汉语。科学地说,汉语究竟是什么?还是要谈一谈。从广义上说,汉语包括共同语和方言,一个时代都有一个时代的共同语。我们现在所使用的共同语就是现代汉语,一般称之为普通话。这里我们就现代汉语谈共同语的几个问题。

(一)关于现代汉语

我们了解了语言的常识,自然也就不难理解什么是现代汉语了。

---

[1] 王力. 汉语史稿 [M]. 北京:中华书局,1980:32—35.
[2] 袁宾. 近代汉语概论 [M]. 上海:上海教育出版社,1992:1—6.
[3] 吕叔湘. 近代汉语指代词 [M]. 上海:学林出版社,1985:序.

语言有三要素，现代汉语自然也有三要素，只是这三要素是具备一定特征的三要素。通常我们所说的现代汉语仅指现代汉民族共同语，即以北京音为标准音，以北方话为基础方言，以典范的现代白话文著作为语法规范的普通话。同时，广义的现代汉语还包括方言。

那么问题来了，为什么以北京音为标准音？怎么不是鞍山音、深圳音呢？为什么非要以北方方言为基础方言？粤语怎么就不可以呢？首先，我们要告诉大家，汉语的共同语由来已久，可以说从汉语产生的那天开始就有共同语。语言一定是有个体差异的，只是差异大小的问题。大到截然不同的民族语言，小到两个操同样土语的个人。操不同民族语言的人要实现交流，就得学习"外语"；操同一民族语的人群为了实现交流，就得说彼此都能听懂的话。这样的话，不是谁能规定得了的，该这样说却偏那样说，肯定无法交流。那是怎么来的？答案只有一个，是语言发展规律决定的，是客观形成的。从西周时期开始，汉语就产生了以王畿一带方言为标准音的通语"雅言"，诸侯国之间以此交流。汉代的共同语称之为"通语"，明清时期称之为"官话"，民国称之为"国语"，新中国成立后，我们定名为普通话。尽管名称有异，但是所指皆为共同语。而且，共同语标准音的形成始终离不开作为政治、经济、文化中心的都城。这里需要说明的是，语言的发展是缓慢的，一时代语延续至下一时代是正常的。这就有了一个融合的过程。因此，历史上，长安音、洛阳音、杭州音、北京音等都发生过主导作用，也经历了融合影响，最终形成了我们的现代汉民族共同语。现代汉语之所以以北京音为标准音，是因为唐代开始北京的地位发生了变化，由军事重镇到明清作为都城，逐渐成为政治、经济、文化中心。海内外的华人，用于交流的通用语都是以北京音为标准音的。这就是客观规律。北方方言以北京音为代表，占汉语使用人口的73%，实现交流必然需要以北方方言为基础方言。至于，以典范的现代白话文著作为语法规范，是化抽象为具体，为普通话语法的推广提供一个样本。这些经典著作用的就是北方方言，说的还是前面两个问题。

（二）关于方言

我们非常有必要讨论一个问题，那就是方言。方言是局部地区的人们使用的语言，是共同语的地方分支。汉语方言众多，俗称地方话。一般来说，民族语历史越长，人口越多，方言越多，方言不是独立于民族语言之外的语言。方言也有相对独立的系统，共同语是全民族共同使用的；共同语与方言之间是"同中有异""异中有同"的关系。差异主要在语音上，词汇次之。二者不是对立关系。共同语是以某一方言为基础而形成的，形成之后，各方言仍旧继续存在，二者相互影响。方言产生的因素有很多，如社会、地理、历史方面的因素，语言发展的不平衡，语言之间的交融等。一般来说，汉语有七大方言区，依据使用人口由多到少的顺序分别是北方方言、吴方言、闽方言、粤方言、客家方言、赣方言、湘方言。

方言是宝贵的财富，是活灵灵的语言形式。生活中，我们要说好普通话，用普通话交流，也要热爱自己的方言，彼此尊重对方的方言。方言是语言的实际存在形式，"乡音无改鬓毛衰"，可见乡音的根深蒂固。踏上故乡的刹那，相遇久违的亲朋好友，脱口而出的一定是方言；深处异地他乡，一句乡音足以令彼此心头暖、泪拂面。日常交流中，同乡之间用方言才来劲，才聊得透彻、听得明白。方言之间"和"的过程中，才产生了满足彼此交流的通语共同语。共同语是用于操不同方言人群沟通的媒介，与方言之间没有高低雅俗之分。因此，共同语也是很难说清楚的，北京话不是，广东话不是，东北话也不是。用于交流时，我说的是有东北话痕迹的普通话，你说的是有河南话痕迹的普通话，他说的可能是有些听不懂的普通话……总之，大家尽力说的能让其他说方言的人群听懂的语言就是普通话，只是有标准和不标准的区别，有一甲、二乙等的区别。

（三）关于汉字

汉字是用来记录汉语的书写符号系统。语言是音义结合体，世界上的文字根据记录语音的不同方式，可分为拼音文字和非拼音文字。这指的是构字部件和音义的关系。表音文字又可分为音素文字和音节文字，用有限的符号记录语言中的音素的文字就是音素文字。

比如，英语 dog 即对应三个音素［d］［ɔ］［g］；用有限的符号记录语言中的音节的文字就是音节文字，如日语的わたし（我，wa ta shi）。表意文字亦可分为语素文字和表词文字，用有限的部件对应语言中的词的意义的文字就是表词文字，汉字起初就是表词文字，古汉语的词是以单音节为主的；用有限的部件对应语言中的语素的意义的文字就是语素文字，就现代汉字而言，汉字就是语素文字，现代汉语的词是以双音节为主的。

汉字是表意文字。这是从起初的状态上粗略而言的，实际的情况是汉字的表意性较为复杂。汉字的发展是由图画到符号的过程，"隶变"是一个重要的临界点。符号化的汉字，从形体看来并不一定能推知其意义。比如，"尹"本是人手握笔的形象，用于指称拿笔的文化人，但现在看来已经十分不明了了。同时，古今观念的变化，致使有些字的意义不好理解。"美"上面是"羊"，这是因为古人以羊头为饰；从"贝"的字与钱相关，是因为"贝"在货币产生之前的很长一段时间是一般等价物；从"心"多与思想有关，这是因为古人认为"心"是思维的器官。

四、汉语和汉字

汉字是至今仍在使用的最为古老的文字，汉语在历史上经历了新旧更替的演变，但汉字却保持着相对的稳定性。符号化进程中，表意性保持不变，没有走向拼音化的道路。这是历史的选择，这个过程中汉语和汉字磨合、默契、和谐发展。

（一）汉语单音表意的特征，决定了用汉字记录的唯一性

汉语音节相对短小，往往单音节表意。古代汉语中表意的音节常常就是一个词，用一个表意的汉字记录语言中表意的一个音节，这就形成了音节、语素、词、字对应的基本格局。灵活自如，自然克服了同音词产生的多义问题，使得书面上的表达更加丰富形象。世界上也有不少音节文字，音节文字的符号对应的是语言中的音节，汉字对应的也是汉语的音节，汉字为什么不能拼音化而成为表音文字呢？这就是由汉语的单音表意特征决定的。多个音节表达意义，

用一个符号记录就不合适。因为这个符号可是音形义的结合体,一个符号若是表示两个或两个以上的音节,就会有内部拆分的问题。比如,用"们"记录 rén men(假设这两个音节单独都不表意),表示两个以上的人群,意义上说得清,读音上就得是念成两个音节。依据呢?分解"们"的结构最为直接,"亻""门"分别对应 rén men,这就成了音节文字。如果是多个音节的,那就更不可思议了。

(二)汉字的表意性,维系了汉语词汇的平衡发展

汉字是记录汉语的书写符号系统。一般来说,汉语中有一个表义的单音节语素,就应该有一个汉字来记录它。于是,语言中的同音词或同音语素在书面上就获得了区分。比如,义、易、艺、亦等(这里我们为了方便表述,没有考虑古音)。在口语表达的过程中,一是语境的弥补,二是文字上的相关联想,自然使语义具体化。作为书写单位的汉字,由于表意的特性自然地进入语义层面,在一定程度上维系着汉语词汇系统的平衡。汉字并不是被动地简单记录汉语,汉字和汉语之间彼此能动地和谐发展,汉字的能动性记录在一定程度上丰富了汉语的发展进程。造字永远是滞后的,随着生产力的发展,社会的进步,新事物、新现象不断涌出,语言中就要有新词新义来记录客观世界中的新事物、新现象,进而要求有新字来记录这些新词、新的语素。这时候,汉字系统一来是造字,二来则是通过缓冲的方式能动地记录,以现有的字记录语言中的同音词或同音语素,于是产生了假借。比如,"乌"本来表示乌鸦,后来语言中产生了同音的语气词,也用"乌"来记录。再后来是为语气词造了另外一个"呜",又非常灵活地记录双音节词"乌鸦""呜呼"等。这是拼音文字不容易实现的,在一定程度上分化了汉语的同音词、同音语素。因此,汉字区分同音词、同音语素制约了词汇系统过快地变化,分化同音词和同音语素又打破了已有的格局。总而言之,汉字的表意性,维系了汉语词汇的平衡发展。

(三)汉字记录汉语的能动性,令汉语的发展进程丰富多彩

汉语一直处于动态的发展中,汉字则能动地记录和调节自身,

以实现汉字与汉语的和谐共处。语言中新旧要素的更迭需要一段过程，任何一时代的语言都是共时层面的立体交叉网络，如现代汉语就是汉语的当下发展阶段，是以往要素和新要素的混合体。共时层面中的历时要素并存，这是普遍现象。词汇系统中的文白异读现象最能说明问题。轻唇音［f］在早期的汉语中并没有产生，［f］为声母的字读为重唇的 b［p］、p［p^h］。通俗地说，比如"父"，潘悟云先生总结汪荣宝《歌戈鱼虞模古读考》一文解释"鱼虞模魏晋以上亦读 a 音"的原因时，特提到"'父'读如 ba，就是现在的爸"。[①]
按照语音发展规律，"父"读为 fu，口语中依旧还保留了 ba，形成了文白层次。这样的文白异读现象一直保留到现在。但我们早已忘记了"父""爸"是同一个词的事实，因为已经为口语中的 ba 造了一个"爸"。这样，汉字很随意地将一个词分化为两个词。诸如，"母、妈""匍、爬""抱、孵"等，都是这样的情况。

汉语中还有一种特殊的文白现象，一个汉字记录的单音节词，也可以由两个汉字的形式，甚至是多个汉字的组合记录一个单音节词。历史上学者们称之为切脚语。例如：

世人语音有以切脚而称者，亦间见之于书史中。如以蓬为勃笼，盘为勃阑，铎为突落，叵为不可，团为突栾，钲为丁宁，顶为滴宁，角为矻落，蒲为勃卢，精为即零，螳为突郎，诸为之乎，旁为步廊，茨为蒺藜，圈为屈挛，锢为骨露，孔为窟驼是也。（《容斋三笔》卷第十六"切脚语"）

这些切脚语往往形式不定，宋祁笔记中与上面同词者，形则略异，如《宋景文公笔记》卷上"释俗"条："孙炎作反切，语本出于俚俗常言。尚数百种，故谓就为鲫溜，凡人不慧者，即曰不鲫溜；谓团曰突栾，谓精曰鲫令，谓孔曰窟窿，不可胜举。"宋祁认为，反切始于俚俗语，"鲫溜""突栾""鲫令""窟窿"等是古代俚俗语的遗留。这些都可能是早于反切法的，称之为切脚语对劲。这些切脚语的产生，很可能是早期汉语的音节较重，有复辅音，于是就有分

[①] 潘悟云. 汉语历史音韵学［M］. 上海：上海教育出版社，2000：187.

析成两个音节的可能。现代汉语中,"孔、窟窿""抖、哆嗦""角和旮旯、角落、犄角""精、机灵"等,仍旧普遍存在。特别是东北方言中"唆啰为吮""激灵为惊""得瑟为抖""雇痒为拱"等,体现得尤为明显。这种单、双对应一个词的现象,起初应该是没有分别的,后来则有了文白的分工,韵律的选择,理所应当地分化成了两个词。正如李如龙先生(2009)言:"(汉字)所标记的语素是汉语得心应手的基本单位,对于汉语的发展,包括语音、词汇、语法以及语用认知、表达方式的发展都起了莫大的作用。说它适应并推动着汉语词汇的丰富多样,语法的精密灵活,语用的科学化、艺术化是一点也不过分的。"①

(四)汉字的稳定性,实现了古今汉语和方言之间的有效沟通

汉字经历了由图画向符号的字体演变,其间也有笔画的简省,其方块平面型和表意的基本特征则相对稳定。汉字的稳定性得益于其表意性,根源在于客观世界的稳定性。山还是山,星星还是星星,表意的汉字因为所反映的客观事物的稳定而相对稳定地发展。并不如表音文字一样,语音的发展变化到一定程度时,拼音文字必须进行内部结构调整以准确记录音素、音节。我们阅读和研究古代文献时,基本可以不考虑字音,透过字形探究意义是主要的工作内容。这样,无论是古代汉语的文献,还是近代汉语的文献,现代人仍旧能突破语音的障碍而进行阅读和研究。汉字的稳定性造就了汉语特殊的书面语形式的文言。基于此,中华民族创造了诗词歌赋等丰富的文学形式。中国是一个疆域辽阔、人口众多、历史悠久的文明古国。因此,从共时层面而言,汉语方言众多。汉字则成为沟通不同方言区人群的重要媒介,无论方言之间语音、语法差异多大,通过汉字记录下来的书面语都能实现有效沟通。

---

① 李如龙. 论汉语和汉字的关系及相关的研究[J]. 语言教学语研究,2009(4):12.

五、文言和白话

自从有了文字之后,汉语就有了口语和书面语两种表现形式,不过书面语终究是记录口语的,必然反映口语。历史上,汉语的特别之处在于书面语一直保留着相对稳定的面貌,并没有随着口语的发展而发展。也就是说,尽管汉语经过了上古、中古、近代和现代的发展阶段,但书面语却一直保留着上古汉语的样子。这个书面语我们称之为文言,中小学阶段所学习的文言文就是这样的书面语。不过古人已经不在了,当时也没有声像设备保存口语,我们又如何知道当时口语的样子呢?这就是我们上面特别提到的口语色彩和书面语色彩的问题,只能依靠传世的口语文献进行研究和学习。

我们始终都要明确,口语和书面语永远不是一回事儿,只是差别大小而已。这就好比我们平时说话很少会有错误的表达,或者是不自然的表达,但如果写起文章来,特别是公文,也许就不一样了。因此,从先秦开始,就有反映口语程度不同的文献。比如,《论语》所反映的就是当时的文人口语实录,相比之下,《老子》中的语言就是当时的书面语,反映口语,又与之有差异。这与我们现代口语和书面语的情况差不多,书面语基本反映口语。但从汉代开始,口语和书面语逐渐开始分流,于是就有了白话和文言的差异。从此,文言一直保留着上古汉语的基本面貌,相对固定,白话就依据发展规律自然前行,差异越来越大。这样的差异到隋唐时期就发生了质变,汉语中开始逐渐产生现代汉语的要素。经过唐宋元明清近 1500 年的积累,直到和现代汉语大体一致,我们把这个古代汉语向现代汉语过渡的阶段称为近代汉语。而在漫长的汉语史发展过程中,文言却如同躺在棺椁里的先秦逝者一般,身着右衽衣裳(cháng),任凭世事变幻、衣服更替,始终如一。文言在书面语中的统治地位,一直坚持到新文化运动。说文言在书面语占统治地位,并不是说就没有口语文献,否则我们也无从研究汉语的历史发展。上面我们列举的都是有一定代表性的当时口语文献,我们划分汉语史依靠的就是这样的口语文献,或者说是白话文献。

这里，我们早已清楚，现代汉语之前的汉语并不都是"之乎者也"的样子，唐宋时期的汉语就开始接近现代汉语了。由于尊经重典的影响，文言的统治地位一直延续到清末民初，因而代表平民文化的白话文献在唐宋之后才大量产生。

第一章　汉字和汉字教学

汉语中语文的教育自古以来就是从字的教学开始的。周代国子入小学，首先学习的就是文字。《说文解字·叙》言："周礼：八岁入小学，保氏教国子，先以六书。"《汉书·杜邺传》颜师古注："小学，谓文字之学也。周礼：八岁入小学，保氏教国子以六书。故因名云。"汉字是表意文字，字的教学显得更为重要。不识字，教学无从谈起。不可否认的是，相比于拼音文字，汉字学习需要更多的工夫。整个基础教育阶段，字的教与学贯穿全程。这不仅是因为汉字学习的难度大，更多的是因为汉字中有太多的信息，这些信息是语文学习不可或缺的。我们依托汉字学习文化知识，透过汉字能看到汉语言文学的大学问。这里，我们首先从字说起也是出于以上的考虑。

第一节　文字和汉字

在汉语中的文字和汉字，所指当然都是汉字，我们的文字也就是汉字。不过，从科学和学术的层面来说，还是有必要简单地谈一谈文字和汉字的问题。这既是为了实际教学的需要，也是为了方便后面的表述。

一、什么是文字

文字是记录语言的书写符号系统。从广义上来说，文字可以是书写的文章。比如，"这是一篇优美的文字。"还可以直接等同于语言，如"文字优美，情节起伏跌宕"。也可以指一门学科，如文字、音韵、训诂，等等。语文学中文字的含义是记录语言的书写符号系统。文字是我们用眼睛看到然后识别读音意义的，因而文字是视觉符号。文字都有读音和意义，那么文字的能指是形体，所指是读音和意义。这一点很好理解，文字是通过形体记录语言的，语言是音义结合的符号系统。说得浅白些，文字的所指是语言，能指是形体。一般来说，文字有三要素：音、形、义。这没有问题，只是三者并不是在一个层面上，音、义是下位的内容。

文字是书写符号，是书写单位，不是语言单位。就表音文字而言，就很容易解释清楚。比如，"头"的英文为"head"，整体记录的是一个词，一般被叫作字母的h、e、a、d就是文字，这四个符号对应英语言中的三个音素/h/、/e/、/d/，所以我们说英文是表音文字中的音素文字。日语中的"头"是あたま，读为[a][ta][ma]，对应的是三个音节，整体记录一个词"头"，因而说日语是表音文字中的音节文字。汉语中的"头"在字和词之间就有些纠缠。从书写上来说，"头"是一个字，对应的是语言中的一个音节，也是语言中的一个词，因而我们有时在表述的过程中把书写单位的字和语言单位中的词混淆。比如，"说个'行'字就那么难？"多数混同的是语言单位中的音节。比如，"他刚刚说了9个字。"特别是传统语文学中，由于古汉语的词是以单音节为主，研究的对象是文字材料，学者们直接关注的就是一个个的字，字多数对应的就是语言中的一个词。因此，就没有区分的必要。直到20世纪初，西方语言学理论引入，中国的语言学界才开始明确字和词。不过，字在中华民族心目中是根深蒂固的，发表文章以字来计算稿费，学位论文有字数的要求，这都是具体的体现。说我们对字敏感也好，对音节敏感也罢，总之，对词是不敏感的，得作一番界定才行。现代汉语的词以双音节为主，为我们说明字和词的问题提供了便利条件。比如，"伟大"是一个词，我们可以说它是两个字，肯定不是两个词。总而言之，按照目前大家能接受的说法，文字是书写符号，词是语言单位。

二、什么是汉字

汉字是记录汉语的书写符号系统，在古代我们的字早期是"文"。甲骨文中"文"字作：

一是像交叉的符号，符号一种是交叉穿透的，一种是不透的，用以称"文"；二是像人体身上的纹身，总而言之，都是纹理。字也是纹理，因而早期用"文"表示字。《说文解字·叙》说的"独体为文，合体为字"非常恰当。起初，字一定是以独体为先的，后来是以独体为主。"字"在甲骨文中未见，金文、篆书作：

金文　　　　大篆　　　　小篆

像房中有一小孩儿，表示女子生育。《易·屯》："女子贞不字，十年乃字。"李鼎祚集解引虞翻曰："字，妊娠也。"王引之《经义述闻·周易上》："《广雅》曰：'字、乳，生也。'……《易》曰：'女子贞不字。'然则不生谓之不字。必不孕而后不生，故不字亦兼不孕言之。"因此，以"字"指称合体字，甚为合理。合体字是独体字的组合，正是由独体字繁衍出来的，文乃字之母。历史上，文、字并用应该是在秦朝，《史记·秦本纪》："器械一量，同书文字。""字"用来指称汉字，是在合体字大量产生的汉以后，因而中华民族称字为"文""字""文字"理所当然。汉字的称谓明显是在汉朝之后。

三、汉字的特点

我们说汉字是表意文字。这是粗略的说法，汉字与拼音文字相比具有诸多的特点。

（一）汉字表示音节和语素

通常所说的表音文字和表意文字，是就形体和语言的音义关系而言的。直接与语音产生关系的是表音文字，直接与意义产生联系的是表意文字。语言是音义结合体，音义对立统一其中，不可分割。无论是表音还是表意的文字，直接记录语音的同时，也间接记录了意义；直接记录意义的同时，也间接记录了语音。因此，科学地讲，文字都是既表意又表音的。就汉字而言，在语音上对应的是音节，在意义上记录的是语素，古代汉语中一个音节一般是一个语素、一个词，形成了字、音、素、词相对应的格局。现代汉语中汉字对应的就不一定是一个词，往往是语素。因此，就表意而言，汉字起初是表词文字，现代则是语素文字。

（二）汉字是平面方块型

汉字字型与线性的表音文字相比又是一大特点。表音文字必然随着发音过程的时间延续，对应语言中的音素或音节成线性排列。表意的汉字，记录的是意义，不受时间的约束，更重视形象的表达。特别是合体字，构字部件的位置可上可下、可左可右，为了适应结构的需要，部件还将适当地变形。总之，围绕在一个方块内自由地排列组合，彼此之间界限清晰，相对独立，又浑然一体。方块内的布局充分体现了对称性，横竖撇点折的笔画，自由伸缩舒展，彰显了艺术美。有汉字才有书法，才形成了艺术。

（三）汉字具有特殊的理据

汉字的特殊理据源于其图画性、表意性的本质。说隶变之前的古汉字理据性明显，一般都不会反对。古汉字的图画性明显，以描摹事物形状或者形象为基础，正所谓"仰则观象于天，俯则观法于地，观鸟兽之文与地之宜。近取诸身，远取诸物"（《周易·系辞》）。因此，独体字往往是像物之形，合体往往是显事之象。比如，"彡"

描绘的就是刀的样子,"育"是"育"的甲骨文形体,像女子生育之形象。字形生动形象,可据形知义。隶变后,汉字符号化了,图像性的理据的确遭到了破坏,但这并没有改变汉字表意性的历史事实,特别是形声字数量的增加。据形知音、据形知义的形声字,可谓汉民族的伟大创造。通过形旁可以缩小意义的联想范围,通过声旁可以类推字音。符号化的汉字的理据性呈现出了新的特征,人们在使用汉字的时候也在不自觉地理解和运用这个特征。有时候甚至误推了字音,通常所说的读半边就是这种情况。比如,有的人将"耳濡目染"的"濡",读作 xū。这可以看作是汉字理据性的反证。王宁先生(1997)指出了汉字理据的演变问题:"汉字是历史文化的积淀,早在产生之初,它们已与语素结合,而把语言意义承负为己有。在现代汉字中这些失去象形意味的部件,不再以物象提供识别的信息与解释的依据,而是直接以其具有的语言意义和声音来提供所从之字的理据。"[①]

(四)汉字具有稳定性

汉字的稳定性也是相对而言的。历史上,汉字经历了从图画文字到符号文字的转变,其间也有笔画的简省,但其表意性的特征没有变化,理据依然十分明显。相比于拼音文字要稳定得多,这一点我们在绪论部分已经讨论过了。汉字稳定性的优势就在于沟通古今、方言,充分实现文字跨时空的特质。不过正因为汉字形体的稳定性,语法和语音的因素也被掩盖了。"书读百遍,其义自见"的观念,影响了传统语文学的全面发展。

世界上三大古老文字中的古埃及圣书文字、美索不达米亚楔形文字,都没有延续使用,只有汉字一直在记录汉语,服务于中华民族,并辐射周边国家,形成汉字文化圈。双向的选择,得体的互动,促进汉字与汉语和谐默契地发展。汉字彰显中华民族的文明,是民族的伟大创造。一个汉字、一个故事、一个智慧,承载中华文明深远绵长的历史积淀。

[①] 王宁. 汉字构形理据与现代汉字部件拆分[J]. 语文建设,1997(3):6.

第二节　汉字的过去和现在

从目前能够见到的最早的甲骨文，到现在我们正在使用的简化字，代表了汉字过去的开始和现阶段的状态。这是简单地说。文字是语言发展到一定阶段的产物，与语言相比较，文字出现的时间要晚得多，只有几千年的历史。汉字的起源时代一般认为不会晚于6000年前。从社会发展方面看，原始社会末期，社会相对发达，交际日益频繁，稍纵即逝的声音已无法满足交际和记事的需要，创造文字记事是完全有可能的，当然还没有完全形成体系，不够完善。例如，陕西西安半坡村出土的仰韶文化遗址里发现的一些刻画符号，几乎刻画同种陶器的同部位，具有文字性质。例如，"｜"是"十"，"✕"是"五"，"丫"是"草"，"丰"是"玉"等。今天看到的最早的成批古汉字材料是甲骨文，是较为成熟的文字，汉字的产生至形成甲骨文，其间还经历了漫长的过渡时间。

一、汉字是怎么来的

甲骨文之前的材料太少，要对汉字起源下一个结论，有待于考古的进一步发现。而求知的人们总是渴望追本溯源，探究事物发展历程。《周易·系辞下》："上古结绳而治，后世圣人易之以书契。"这里面交代了文字产生的原因，也揭示了文字的产生是一段较为漫长而复杂的过程。

（一）关于结绳

汉字产生的原因，就是满足"记事"的需要，至于成为记录语言的书写符号系统，那是后来的事。结绳是一种记事的手段，很明显是社会发展了，事情多了，需要记忆。结绳的结果就是一个一个的"结"，这个"结"并不对应语言中的音，联系的是事，是自己知道的，或是一定小范围内约定的。新中国成立前，我国的独龙族、傈僳族等少数民族还保留有结绳记事的习俗，记录的内容取决于

"个人所需",或记录时间、记录钱款、记录官司等。其具体的方法就是以绳打结,结的数目代表天数或借贷数等。如要约定开会的时间,就由召集者结若干疙瘩数相同的小麻绳,派人分头去送,接到的人立即出发,走一天解一个疙瘩,等疙瘩解完了,各地赶来开会的人就可以在会议地点碰面了。民间打官司也用结绳作记录。对当事人断输或断赢时,输者若要赔偿几头牛、几头猪或几元钱,赢者便把所赢之物的数目用一根麻绳结上结子,作为凭证。结绳用在民间的相互借贷中,如借了几斗粮就打几个结,偿还一斗就解开一个结,结解完时债务也就还清了。下图是一个结绳实物,记录的是傈僳族黑麦燕抚养侄儿成长的过程。

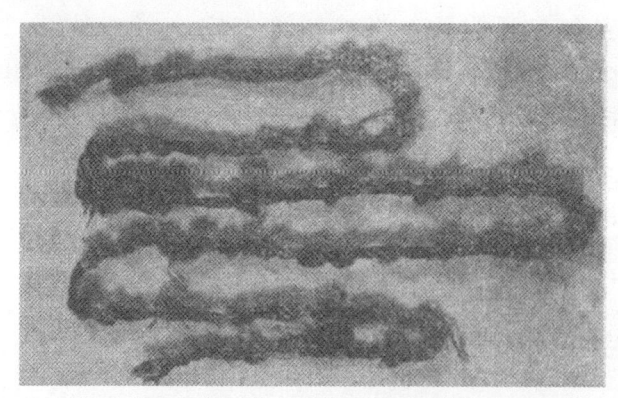

怒江碧江(现福贡)傈僳族黑麦燕抚养侄儿成人,从他侄儿进家之日起,他每养一个月就把麻绳涂上墨,并打上一个结。到新中国成立时,已经结了五十一个结,因侄子已参加工作,他的叔父拿出这根绳子,表示他供养娃儿四年多了。[①]

结绳不是文字,这是一定的。因为不是记录语言,绳结也不是对应语音,因而缺乏系统性。文字不可能是从结绳开始的,绳结和字形也没有必然的联系。

(二)关于书契

书契是两种形式,书有写和画的意思,契就是刻。这里我们对

---

① 李家瑞. 云南几个民族记事和表意的方法 [J]. 文物,1962 (1):13.

写或画和刻的内容暂且不作结论，先从"契"和"书"的本身说起。

1. 契

"契"的甲骨文为𠛏，左面的是一张竹片或木片，右面是一把刀，像人以刀刻画之意。从认知规律上来说，契刻首先应该是刻物，用来刻字是很晚的事情。"丰"的形象就是古人用刀在木上刻划，记载事物的方法。中间一个"丨"表示去掉枝杈和根须的木，三斜划表示刻痕。《说文·丰部》："丰，草蔡也，象草生之散乱也。凡丰之属，皆从丰。读若介。"段注："按凡言草芥皆丰之假借也。芥行而丰废矣。"视"介"字为"草芥"之"芥"的假借字，不为是。戴侗《六书故》卷二十九："丰，苦计切。《说文解字》曰：草蔡也。象草生之散乱也。孙氏：古拜切。按：《说文解字》之说绝无理。丰即契也，又作栔，加刀，刀所以契也。……又作𠛏，大声。《说文解字》曰：契，约也。从大从㓞。古未有书，先有契。契刻竹木，以为识。丰，象所刻之齿末，以丰为声。"这里戴氏阐释了"契"字的发展过程，也特别强调了"古未有书，先有契"的事实。需要补充说明的是"契"的字形要晚于"栔"，因"丰"是在木上刻画，因而又加"木"成"栔"。《说文解字·刀部》："㓞，刻也。从㓞从木，苦计切。""券别之书，以刀判契其旁。"段注："㓞，各本作契，今正。判，分也。㓞，刻也。"

云南卡瓦族（西盟）有一种传代木刻，也是记事性质的木刻。他们在每年第一次吃新米的时候，要召集全村老小一起尝新，由年老的人口头传述本村历史，就拿出历代相传的一根木刻。木刻两侧都刻着很多刻口，每一刻口代表着一桩事件，刻口深大的表示重大事件，浅小的表示事件轻微。这些木刻有记录时间的，有记录账目的，还有记录仇怨的，记录时间的有时也与仇怨相关。卡瓦族又有一种记日数的木刻。木刻两侧都刻着刻口，每一刻口代表一日。原是两村中引起仇怨，互相报复，经调解后，约定日子讲和，每村都持着同样的木刻一块。回村后，每方过了一日，即将原刻口削去一道，到削完那天，双方都到事先约定的地点讲和，而木刻也就完结了它的任务。

因此，讲述的老人，主要是告诉族人某一刻口是记录本村的某件事或和某村人结下的仇怨，已经报复过，或未报复过。其意义是要族人记着仇怨事件，不要忘。村中其他事情，也借此机会口耳相传，延续下去。木刻如下图：

这样的契刻在没有文字记载的情况下，无疑具有辅助记忆的作用。据少数民族调查资料显示，怒族中的一般人都能背出三四十代的世系来。一位怒族老人甚至可以背诵出本氏族连续六十三代的家谱。……红河思陀地区（云南哈尼族所在的）一个李姓土司的世系谱，据其专用巫师的背诵，共有七十一代。……口头传说中的家族世系一般的都有十几代。此外，如黔东南地区的苗族老人背诵自己的家谱，最多的能上推到五十七代。云南普米族的一些巫师能背出的谱系也有三十多代。阿昌族也有人能背诵出自己七八代以来的家谱。……一般的黑彝都能把自己几十代祖先的名字一口气背诵下来。[①] 可以想象，汉字产生之前的一段时间里，契刻和结绳一样承担着记事的职能。

2. 书

"书"的甲骨文形体为"𦘒"，上像一手执笔，下像书写媒介，又像口形，书写口述内容。《说文·聿部》："𦘠，箸也。"该字上为"聿，下为者"。段注："此琴禁、鼓郭之例，以叠韵释之也。叙目曰：箸于竹帛谓之书。书者，如也，箸于竹帛，非笔末由矣。"甲骨文中的"书"很可能是记录要书写的内容，因为作为记录人的"史""吏"也产生了。不过正常分析，"书"起初并不可能是书写记录人口述的语言，也就是说不是在写字。这里也可以推测，笔在甲骨文时代之前就已经被使用了。起初的竹竿、木棍发展成为固定用于描画的笔，也是社会发展的必然产物。因此，段玉裁说："箸于竹帛，

---

① 李家瑞. 云南几个民族记事和表意的方法 [J]. 文物，1962（1）：12—14.

非笔末由矣",只是在竹帛时代,应该用的是笔。段注是依据许说,就事论事。

这里衍生出一个问题,"书契"中的"书"是什么?是书写还是书画?据《六书故》卷一:"书始于契,契以纪数,故首数。"戴侗的看法是对的。契刻更早,问题是"书契"中的"契",我们也不能就直接视为是刻字。如果是简单记事刻画,这里的"书"就可以理解为是书画,而不是写字,书和文字还没有关系;如果"契"是刻字,那"书"就是写字。问题是"后世圣人易之以书契"的圣人是什么时候的人,"圣人们"在结绳记事之后,和用绘画记事时期、用写字记事都是存在的。

据王国维、郭沫若、马叙伦考证,甲骨文中的"",既是"书"字,又是"画"字。《吕氏春秋·君守篇》说"仓颉作书"。《勿射篇》却说"史皇作图"。《说文解字》:"图,画计难也。"段玉裁注:"引申之义谓绘画为图。"因此,"图"就是"画","画"就是"书"。郑樵在《六书证篇》里也说:"书与画同出。"可见,写字为书,作图为画的区别是后来才有的。[①] 如此看来,"书契"可作两解。如果非要作出一个结论的话,我们认为"书契"为文字更为合适。因为"结绳""图画""契刻"就其早期形式而言,同为实物记事,所以还真说不清孰先孰后。既然中间有了一个时段,而且这个时段听起来还不短,那"书契"指写字的可能性就很大。而且,句中特别提及是"后世圣人",实物记事的"结绳"发明者,并不是圣人。象征文明进步的文字的制作者,则有资格被称为圣人。

这样,我们可以初步回答汉字的起源问题。"书契"作为线索,反映人类从实物记事到文字记录语言的发展历程。不过,说"结绳""契刻"是文字那肯定不行,虽然他们可以记事,但是缺乏系统性。即便有系统性也不行,如傈僳族地区的一块刻木。

---

① 孟维智. 汉字起源问题浅议[J]. 语文研究,1980(1):97.

其代表的意思是，来的三个人在月圆时与我们会面了，带的三个土物，送给三位不同级别的领导。前后的三条竖线含义不同，后面的竖线依次变短表示相应级别的领导。圆圈代表月亮，中间粗线条的×代表土物，和后面三个渐短的竖线的含义，如果不是内部特别约定，那是肯定无法琢磨清楚的。另外，景颇族青年男女在恋爱期间，不得见面会谈的时候，就用他俩所熟习的各种树叶，表达他俩的意思，顺次把它包成一包，用花枝捆扎起来，带给对方。对方收着这包树叶，也顺次一叶一叶地看过，就可以了解这包树叶是讲些什么。汉语就称这包树叶为"树叶子信"。最多的树叶子信，可以包到三四十种叶子，它所表达的意思，就相当于用文字写的一封长信。叶子表达的意思也不是漫无规律的，而是取树叶的名称的字音和所表达的意思的关连而假借引申之，使对方从音意相关之处悟通树叶所表达的意义。例如，景颇族称蕨科叶子为"德滥"，而男女相爱相念，亦含"滥"音，因而就用蕨叶表达互相思念的意思。这种小范围约定俗成的片片树叶，发挥了相当于文字的作用，具有一定的系统性。但毕竟不是文字，从本质来说就是"依事构图、看图说话"。这些契刻和树叶等和结绳一样，都是实物记事，没有和语言发生直接的联系，并不对应实际的语音，表达的不是语义。

　　无论"书契"是图画、契刻还是书写、刻字，从实物记事到文字记录语言经历了相对漫长的过程是一定的。这个过程中的刻、画是中间阶段。刻、画记事，到简单的单个字，也可以说是单个的"简笔画"，再到与语言中的音节对应成一个一个的字，再到系统记录语言。甲骨文是我们能见到的最早的汉字形体，且相对成熟，在这之前汉字一定已经产生一段时间了，只是还没有见到。也可能由于书写媒介的消失，不能够见到了。甲骨文中"册""典"字已见。卌，像连接的竹木；兟，像人手持册。《尚书·多士》篇又有"惟殷先人，有册有典"。足见，文字的产生是在商代以前。目前的研究结论表明，商代文字大致有笔墨书、契刻、铭铸三种；文字载体有甲骨、青铜器、陶器、石器、简牍、缯帛等。甲骨上所见用笔墨书写的例子达 80 余版，学者把这些书写在甲骨上的与占卜有关的文字称作书辞，所用颜料既有朱砂也有墨。董作宾先生论述殷墟发掘所得的甲骨时说："毛笔书写的字迹，在《殷墟文字乙编》中是很常见的。""殷先人"涵盖商建立前后的范围，可能早于商朝建立很久。因此，唐兰先生、孟维智先生等把文字产生的时代定在夏朝初是有道理的。①

（三）关于圣人

我们说结绳、契刻等实物记事不是文字，也不可能是文字的直接来源，并不意味着这些和文字的起源毫无联系。从本质上来说，文字和实物都是记事，都能在一定时间、一定范围内发挥交流的作用，能够超越时空的限制，甚至实物记事对文字的产生发挥了推动作用。简单的刻画符号后来也发展成为文字，或者说是文字产生以后，有一部分刻画符号被引入文字系统中来。比如，一、二、三等数字，很大可能性是直接借用至文字系统中，对应语言中的音节，成为文字的一部分。文字最可能的直接来源是图画，从图画简省到对应语音还经历了一段过程。这里"圣人"发挥了重要的作用——"易之以书契"。其中，伏羲作八卦和仓颉造字流传最为广泛。

1. 伏羲作八卦说

《周易·系辞下》："古者庖牺氏之王天下也，仰则观象于天，俯则观法于地，观鸟兽之文与地之宜，近取诸身，远取诸物，于是始作八卦，以通神明之德，以类万物之情，做结绳而为网罟，以佃以渔。"这是说伏羲创制了八卦，八卦是为了沟通天地、系连万物。八卦产生之前，仍旧是用原始的方式过活，是简单地、直观地观天法地。八卦的产生使人们的认知由形象升华为抽象，进入文明的世界。现在我们看到的八卦就是古人用于占卜的八种基本图形，由符号

---

① 孟维智. 汉字起源问题浅议 [J]. 语文研究，1980 (1): 106-108.

"—""— —"组成，八种图形各有名称，代表不同的事物。

乾（天）	坤（地）	坎（水）
离（火）	兑（泽）	艮（山）
巽（风）	震（雷）	

一般认为，八种基本图形分别对应天、地、水、火、泽、山、风、雷。其中，只有"坎"卦的图像，似乎与甲骨文中的水有些关联，其他七种很难找到相似之处。由八种图形演变为系统的汉字的说法，实则是找不到依据的。《周易·说卦》又有："乾为马、坤为牛、震为龙、巽为鸡、坎为豕、离为雉、艮为狗、兑为羊；乾为首、坤为腹、震为足、巽为股、坎为耳、离为目、艮为手、兑为口。"可见，八卦还可以代表其他事物。这些符号和实物之间的对应关系，也是约定俗成的，是对事物发展规律认知的结果。文字和劳动工具一样，也是从无到有，从少到多，从简单到复杂，从个别使用到共同使用的，都是在不断地改进着的。从西安半坡村遗址出土的文物看，在五六千年前，我国在新石器时代就有类似文字的符号了。那时刻在彩陶上的花纹，虽为数不多，但无疑都是些具有文字性质的符号。说文字是由八卦推演而来的，这不可能令人信服。说八卦和文字的产生毫无联系，也不一定正确，因为二者同样具有符号性、抽象性。八卦产生的时代和文字产生的时代不会太远，标志着人类认知进入了一个新的更高的层次。①

---

① 董琨. 从甲骨文到简化汉字[M]. 北京：语文出版社，2000：1—4.

2. 仓颉造字说

仓颉也作苍颉，据说是黄帝的史官。历来关于仓颉造字的传说流传最广，战国时期已经兴起，《荀子·解蔽》有："故好书者众矣，而仓颉独传者，壹也；好稼者众矣，而后稷独传者，壹也。"这里荀子还没有明确仓颉一人造字，只是说他有了名声。《韩非子·五蠹》言："古者苍颉之作书也，自环者谓之私，背私谓之公，公私之相背也，乃苍颉固以知之矣。"说仓颉造字，大有一人所为之意。至《吕氏春秋·君守》篇："奚仲作车，苍颉作书，后稷作稼，皋陶作刑，昆吾作陶，夏鲧作城。"独一无二的性质更加明确。直至西汉，仓颉造字说继续流传，《淮南子》中有多处记载。《本经训》："昔者苍颉作书，而天雨粟，鬼夜哭。"《修务训》："昔者，苍颉作书，容成造历……"《泰族训》："苍颉之初作书，以辩治百官，领理万事，愚者得以不忘，智者得以志远。"战国以来，仓颉的身份就是"后世"圣人，这位造字的圣人在战国之前的文献中还没有出现。入汉后，仓颉独一无二的造字地位稳固，并开始走上神坛。《淮南子》称之为"史皇"，后称史皇氏，《淮南子·修务训》："史皇产而能书。"高诱注："史皇，仓颉。生而见鸟迹，知著书，故曰史皇。"生而能书，人称史皇，地位已在人之上，且进入神化层面。《春秋元命苞》的解释更为生动形象："仓帝史皇氏名颉，姓侯冈。龙颜侈哆，四目灵光。实有睿德，生而能书。"《论衡·骨相》也说："苍颉四目，为黄帝史。"至此，苍颉四目、生而能书、为造字者的神明形象得以确立。

这里，我们自然能够发现，战国时代的仓颉造字说和汉代的仓颉形象的描绘，都不能成为仓颉造字的证据。前者就没有说造字是仓颉一人之事，后者将其神化之后就不足为信了。中间一段时期的确形成了仓颉造字的舆论，从而产生了神乎其神的传说。许慎在《说文解字·叙》中对仓颉造字的过程作过如下描述：

及神农氏结绳为治，而统其事，庶业其繁，饰伪萌生。黄帝之史官仓颉，见鸟兽蹄迒之迹，知分理之可相别异也，初造书契。仓颉之初作书，盖依类象形，故谓之文。其后形声相益，即谓之字。

文者，物象之本；字者，言孳乳而浸多也。著于竹帛谓之书。

  许慎阐释了字是怎么来的，也说明了字是怎么多的，又交代了字称"书"的得名之由来。对此，王宁先生有精辟的论述。她认为，从许慎的说法中至少可以了解两方面的道理。首先，许慎把结绳与仓颉造字衔接起来，认为在"庶业其繁"之后，结绳无法适应更多更快的记录、传递信息的需要，人们必须探索新的方式，创造更多的相互区别的符号来记录更多的信息。在"兽蹄鸟迹之道，交于中国"的时代，人们从鸟兽蹄迒之迹得到了"依类象形""分理别异"的启示，逐渐创造了文字。这个说法是可信的，是可以用汉字构形系统加以证明的。其次，许慎认为仓颉是黄帝的史官，也是有道理的。因为文字是具有高度约定俗成性的符号体系，其应用范围应该是相当广泛的，所以只有在大范围社会交往的需求下，文字才可能产生。①

  字是人造的这是一定的，字不是一个人造的也是一定的。因为从甲骨文看来，已经是包罗万象、内容庞杂，一个人的知识储备无法达到。另外，甲骨文中有不少异体字，如果是一个人的行为就完全没有必要。字是逐渐多起来的，由独体到合体，由小范围使用再到普及。文字普及的工作在文明程度还不高的古代社会，普通民众一定无法完成。这个工作由"仓颉"来完成合乎情理，他是黄帝的史官，有文化，故而堪当此任。国家将仓颉整理后的文字进行推广普及，当然早期也仍旧是在精英文化层使用，然后进入平民文化层。②

  仓颉造字说肯定了字是人造的，可以被认为是直接造字说。结绳说、伏羲八卦说认为字源于绳结和八卦，是间接造字说。总之，字是人造的，但并非出自一人之手。历史告诉我们，汉字是不同时代、不同地区的不同人民群众在生产实践中创造并逐步丰富和完善

---

① 王宁. 汉字应用通则［M］. 沈阳：春风文艺出版社，1999：26—28.
② 党怀兴，陶生魁. 仓颉造字与汉字崇拜文化［J］. 陕西师范大学学报（哲学社会科学版），2011（5）：53—57.

起来的。

二、汉字是怎样变成今天的样子的

从甲骨文的象形文字，到今天我们使用的平面方块形的横平竖直的楷书，这个过程被称为字体的演变。字体强调的是轮廓、形体，这好比是一个人，高矮胖瘦是形体，减肥瘦身属于形体上的修饬。历史上，汉字也经历了减肥瘦身的整型运动，汉字的形体演变经历了由图画性强的象形文字演变为棱角分明的方块楷体字的过程。

（一）甲骨文

甲骨文是刻在龟甲和兽骨上的文字，19世纪末出土于河南安阳小屯村。这里原是商代后期王都的遗址，现在已成废墟，被称作殷墟（安阳市西北），因而甲骨文也称殷墟文字。由于主要是记占卜内容的，因而又被称作卜辞。卜辞是刻在上面的，所以又叫作殷契。

商王十分迷信，大事小情都要占卜，如久旱无雨、战争胜负、农业收成、疾病生育等。占卜的材料是乌龟的腹甲、背甲和牛的肩胛骨，用刀器钻挖出一个凹陷，然后在凹陷处加热，甲骨受热会形成裂缝，再根据裂缝判断吉凶。商代后期管理占卜事务的人（贞人），往往把占卜的事由、占卜的结论，以至于后来应验与否的情况刻在甲骨上。有时占卜的甲骨和一般的甲骨上也刻一些与占卜无关的内容，也被统称为甲骨文、卜辞。商代灭亡之后，甲骨文被长期埋藏于地下，虽然也有被挖出的甲骨，却没人意识到上面古文字的价值。直到19世纪末，甲骨文才开始被人重视。一般认为，清末的国子监祭酒王懿荣最早关注到甲骨文，王氏因此被称作"甲骨文之父"。据说，有一次王懿荣生病，家人买回了在当时比较常见的药材——龙骨。由于王懿荣对古文字、金石学有研究，他发现这些龙骨上的文字很有价值，于是让人广泛搜集龙骨。

因为龙骨作为药材是捣碎了卖，药材商并不收购有字的龙骨，所以王懿荣如此发现甲骨文的说法并不属实。相对可信的说法是，1898年，山东潍县古董商范维卿携古器物到天津收藏家王襄府上求售，其间有带字的甲骨。王襄的同乡孟定生闻言即怀疑是古简，请范氏去收购。到第二年秋天，范维卿来售时，称已有不少被北京的王懿荣率先购走，并已辨明上面刻的系古代文字，王懿荣已将其定名为"龟版""殷契"。王、孟二人将余下部分收购。因此，可以说王懿荣、王襄、孟定生是较早收集有字甲骨的人，但最先作出辨识并将其确定为一种占卜文字的应该是王懿荣，当时是在1899年。①

后来，王懿荣在八国联军攻入京城后投井自尽。他的儿子经营不善，他所收藏的龟甲兽骨，大部分都被他生前的好友刘鹗得到。刘鹗在王懿荣收藏的基础上，进一步收集，使他所藏甲骨达到了五千多片。刘鹗不仅进行收集，他还进一步对甲骨文进行研究，并于公元1903年，汇集成《铁云藏龟》一书，首次将甲骨文研究的资料公布于世。此后不久，学者孙诒让又根据《铁云藏龟》的资料，写出了甲骨文研究的第一部专著《契文举例》。② 完整的甲骨文包括前辞、贞辞、占辞和验辞。前辞记叙占卜时间、地点、人物；贞辞记叙占卜事项，有时从正反两个方面称；占辞记叙占卜者根据卜兆作出判断；验辞记叙占卜后结果，即应验情况。

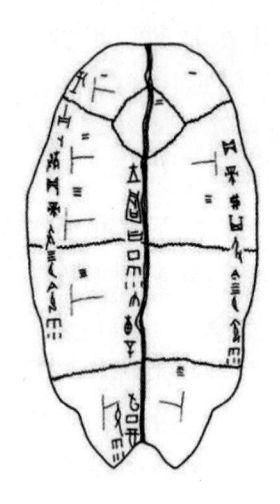

前辞：戊子卜，殼贞（左上）
贞辞：帝及四月令雨（左下）
（对贞）帝弗其及今四月令雨（右）
占辞：王占曰：丁雨，不唯辛。（中上）
验辞：旬丁酉，允雨。（中下）

---

① 王襄先生遗稿《簠室殷契》中描述，也有王懿荣在之后收得余下甲骨的可能。
② 王宇信. 关于殷墟甲骨文的发现 [J]. 殷都学刊，1984（4）：2—9.

甲骨文记录了大量有关政治、经济、军事、礼制乃至天文、地理、气象等情况，是最可靠的第一手资料，具有珍贵价值。甲骨文是清光绪年间由京官王懿荣首先考定发现的，从那时至今已出土数达 10 万多片，其中单字总数为 4600～4700 个。甲骨文部件位置灵活，用同样部件的字，部件上下左右相对自由，如下左图"牝""物"；同字可用不同部件，反映了造字者的不同角度，也反映了汉字抽象化的发展阶段，如下右图"牢""逐"。

同字笔画繁简不同，部件方向可正可反。例如：

甲骨文中早期文字的形象，呈现出汉字形体符号化过程中伴随笔画简省同步发展的趋势。

（二）金文

铸刻在青铜器上的文字。我国早在殷商时代就大量使用，用于铸造各种器具（食器、酒器、水器、乐器、兵器）。这些器具上面早期要刻一些族徽图案，后来常刻铸文字，记叙作器起源、目的以及各种历史、现实事件。因为古人把铜称作"金"，把青铜称作"吉金"，因此叫"金文"或"吉金文字"。此外，因为钟鼎作为青铜器泛称，所以"金文"也叫"钟鼎文"。

金文和甲骨文一脉相承，早期金文和甲骨文的差异体现在书写媒介上。由于金文是刻在陶范、浇铸于金属器皿上，比刀刻的甲骨文更能彰显图绘性。在流传过程中，其图绘性逐渐减弱。例如，"日"在甲骨文中多为全角，而金文表达太阳为圆圈中间有个小黑点。作为一种早期文字，金文的形体也多数不固定。例如：

金文和甲骨文繁简程度差不多，其象形性甚至超过了甲骨文，但金文时间跨度大，包括殷商金文、西周金文、春秋金文和战国金文，绵延千年以上。漫长的时间里，金文发生了较大的变化，一是简化倾向，二是逐渐减小图绘性。金文开始趋于线条化，平直化，字形大小趋于一致，注意行列的整齐。

（三）战国文字

从广义上来说，战国文字包括通行于当时的全部文字。战国时期，由于各自为政，汉字系统内部也出现了差异。这种差异没有改变汉字的表意性特征，也没有突破基本的汉字发展格局。其中，主要是韩、赵、魏、齐、楚、燕等六国文字和秦系文字。就其发展源流而言，后来秦统一各诸侯国，在秦系文字基础上产生了小篆，因而狭义的大篆指的是秦系文字。六国文字包括铜器上的铭文、陶器文、简帛文、玺印文和货币文。六国文字最明显的特点就是随意简化，同字异形现象十分普遍。例如：

第一章　汉字和汉字教学

	楚	齐	燕	韩	赵	魏	秦
六							
马							
安							
者							
市							

（韩赵魏合称三晋）

准确地说，秦系文字也是一个大的概念，这里我们说的是战国时期的秦系文字。关于"秦系文字"，传世的资料主要有唐代出土的刻有表现贵族田猎生活诗篇的鼓状石墩上的文字，后世称为"石鼓文"；再有一种也是刻在石上的文字，于宋代被发现，内容是秦王向神诉说楚王之罪，后世称为"诅楚文"。从这些文字的形体特点来看，接近于正统的西周和春秋时期的金文，整饬谨严，不像"六国古文"的形体变化那么大。其实，秦国地处西方，原先的经济和文化基础都比较落后。有学者认为，周王室东迁之后，有一部分的卜官史官之类的人员留下了，又做了秦国的官，他们书写文字的风格，自然趋于保存传统，而不似一般民众的超脱随意。这种比较工整的文字，后世叫作"籀文"或者"大篆"。

石鼓　　　　　　　　　　石鼓文

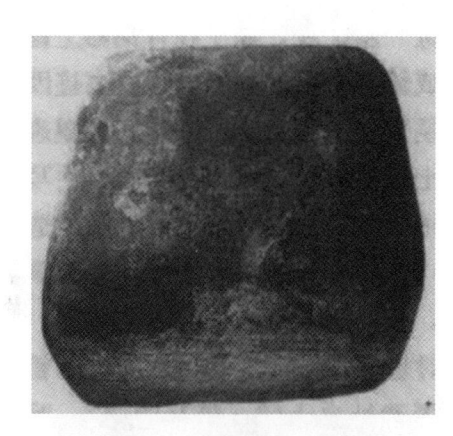

（四）小篆

战国时期的文字由于随意性强，彼此差异较大，不容易辨认，势必影响大一统后的社会交流。于是，秦统一六国后，开始推行"书同文"的文字政策，统一文字。一是罢其不与秦文合者；二是将大篆简省，吸收民间字体中的一些简体、俗体，从而形成了新的字体——小篆。《说文解字·叙》言："秦始皇帝初兼天下，丞相李斯乃奏同之，罢其不与秦文合者。李斯作《仓颉篇》，中车府令赵高作《爰历篇》，太史令胡母敬作《博学篇》，皆取史籀大篆，或颇省改，所谓小篆者也。"可见，小篆是秦统一六国后对现有文字改造的结果，并不是另造了新的字体。"宇宙间一切事物，无论是创造或是改革，总是由此而来，成于众人之手，以适应环境之需要，绝非一手一足之功。古书里所说的'某人作某物'，往往归功于一人，实在是不尽可信的。"① 与六国文字相比，小篆的轮廓定型逐渐形成了整齐的方块形。例如：

---

① 清华大学国学研究院. 马衡文存［M］. 南京：江苏人民出版社，2020：443.

　　　　　甲骨文　　金文　　战国文字　　小篆

　　幽

　　利

笔画定型，笔画粗细均匀，繁简相对统一。例如：

　　　　　甲骨文　　金文　　战国文字　　小篆

　　止

　　義

结构定型，汉字部件的方向和部件的位置逐渐固定。例如：

　　　　　甲骨文　　金文　　战国文字　　小篆

　　得

　　祝

　　汉字发展至小篆阶段，出现了前所未有的定型化特征。小篆是书同文的结果，是秦系文字发展的一个阶段，愈加符号化、线条化、规范化。小篆是汉字发展史上第一次文字规范化的产物，是古汉字的最后一个阶段。

　　（五）隶书

　　秦国民间，在战国中晚期，便开始产生一种新的更为潦草的字体。笔势潇洒奔放，笔画略带波形，与石鼓文相去甚远。1920年，在四川青川出土的木牍即为这样字体。字体比较接近汉隶，被称为古隶，可见隶书萌芽于小篆形成之前。据说，这种字体当时在下层官吏、差役、奴隶中较为流行，所以称为吏书。也有说是罪犯程邈在监狱中加以整理的。秦国一方面用小篆统一六国文字，"罢其不与秦文合者"；另一方面，对传统文字《史籀篇》"或颇省改"，以通行的小篆为标准文字。它承认新兴隶书的手头字地位，以隶书作为小篆的补充，从而使隶书更快地普及。隶书在秦灭亡之后得到进一步推广和改良。进入两汉以后，隶书又呈示了许多新面目。其轮廓较扁，有波磔，与古隶相比，亦称今隶（见东汉史晨碑拓本），还有叫八分的。东汉中期以后，隶书成为官方承认的正式字体。

青川木牍　　　　　　东汉史晨碑拓本

隶书相较于小篆而言，在笔画造型和形体结构方面都发生了变化，将小篆不规则的曲线和圆转的线条变为平直方整的笔画，从而使汉字进一步符号化，全部丧失了象形的意味。例如：

鸟　燕　鱼　马　衣　舟

隶书把汉字的象形字，变成了"不象形的象形字"。这在汉字的发展史上是一个重大的变化。同时，隶书还分化与归并了小篆的偏旁，较大程度地改变了汉字的形体结构。这可以从两个方面来观察，一是小篆中的同一偏旁随着在隶书中的不同位置而改变为不同的形体。例如：

炎 烘 熬 尉 赤 光 黑 邻

小篆中的"火"，由于位置的不同，在隶书中分化为不同偏旁。二是小篆中的不同偏旁在隶书中被归并为同一形体部件。例如：

西 贾 覃 栗 要

同样一个"西"，在小篆中各不相同。另外，隶书的形体，较之小篆往往有所简省。例如：

香 雷 书 雪 屈 曹

隶书将小篆的笔画、笔势、偏旁都做了不同程度的改进，形成了汉字横竖撇点折的基本笔画，将汉字改造成棱角分明的方块字。

汉字由篆书演变为隶书，叫作"隶变"。隶变是汉字演变历史上的一件大事，是一个重要的转折点。它结束了汉字的古文字阶段，而使汉字进入更为定型的阶段。隶变之后的汉字，形体接近今天使用的汉字，我们看起来就比古文字要容易多了。所以隶变后的汉字，作为汉语的书面交际工具，就更加便于运用了。正因为有了秦汉时代的向前看的规范文字政策，才有了汉字史上划时代的大改进。由用线条组成、以象形为基础的篆书，进入由笔画构成的、以基本字符及其各种组合为构字法的表意汉字。这一变革极大地方便了汉字的学习和书写，极大地提高了汉字的使用效率和社会效能，应该在汉字史上大书特书。

（六）楷书

楷书亦称正书、真书，说明楷书是供人学习和运用的正规字体。这都是后来楷书取得正规字体地位才有的，早期楷书和隶书难以区分，都源于民间，如东汉永寿年瓮书迹。魏晋南北朝后，楷书逐渐成为主要字体。隋唐之际，基本定型的楷书的笔画结构非常精致、谨严。

东汉永寿年瓮书迹

草书是隶书、楷书的变体，行书是楷书的变体，我们不作过多讲解。汉字发展至楷书，形体就稳定下来了，之后的发展过程中主要是笔画的简省。由繁向简是汉字总体的发展趋势，在形体演变的过程中也伴随着笔画的简省。

1956年1月28日，国务院全体会议通过《关于公布〈汉字简化方案〉的决议》，随之公布了《汉字简化方案》。《汉字简化方案》有简化字515个和简化偏旁54个。1964年5月，中国文字改革委员会根据国务院的批示编辑并出版了《简化字总表》，收简化字2236个。1986年10月10日，国家语言文字工作委员会根据国务院的决定重新发表的《简化字总表》对个别简化字做了调整，收简化字2235个。从1956年到现在，简化字已经推行了近70年，在广大民众中扎下了根，也为许多外国朋友所接受。归结起来汉字简化的方式有以下几种：

1. 草书楷化：爲——为　侖——仑　東——东
2. 换简单偏旁：劉——刘　還——还　億——亿
3. 局部删除：聲——声　奮——奋　鄉——乡
4. 另造新字：異——异　體——体　龍——龙　舊——旧
5. 同音替代：後——后　裡——里　穀——谷　薑——姜

繁简是两个相对的概念。我们不难发现，相对于简体字，繁体字表意性更强。比如，"为"本是以手牵象之形，从简体字形已无法推知。繁体"为"是"爲"，还能明显看到手的痕迹。有时，虽然笔画减少了，却不容易记忆了。比如，"体"和"礼"繁体为"體"和"禮"，以"豊"为声旁。这样，我还可以类推"澧""醴"等。所以，所谓的简化实际上包括笔画的简省，还包括记忆难度上的简单化。有些字为了简省笔画，变得毫无依据，如"赵"声旁本为"肖"，"鸡"声旁本为"奚"。裘锡圭先生认为，汉字简繁优劣的问题只有在多方面的、深入的调查研究工作的基础上，才能得到比较科学的结论。裘先生从纯文字学的角度对简体字和繁体字的利弊作了客观地分析。我们简略摘录如下：

1. 从汉字表音表意作用看，有些简化字明显优于繁体：眾、竈、塵、郵、膚、幫、護、趕、運、遞、椿、膠、猶、擔。

2. 有些表音表意不明的，简体从书写上明显有优势：長、爲、單、對、婁。

3. 都是形声字的繁简字里，声旁表音作用略同：糧、園、犧、極、認、腫、選、釀、擾。

4. 有些声旁相同的字，形旁表意作用略同：慮、涼。

5. 大量简体字通过破坏表音、表意作用实现简化：蘭、嘗、頭、鳳、顧、爺、際、層、導、鄧、雞、觸、爐、蘆、廬、驢、掃、養、買、賣、產。

6. 由于简化，汉字体系了增加一些基本的结构单位（部件）：头、钅、讠、柬。

7. 同音（或音近）替代问题很大：斗和鬥、别和彆、干和幹、并和並。

8. 其他简化造成的一字多音：脏和髒、臟；纤和纖、縴，麽和么（本为幺）；寧和宁（本为宀）。

不过，总体看来，汉字简化是尊重了汉字发展规律的，也得到了广泛的认可。我们实在没有必要走回头路，重新回到汉字简化前的状态，做到长时间保持这一体系的确是必须的。我们的语文教育和国学教育中，涉及古代文献的部分，讲一些繁体字，甚至用繁体字作为载体选入教材中，还是可行的。这样，可以培养学生们学习古文献的能力，以为今后中文专业的学习和阅读古文献奠定基础。学古就尊重原貌，这一点值得提倡。否则，文言中的好些词义不好解释，如"裡""里"、"後""后"、"谷""穀"等，本是同音词、同音字，若在文言中加以区分就容易理解。以简化形体后的"里""后""谷"来说明，就增加了不少困难。简体字适应日常书写和当代书面语体系，繁体字适应的是古代书面语系统，识简认繁，对书面语的古今文字区别对待，古以繁体呈现，今用简体表达，是非常可行的途径。

简化汉字是汉字发展的一个新阶段。简化汉字来自民间的长期积累与流传，它顺应文字发展的潮流，合乎社会的需要，减少了汉字在学、认、写、用上的难度，所以深得民心，取得了巨大的成功。汉字在历史上几经演变，每一次变革、变化都是用当代文字去改造传承的文字。文字的继承都是在扬弃中进行的，是个接受古代、适应当代需要的字、改造不适应的字的过程。只有接受经过历史考验的字、改进常用而繁难的字，才能真正地、切实地保证文字的社会统一。

三、汉字是怎么多起来的

最浅白地说，语言就是人们口中所说的话，是由一个个词语所组成的；文字是用来记录语言的工具，是一种书面的语言。汉字自然是用来记录语言的工具，汉字有着非常独特而巧妙的设计。

根据古书的记载，我们的祖先创造汉字时，"仰则观象于天，俯则观法于地，视鸟兽之文与地之宜，近取诸身，远取诸物"。（《说文解字·叙》）即是天象、地形、鸟兽的花纹、不同土质的特产，近的参考自己身体各部位，远的参考各种自然事物。这样创造出来的文字，当然和自然事物有许多相似之处。这样的文字被称为象形文字。

在表示具体事物的基础上加上某些符号，可以进一步表示事物细微部分，如"刃""寸"等。在一条横线上加一短线表示"上"，在线下加一短横线就表示"下"了。这叫指事字。

有的比较复杂，或比较抽象的一些事物或概念，就用象形字的组合加以表达，如三个人在一起表示很多人就是"众"。再如"日""月"合起来表示天亮就成为"明"。这样两个或两个以上的象形字的组合，使人领会较为复杂或抽象的意思，叫作会意字，构成会意字的单个象形字，都成了新字的部件。有的会意字由好几个部件组成，如表示烧火煮饭的"爨"，它的古文字字形表示一个人双手正把锅放在灶台上，底下另一个人把木头塞进火里，这就开始做饭了。真是一幅生动细腻的古代先民的行炊图。

可以想见，如同上述这类形体较为复杂的字，创造起来是比较花功夫的。大千世界万物纷繁，新事物层出不穷，以至于难以从容造字，产生了文字记录语言的滞后现象。我们就权宜地利用已有同音字表示，如"它""其"。这些都不是新字，而只是用已有字用来记录同音词的现象。这叫作假借。

一个字可以不止一次地被假借，记录不同的同音词。这样它承担的意义就多了起来。这种现象如果过于普遍，也难免带来不便。因为我们具体面对一个字的时候，难以确定这时候的文字到底表示什么意义，如辟：刑法，偏远，躲藏，开垦，比喻，太多不易分辨，影响交际。于是，聪明的先民们又发明了新的造字方法，就是把记录同音词的字，加上不同代表意义的部件作偏旁，原来文字仍表示读音。这样产生的新字，叫作形声字。像"辟"加相应的偏旁，就是形声字。形声字的发明，促进了文字的发展与整体面貌的形成。有了形声字，我们就可以利用汉字有限的音节，通过加不同的偏旁部首造出足够多的汉字来记录汉语的词，相互间既有联系又有区分，从而精美地实现汉字记录汉语的功能。

同一个意义的词，有时候由不同的人用不同的汉字加以记录，不同的汉字就成了近义词。如"老人"的"老"，也可以用"考"。于是"老"和"考"可以相互作注。这种现象叫作转注。

以上我们介绍的就是通常所说的"六书"。正是由于记录汉语的需要和运用"六书"的方法，汉字的数量不断增加。周秦时代，甲骨文、金文数量不超过 6000 个，许慎《说文解字》收字 9353 个，清《康熙字典》收字 47035 个，《汉语大字典》收字 54000 多个。

第三节 汉字与基础教育语文教学

通俗地说，语文教学就是语言文字的教学，中国的语文教学就是汉语言文字的教学。语言的教学包括基础层面语言的理解和使用的教学，也包括更高层面的书面语运用的教学。汉字是汉语的书面载体，同样是教育教学的媒介。我们的教育就是从认字开始的，这是贯穿整个基础教育阶段的一件大事。这当然是不认字就不能读书写作的原因，更重要的是汉字是表意文字，音、形、义之间关系不同于表音文字，对汉字进行充分认知，并利用汉字的相关知识、理论进行教与学的活动，会大大地提高语文教学和学习的效率。毫无疑问，汉字教学是我们语文教学中极为重要的部分。语文教学中，汉字教学，一是针对汉字本身的音、形、义的教学，二是利用汉字的优势和特点解决相关问题的教学。前为体，后为用，我们可以分别称之为汉字本体教学和汉字应用教学。应用属于更高层面的范畴，必须建立在深厚的本体教学基础之上。汉字的应用教学，是在深刻认识汉字、掌握一定的汉字基本知识和基本理论基础之后才能较好地实现的目标。因此，我们前面的介绍虽然是大众化的，但却是非常必要的，而且需要以此为源头，深入地挖掘。世界上不存在无本之木、无源之水，也不存在脱离本体的应用，因而脱离汉字本体的教学不可能高效高质。这是必须明确的事实。

一、汉字的字理教学

造字法是一个非常古老的话题，只要是谈到汉字教学都无法回避。造字法反映的是民族的共同心理气质，把握汉字中蕴含的汉民族思考问题的角度、造字的习惯规律，以及历史上的社会文化讯息，对理解汉字、运用汉字都十分必要。

"六书"一直是我们分析汉字结构的重要理论依据，指的是六种造字法。《周礼·地官·保氏》："五曰六书。"郑玄注引郑司农曰："六书，象形、会意、转注、处事、假借、谐声也。"《汉书·艺文志》："古者八岁入小学，故《周官》保氏掌养国子，教之六书，谓象形、象事、象意、象声、转注、假借，造字之本也。"许慎在《说文解字·叙》中首次将"六书"进行了定义："一曰指事：指事者，视而可识，察而可见，上、下是也；二曰象形：象形者，画成其物，随体诘诎，日、月是也；三曰形声：形声者，以事为名，取譬相成，江、河是也；四曰会意：会意者，比类合谊，以见指撝，武、信是也；五曰转注，转注者，建类一首，同意相受，考、老是也；六曰假借，假借者，本无其字，依声托事，令、长是也。"三家的差异主要在于术语名称和先后顺序上。《汉书》所提及的是西汉经学家刘歆的名目和顺序。郑玄注所引之郑司农为郑众，其父为郑兴，郑兴是刘歆的弟子。许慎是贾逵的弟子，贾逵的父亲贾徽也是刘歆的弟子。足见，学说皆本于刘歆，所反映的仅仅是郑、贾二学之大同小异。一般我们都采用刘歆的顺序，许慎的名称，因为这符合汉字孳乳的过程，便于理解记忆。这里所谓的"六书"，实际上只有象形、指事、会意、形声是造字法，转注、假借是用字法，通常称此为"四体二用"。不过，我们必须强调，文字是用来记录语言的书写符号系统，后于语言的产生。造字法是人们在研究汉字结构过程中归纳出来的方法，后于文字的产生。我们的祖先造字时根本不会先有一套方法论，然后以此造字。语言—文字—造字法，是符合实际的先后顺序，反映了人类思维进步的过程。既然造字法是后人归纳出来的，那么必然有一个发展成熟到逐步完善的过程。于是，除了"六书"说外，又有唐兰、陈梦家、刘又辛等的"三书说"，黎锦熙的"七阶段说"，姚孝遂的"两阶段"说等。① 为方便讲解，我们这里仍采用"六书"说。下面，我们简单介绍造字法的相关知识。

（一）象形

象形，就是描绘事物形状。我们把用描绘事物形状来造字的方法，称为象形，用象形的方法造出的字就叫作象形字。日常生活中，能够用来描绘的往往是浑沦的整体，而且一定是为生活中所常见，这才便于描摹。具体可以分为像人、像物、像工等类别，像工即描绘人之所造。

（1）像人：描绘人及人体各部位：𐐘（人）、𐐙（大）、𐐚（耳）、𐐛（止，脚掌）、𐐜（自，鼻子）、𐐝（目）。

（2）像物：描绘自然事物：𐐞（山）、𐐟（木）、𐐠（水）、𐐡（象）、𐐢（豕，猪）𐐣（虫，音 huǐ，"虺"的本字，后来借作"虫"）。

（3）像工：描绘人类之所造：𐐤（舟）、𐐥斤（工具，相当于现代的锛）、𐐦（戈，武器）、𐐧（刀）、𐐨（豆，食器）、𐐩（皿，容器）、𐐪（宫，房子）。

这里，我们不难发现，象形字往往是独体字，所指称的是具体事物。由于汉字经历了由图画性强的甲骨文、金文、篆书到符号化的隶书、楷书的字体演变，以及这个过程中偏旁的简省和归并、笔形的调整和笔画的减少等变化，因而有的象形字后来未必是独体字，

---

① 喻遂生. 文字学教程 [M]. 北京：北京大学出版社，2014：167－200.

但依旧能够识别其整体轮廓，如"宫""燕"等。象形所描摹之事物是有限的，抽象的概念及相对隐晦的身体部位则不容易描摹。这个时候，指事就开始运用到造字过程中。

（二）指事

指事，用象征符号和在象形字的基础上加上提示符号来造字的方法。用指事法造出的字就是指事字。

（1）象征符号：二（上）、二（下）、一（一）、三（四）、X（五）、⌒（六）、十（七）、八（八）、ㄣ（九）、｜（十）。

（2）提示符号：木（本，树根）、木（末，树梢）、刀（刃，刀锋所在）、大（亦，腋窝，后作"腋"）、母（母，提示乳房所在）。

所谓的象征符号应该早于文字产生，但当时还只是记事的符号，并没有一个固定而明确的意义。同样用"X"，甲记录可能是五头牛，乙记录的可能是五件衣服，还没有和语言中的数词相对应起来，也就是并没有记录语言中的数词，没有读音。后来文字产生后，把这些符号借用过来，记录语言中的数词，也就有了读音，象征符号才成为文字系统的一员。许慎说："一曰指事"，认为指事字早于象形字，大概就是基于这样的想法。但提示符号一类，则明显晚于象形字，因为这是在象形字的基础上加上的提示符号，进而具有提示意义，否则便是无本之木。

象形字和指事字属于基于事物基础上的整体轮廓描摹造字，而会意和形声就是属于合体造字了。会意和形声也反映了人类思维由形象到抽象的进步过程，会意由形体会意逐渐发展为意义会意，形声则是文字由起初的直接记录意义向记录语言中的读音的符号化的飞跃。

（三）会意

会意，用两个、两个以上的表意象形字，或用两个或两个以上抽象意义部件，造成新字的方法。用会意法造出的字就是会意字。前者我们简称为形象会意，后者我们称之为抽象会意。

（1）形象会意：取（取，战争或狩猎中，取兽类或敌人左耳，以为凭证）、明（明）、逐（逐，豕表示兽类，止为人）、牧（牧）、从

（友，一手加一手表示协力）、🖼（兵，人手持斤，谓武力）。

（2）抽象会意：尖、楞、嬲、灭、掰、擤。

我们不难发现，第一组中的会意字更加形象，从形体本身即能够获知其组合义，图像性非常浓。第二组，则仅仅是意义的组合，部件之间已不能组合成一个形象的画面，理解其含义需经过较深入的思维加工过程。

（四）形声

形声，一个偏旁表示字的意义类属，称为形旁；另一个偏旁表示字的读音，称为声旁。用形旁表义声旁表音方式造字的方法，就是形声，用形声法造出的字就是形声字。根据形旁和声旁的位置，我们可以将其分为以下六个小类。

（1）左形右声：梧、惊、纲、理、铜
（2）右形左声：郊、功、刚、甥、期
（3）上形下声：竿、茅、爸、宇、晨
（4）下形上声：熬、盒、想、案、凳
（5）外形内声：匾、病、圆、围、间
（6）内形外声：辩、雠、问、戽、斑

形声字占现代汉字的 90% 以上，其中左形右声者最多，内形外声者最少。有时形旁和声旁并不是这么整齐而容易辨认，如"颖"，从禾顷声。有一种形声字较为特别，如"受"，甲骨文作"🖼"，像一人授物于另一人。因此，既有授予的含义，又有接受的含义。而授物却为"舟"，这样看来这是一个外形内声的形声字，又是一个形象会意字。这大概是造字时，已经有了自觉地思考。表意时，兼顾到了读音，于是以"舟"为授物一举两得。

在教学过程中，我们可以针对高年级的学生，适当讲授造字法。结合早期甲骨文、金文等图画性强的字体形象进行说明解释，一方面可以便于学生了解汉字孳乳的过程，理解字义，识记字音；另一方面也可以分析其中的文化现象，展示汉字的独特魅力。同时，我们的教学需要与古诗文的词义解释和文化解读结合进行，以此化体为用、体用结合，培养学生举一反三的归纳演绎能力。

二、汉字的字音教学

汉字的字音问题，通俗地说就是认字辨音。汉字不是表音文字，认字辨音肯定要下些功夫。一个字一个字地识读，是汉字学习必经的阶段。我们不得不承认，起初的认字几乎毫无规律可言。不过，当认识了一定数量的字后，我们就可以利用已有的认知来学习识读新的更多的字。比如，我们可以通过形声字的形声构成类推字音，通过形声字的形旁区别同音字。有的时候，汉字的字音与字形之间关系复杂，必须进行一番解读才能有效地辨别和深刻地理解。这里，我们从形声字和汉字字义与语音对应关系、字与字的语音关系等三个方面，探讨汉字的字音教学问题。

（一）利用形声字进行汉字字音教学

形声字是汉民族的伟大创造，它可以据形见义，因形知音，把文字的表意、表音两种功能有机地融为一体，适应了汉语分化同音字、同音词的需要，也适应了汉语方言分歧的特点。据统计，东汉许慎编纂的《说文解字》共收录汉字9353个，其中形声字就占82%；南宋郑樵对23000多个汉字进行了统计分析，形声字占90%；现代7000个常用汉字中，形声字也占80%以上。这众多的形声字都是由有限的形旁和声旁组合而成的。构成现代形声字的形旁约有250个，声旁约有1300个。这些形旁、声旁互相配合，构成了汉字的形声字系统。少量的声旁，统摄大量的汉字，形成一声旁对应多个汉字的格局，为类推字音提高了可能。概括起来，形声字声旁与字音的关系有以下几种情况。

1. 表音准确

声旁能准确表示字的读音，即两者的声母、韵母、声调完全相同。例如：

胡（hú）：湖、糊、瑚、葫、蝴、鹕、醐、猢

皇（huáng）：惶、煌、遑、蝗、篁、徨、凰

曼（màn）：漫、慢、谩、墁、幔、蔓、缦

录（lù）：渌、禄、逯、碌

2. 表音基本准确

声旁与字音的声母、韵母相同，声调不同。例如：

令（lìng）：泠、羚、零、玲、聆、鸰、翎、瓴、苓、龄、蛉、铃、囹、伶、领、岭

廷（tíng）：挺、梃、铤、艇

高（gāo）：槁、搞、镐、藁、稿、缟

可（kě）：柯、珂、轲、舸、苛、疴

3. 不表字音，表音不准确

声旁不能表示字的读音。声旁和字音有的声母相同，有的韵母相同，有的声母韵母全不同，有的仅是声调相同，声旁已完全失去了表音作用，只是区别字形的一个符号。例如：

工（gōng）：缸、肛、杠、扛、空、红、虹、讧、江、豇、项、邛

合（hé）：哈、蛤、鸽、颌、答、洽、恰、龛、给、翕（xī）、拾

少（shào）：沙、砂、纱、秒、眇、渺、秒、抄、吵、钞、炒

声旁与字音的联系，属第三种情况的字最多，约占现代形声字的60%。声旁与字音的声母、韵母、声调完全相同的形声字，据统计，只占全部现代形声字的五分之一。汉语是有声调的语言，声调具有区别意义的功能。因此，严格地说，以上第二类应算声旁不表字音的形声字。由此可见，现代形声字中，声旁的表音率是相当低的。念汉字容易出现"白字"现象，主要根源就在于声旁。

大多数声旁与字音联系的三种情况都有。例如，"申"在"伸、呻、绅、珅、砷"等字中表音准确，而在"神、审、胂"等字中表音基本准确，在"押、坤"等字中不表字音。这种情况，又在一定程度上削弱了声旁指示字音的作用，因为如果碰到一个生字，很难确定声旁是表音还是不表音。例如，"郜""瘼""邰"中的声旁"告""莫""台"表音都是准确的，但由于它们在"靠""浩""摸""馍""胎""殆"等字中表音又不完全准确，所以也影响到了对"郜""瘼""邰"的读音的确认。因此，学习汉字一定要勤查字典，

不能盲目利用声旁类推字音,以免读错。例如,"绽""愎""茸""诣""谥""隘""酗""玷""待""齲"等字,读音与声旁都相去甚远,如不注意,就会读错字音。

那么,声旁的作用是不是就不大了?当然不是。声旁是表示形声字读音的偏旁。声旁指示读音的作用在于,它能从视觉上给人提供一个字音信息,使人通过声旁的提示,与语音中的某个音节产生关联,进而把字音确定下来。虽然我们认识了某个声旁,不一定能类推出准确的字音,但起码能够缩小联想范围、增强记忆,辅助以工具书便能够得到事半功倍的效果。

声旁还具有纠正方音的作用。汉语方言众多,普通话中的一些声母、韵母在许多方言中常常混淆,如平翘舌音声母不分,鼻音边音声母不分,前后鼻音韵母相混,等等。这类问题可以利用声旁来类推一批字的普通话读音。例如,"至"念翘舌音声母,所以凡以"至"作声旁的字,如"侄、室、桎、蛭、致、郅"也都念翘舌音。又如:

支(翘舌):枝、吱、肢、豉、翅

只(翘舌):织、职、枳、帜、咫、炽、识

宗(平舌):棕、踪、粽、综、淙

子(平舌):仔、孜、籽、字

生(后鼻韵):甥、笙、牲、胜、性、姓、星

宁(鼻音声母):柠、拧、泞、狞、咛

龙(边音声母):珑、聋、栊、眬、笼、咙、拢、陇

总之,教学过程中,一方面我们教学生利用声旁类推字音,再辅以工具书验证,并强化记忆;另一方面,根据方言情况,教学生利用典型的声旁类推方音,以避免因方音而产生误读,进而提高记忆效率。

一个字表示一个音节,它本身也只有一种读音,并且另外不再有与它读音相同的字,这样的字便是单音字。现代汉字中的单音字在汉字系统中比较少,如"耍""氽""您""甩""耨""暖""森""能"等。现代汉语语音系统中,由声、韵、调组合构成的音节有1200个左右,如果以现代通用的7000个汉字为例来计算,那么每

个音节平均要负担 5.83 个汉字。但是实际上，有些音节所负载的汉字极少，如"děi""fó""zéi""néng""xiòng"等音节只有一两个汉字，而有的音节所负载的汉字则远远超出了这个平均数。据统计，《新华字典》中念"zhì"的汉字有 38 个，念"yù"的有 48 个，念"xī"的有 53 个，念"yi"的有 60 个，如果要算上异体字就更多了。《汉语大字典》收字 6 万，每个音节平均有 50 个同音汉字，多的有数百个汉字。这就必须要解决一个同音字区分的问题，声旁就发挥了区别的作用，如"喻""预""欲""域""寓""驭""遹""钰""妪"等。

（二）把握音义关系，确定字音

汉字系统中的同音字特别多，声旁可以发挥区分作用。不同字也可以通过声旁加以识读，并实现类推字音、纠正方言的目的。另外，教学过程中还需要面临一字多音的多音字的问题。一个汉字，有两种以上的不同读音，代表不同的音节，这样的汉字叫作多音字。这样的字往往是以某个偏旁为声旁的形声字，由于语言的历史发展，字音出现了分化，就形成了一个字多个音，一个声旁代表多个音的现象。多音字的问题不容忽略，生活中我们读错的字往往与一字多音有关。《新华字典》中所收的多音字占总字数的 10% 左右。多音字有以下两种情况。

1. 文白异读

这种多音字虽然有不同的读音，但字义一样，在汉字系统中比较少。例如：

谁—shuí、shéi　熟—shú、shóu　血—xuè、xiě　壳—qiào、ké

这样的读音反映的是文白的不同层次，例中每个字的前一音为文读音，后一音为白读音。文白异读是语言发展的客观现象，在实际的语言运用过程中普遍存在，如东北方言中的"取""街""解""剪"在口语中的读音为 qiǔ、gāi、gǎi、jiǎ。普通话以北京音为标准音，北京音不少异读也体现在汉字中，不少表示同一个语素的字有多种读音，从而形成异读，如"波"念 bō，也可念 pō；"械"念 xiè，也可念 jiè；"绿"念 lù，也可念 lù。只是这样的异读已经根据实际作了规范，保留了前一读音。我们这里讨论的是至今仍保留在实际语言中且遵从规律没有被规范的文白异读字。

文白异读字中还有一部分是一字多音只在某个意义上存在异读的情况，如"露"在表示显示出而被人看见这个意义上，既念 lù 也念 lòu，lù 是文读，lòu 是白读。在露水义上，lù 与 lòu 不是文白异读。有些时候，超出了我们正常理解的同义问题，异读音中存在着包含与被包含的关系，如"折"，有 zhé、shé 两个读音，一般说 zhé 是没有断开，shé 是已经断开，但在断开意义上，二者是存在文白差异的。比如，《荀子·劝学》："锲而舍之，朽木不折；锲而不舍，金石可镂。"《汉书·朱云传》："御史将云下，云攀殿栏，栏折。"两例中的"折"，明显是断开的意义，但读成 shé 则不合适，仍要用作文读音 zhé。

那么，什么情况下文读，什么情况下白读？这里我们分为以下几种情况来说。

一是作为词中的构词语素，说白了就是合成词中的字要文读，如揭露、暴露、鲜血、热血、熟悉、成熟、地壳、躯壳、供给、给予等。有的合成词在使用过程中明显有小字眼儿，往往儿化，儿化的字必然是以白读音为基础，如蛋壳、甲壳、卡壳、乌龟壳、破壳、脑壳、硬壳、空壳等。

二是成语中的词对应的字要文读。成语是语言发展过程中积淀下来的典雅的固定短语，雅是其特色，决定了其中涉及文白异读的字要文读，如浴血奋战、如履薄冰、金蝉脱壳、宁折不弯、原形毕露、舍我其谁等。

三是古诗文中的词对应的字要文读。古诗文总体来说保留了相对早期的汉语面貌，可以粗略地统称为文言，属于典雅的书面语体，具有庄重色彩。比如，宋代杨万里《小池》："小荷才露尖尖角，早有蜻蜓立上头。"唐代杜牧《赤壁》："折戟沉沙铁未销，自将磨洗认前朝。"

从理论上来讲，文白异读似乎界限清晰，如同两座山峰，然而，实际教学中还是会遇到困难，以致纠缠不清。一种情况是，口语中读得多了，有时就分不清究竟哪个是正确的。比如，唐代张九龄

《望月怀远》："不堪盈手赠，还寝梦佳期。"这里就没有什么争议，因为其中的"还"有回的意味，正常就读作 huán。毛泽东的《沁园春·雪》中的末句："数风流人物，还看今朝。"就意义而言，这个"还"就可以读作 hái。若是不了解文白异读的相关知识，自然会因不明确而引起争议。

1956年，中国科学院成立了普通话审音委员会，对1800多条异读词和190多个地名的读音进行了审议，并在1957—1962年分三次发表了《普通话异读词审音表初稿》，1963年出版了《普通话异读词三次审音总表初稿》。根据使用情况及语言的发展，普通话审音委员会采取约定俗成、承认现实的态度，于1982年开始对《普通话异读词三次审音总表初稿》进行了多次修订。1985年，国家语言文字工作委员会、中华人民共和国国家教育委员会、广播电视部审核通过了修订稿，正式公布了《普通话异读词审音表》，并要求各个部门、行业在涉及普通话异读词的读音、标音时，要以此表为准。《普通话异读词审音表》规定了异读词的统一读音，使现代汉字的字音规范有了明确的依据。今后，还要继续审订异读词。

2. 因义定音

这是针对一字多义、多音的情况而言的。多音字中一种是基于同义的文白异读字，一种是基于多义的同形多音字。同形多义、多音需要因义定音，就是依据汉字的音义关系，基于字理，通过意义辨析确定准确读音。具体有以下两种情况：

①联义多音。这样的多音字，往往是两个音，字音之间的差异多体现在声调的四声变化上，四声变化反映了词类的区分，表示有关联的意义。例如：

行—xíng：行走 行医 <动>　　朝—zhāo：朝夕 朝阳 <名>
　　háng：银行 排行 <名>　　　　cháo：朝拜 朝见 <动>
假—jiǎ：真假 假情 <形>　　好—hǎo：好坏 好处 <形>
　　jià：寒假 暑假 <名>　　　　　hào：爱好 好恶 <动>
乘—chéng：乘马 乘车 <动>　舍—shě：取舍 舍弃 <动>
　　shèng：史乘 千乘 <名>　　　　shè：宿舍 退避三舍 <名>

第一章　汉字和汉字教学

处—chǔ：处理　相处　<动>　　数—shǔ：数数　数落　<动>
　　　chù：到处　好处　<名>　　　　shù：数字　小数　<名>
铺—pū：平铺　铺盖　<动>　　泥—ní：泥土　枣泥　<名>
　　　pù：店铺　床铺　<名>　　　　nì：泥窗　拘泥　<动>
省—shěng：省心　省钱　<动>　看—kān：看门　看守　<动>
　　　xǐng：反省　省悟　<动>　　　kàn：看书　看病　<动>

不难发现，上述各组中的多音字，在意义上具有紧密的联系，并不是截然不同，其差异主要体现在词类上。汉语以声调区别意义的现象，一般称之为四声别义。然而，别义的同时，又区分了词类。这就如同英语用重音区别词类一样，属于形态的范畴。因此，区分了词类的声调变化产生的不同语音形式，就用一个汉字代表。这种区分在教学过程中需要引导学生理解，并教会学生用语法的意识分析语音差异，培养理性思维能力，解决实际的语言文字应用问题。比如，一般都把"拘泥"中的"泥"误读作 ní，把"处世"的"处"读作 chù，都是没有自觉地运用语法、词汇知识来解决语音问题导致的。"省"和"看"等没有体现词类差异用例，也反映了适用对象的差异。这样的情况需要教师仔细分析用例，归纳总结，在教学过程中不断形成教学风格。例如，"吐"有 tù、tǔ 两音，吐血、呕吐、吐奶等读作 tù，吐丝、吐痰、口吐芬芳等读作 tǔ。归结起来，tù 是自动的，tǔ 是主动的。再如，"采菊东篱下，悠然见南山"中的"见"，也可用主动、自动来解释。"见"的 jiàn、xiàn 两音，从意义而言均表示结果，就所见事物和见的行为发出者而言，jiàn 的对象就在那里，需要主动去看；xiàn 的事物，行为发出者并没有主动去看的意愿，而是事物受外物的影响下自动出现的，不看也得看。

②别义多音。别义多音是不同意义用同一个汉字来记录形成的多音字现象，这一般是语音历时演变的结果。历史上的同音假借而导致的同音多义字，在发展过程中发生了语音分化，从而形成了一字多音、多义。例如：

弄—lòng 小巷：弄堂、里弄。
　　　nòng 摘、做、戏耍：戏弄、玩弄、弄饭。

的—dí 真实、实在：的当、的确。
　　dì 箭靶中心：中的、目的、有的放矢。
　　de 助词：我的、他的、红的花。

参—cān 加入、验查、研究、进谒：参战、参考、参透、参拜。
　　shēn 人参、党参等的统称；二十八宿之一：海参、参茸、参商。
　　cēn 参差。

会—huì 聚合、见面、有一定目的的集会等：会合、会客、晚会。
　　kuài 总计：会计。

得—dé 得到、能够等：取得、休得无礼。
　　de 用于中补短语之间：说得好、热得很。
　　děi 助动词，需要或揣测的必然：这事得你去，你不去就得坏事。

乐—lè 快乐、乐于、笑：欢乐、乐此不疲、逗乐。
　　yuè 有规律而和谐动人的声音：音乐、奏乐、军乐。
　　yào 喜好、欣赏：知者乐水，仁者乐山。
　　lào 地名：乐亭，在河北。

率—lǜ 两个相关的数在一定条件下的比值：出勤率、效率。
　　shuài 带领、轻易、大概、顺着：率领、草率、大率、率由。

膀—bǎng 胳膊上部靠肩的部分、鸟类等的翅膀：肩膀、翅膀。
　　páng 叫尿脬，暂存尿液的囊状体，在骨盆腔内：膀胱。
　　pāng 浮肿：脸膀了。

单—dān 不复杂；奇（jī）数；布、纸片等：单纯、单日、被单、传单。
　　chán 中国古代匈奴君主的称号：单于。
　　shàn 姓：单家庄。

载—zǎi 年；记载：三年五载、载入史册。
　　zài 承受；充满；重复：厚德载物、怨声载道、载歌载舞。

和—hé 平和；和谐；结束战争或争执等：温和、和睦、讲和、和衣而眠。
　　hè 跟着唱、依照别人诗词的题材和体裁做诗词：曲高和寡、和诗。
　　huò 粉状、粒状物掺和在一起或用水稀释：和药、和食。
　　huó 在粉状物中加液体搅拌或揉弄使有黏性：和面、和泥。
　　hú 打麻将或斗纸牌时某一家的牌合乎规定的要求，取得胜利：诈和。
　　huo 轻声：暖和。
度—dù 计量长短；计量单位；程度；限度；章程；气质：度量衡、硬度、极度、制度、风度。
　　duó 推测、估计：揣度、度德量力。
假—jiǎ 不真实的；假定；假如；借用：假话、假说、假使、不假思索。
　　jià 按照规定或经过批准暂时不工作或不学习的时间：请假。
降—jiàng 落下、使落下、降低：降雨、降价、降级。
　　xiáng 投降、降伏、使驯服：诱降、降龙伏虎、一物降一物。
荷—hé 又叫做莲花、芙蓉：荷花。
　　hè 背、扛、负担、书信用语：荷枪、重荷。
腊—là 古代在农历十二月里合祭众神；多在腊月腌制后风干或熏干的肉：腊月、腊肉。
　　xī 干肉：腊肉。
脏—zāng 不干净：脏衣服、脏话。
　　zàng 内脏：五脏六腑。
叶—yè 叶子；像叶子的薄片；较长时期的一段：秋叶、扇叶、6世纪中叶。
　　xié 常指声音的调谐：叶韵。
上面所列举的别义多音现象，多数是语音历史发展演变引起的一字多音，也有汉字简化后导致的本不同字而同字的现象，如"脏""腊"等。内脏的"脏"本为"臟"，肮脏的"脏"本为"髒"，简化后合二为一。干肉的"腊"就是"腊"，腊月的"腊"是"臘"，简化后合二为一。有的多音字很复杂，并不仅仅是属于某一个类，多音之间存在交叉关系，如"和"的 hú、hé 就存在文本异读的问题。

在教学中，教师需要格外地注意多音字的字音问题。一旦遇到多音字，就有读错的可能，也有讲错的可能。多音字中最容易引起误解的就是别义多音和文白异读两种情况，别义多音又是最为影响文本理解的。例如，辛弃疾词《破阵子·为陈同甫赋壮词以寄之》："醉里挑灯看剑，梦回吹角连营。八百里分麾下炙，五十弦翻塞外声，沙场秋点兵。马作的卢飞快，弓如霹雳弦惊。了却君王天下事，赢得生前身后名。可怜白发生！"

一首词，涉及需要辨别的多音字就有"挑""角""塞""场""的""了""得""发"8个。下面，我们逐一分析。"挑"有 tiǎo、tiāo 两音，常用义分别为"用棍子或棍状物拨弄"、"把担子放在肩上运送事物的行为"，属于联义多音，此处可因义定音为 tiǎo；"角"有 jiǎo、jué 两音，前者常用义为"动物头上长出的坚硬的东西、形状像角的事物、古时军中吹的乐器"等，后者常用义为"竞赛、进行表演的人物、五音之一、酒器"等。竞赛、角色义的 jué 与 jiǎo 是联义多音，五音之一、酒器义的 jué 与 jiǎo 当是文白异读，这里可根据意义确定读音为 jiǎo；"塞"有 sāi、sài、sè 三音，说得浅白些 sāi 是往里送，动词，sè 是塞不进去了，形容词，sài 是障碍、屏障，名词，此处可断定为 sài，三者为联义多音；"场"有 cháng、chǎng 二音，前者为晾晒谷物的地方，后者为宽阔的平地，可定音为 chǎng；"的"有 dí、dì、de 三音，上例中已有列举，根据字形、字义综合分析，可确定此处音为 dì。"的"是左形右声的形声字，本义是箭靶子，靶心为白色。的卢马的特征就是额头有白点，"卢"是头，后加页旁为"颅"。"的卢"在实际的教学中常被误读为 dí，进而以讹传讹，导致普遍性地误读；"了"的 liǎo、le 二音很明晰，前为结束，后为表示完成的虚词作轻声，这里可确定读音为 liǎo；

"得"有 dé、děi、de 三音，dé 表示获得，děi 是助动词表示不得不，de 是结构助词，用于中补短语之间，此处可确定读音为 dé；"发"的 fā、fà 二音是汉字简化后形成的多音字，fā 本作"發"，fà 本作"髮"。从字形分析，"發"本为弓箭发射出去，引申有出发、发生等意义。"髮"为上形下声的形声字，表示头发，从"髟"字均与毛发相关。此处很容易确定字音为 fà。

字音的确定，看起来并不困难，的确有多数字音我们通过死记硬背也可以掌握，但教学的目的绝不是通过经验主义、反复地死记硬背灌输给学生。举一反三，培养学生看待问题、思考问题的能力，通过教与学的实践，使学生具有解决问题的实际能力和一定的自学能力、创新能力和科学的精神，才是最为重要的。这一理念，若是贯穿在语文教学全程，将有助于学生核心素养的养成。把语文课上成数、理、化的公式化教学，那不过是"无本之木"；死记硬背，忽略汉字内部特征、汉字发展规律的教学，还谈什么育人，谈什么继承和发扬优秀文化遗产，昙花一现的繁华后，便是枯枝败叶。

三、汉字的字义教学

古汉语中，往往是一个汉字、一个音节、一个词的对应关系。说汉字的字义，实际上不能完全脱离词义。以词义为研究对象的训诂学，产生于周末汉初，以我国第一部词典《尔雅》的诞生为标志。文字学的产生若是从中国历史上第一部字典《说文解字》算起，要晚上近 300 年。文字学继训诂学后产生的动因是汉字是表意文字，通过字形分析有助于解释词义。可以这样说，在文字学产生前后的一段时间里，字形分析是训诂的附属手段，文字学是作为训诂学的附庸而存在的。因此，我们这里所说的字义教学指的是借助于汉字的字形、字音和文化信息来说解汉字意义，不是词汇学意义上的词义教学。

（一）分析字形，推测意义

这需要依靠字理知识的支撑，所以上文特别讨论字理一部分内容。在一定理论基础上的应用，才容易培养创新精神和自学能力。

从甲骨文到现行简化字,汉字历史演变的过程中,有不少字形已经不容易解释其意义,特别是本义。教学中,我们依靠分析早期字形,有利于理解字义;通过讲解常见形旁的意义,有利于类推字义;通过讲解形旁的分合,有利于解读个别字义问题。

1. 追溯字形,理解本义

字形的追溯一般要到图画文字阶段,即甲骨文、金文、篆书。字的本义,是造字之初字所表示的意义。从理论上来说,越早的字形越能反映字的本义。教学中,通过对早期字形的形象分析,能够加深对字义特别是字的本义的理解。比如,我们经常说"休"是一个人靠在树下休息,"人"是侧面站立的人形,等等。积少成多,由浅入深,教学中自觉运用字形分析法解读字义,是十分可行的。将其发挥至极致,将大大提高教与学的效率。这里,我们不妨多列举些实例。

之:一般认为上为"止"是人的足部,下面的"一"代表地面,字义为人从某地出发往某地去。所以,"之"的动词往、到义是其本义,其他如结构助词"的"、人称代词和指示代词等的所指都是假借义。①

为:像人用一只手持大象,意谓让大象做活,字本义为做事情。

司、后(毓):甲金文从、、像倒置之柶。柶,所以取食,以倒置柶覆于口上,会意为进食。自食为司,食人食神亦称司,故祭祀时献食于神亦称司,后起字为"祠"。氏族社会中,食物为共同分配,主持食物分配者称司。《说文解字》中的""为"司"、""为"后",甲骨文则正反无别,皆为"司"字。"后"字则假"毓"字为之。毓,甲骨文中以""为"后"。毓,为"育"的本字,像产子之形,上为"女",下为一倒子,小点为羊水。母系社会,母性酋长,有产子之功,尊为"毓"。后世承此,尊君长

---

① 《说文解字·之部》:"出也,象艸过中,枝茎益大,有所之。一者,地也。"

为"毓"。王国维谓"后"字本像人形，上为"人"之伪变，下为倒子形之伪变。"后"的本义是"生育""养育"，但是在先秦古籍中"后"多指"国君"。①

豕：像猪形，字义就是猪。例如，成语有"牧豕听经""龙首豕足"。

齿：像人门牙形，甲骨文中齿数有不同。"齿"本义为门牙，成语有"笑不露齿""皓齿明眸"。

里：上为田地形，下为土地，田地、土地为人赖以生存之本，字义为居住的地方，成语有"家长里短""左邻右里"等。

后（後）、、：从从，像绳结之形体，反映了先民用结绳记录祖孙世系的先后。字的本义即是迟、晚，与先相对。后又加"彳""辶"。

朱：木中心，加一"—"，提示树干所在，为"株"的本字。

本：木下一点，提示树根部所在，字本义就是树根，所以有"根本"之词。

末：木上一点，提示树梢部所在，字本义就是树梢，所以有"末梢""舍本逐末"等词。

未、：《说文解字·未部》："未，味也。六月，滋味也。五行，木老於未。像木重枝叶也。"据此，"未"为"味"的本字，与"末"有别。

卒、、：从早期字形看，前两字形为甲骨文，像衣服上有标记，标记其特殊身份，指差役一类人。后一字形为金文，仅在衣上加一提示符号。根据字形，有人认为字义为结束，无论提示符号还是标记，都表示衣服制作结束。总之，"卒"与衣服相关。

尹：像手持手杖，意谓手中握有权力，字义为执掌权力之人。也有人认为字像人手中握笔形，意谓拿笔的人。拿笔的人，在早期

---

① 徐中舒. 甲骨文字典 [M]. 成都：四川辞书出版社，997—998.

社会也是有权力的人。

史：甲骨文作从又持🖐，"又"为手之象形，🖐为狩猎工具，与"干"形似，上端有权，中间有绳索捆绑。""为"事"之初文，手持猎具会治事意，后分化为"史""吏""使"等。字有繁简二体。

斤：像曲柄的斧子，"斤"的本义就是这一类的木工工具。

豆：盛食物的器具。《说文解字》直接说成是盛肉的器具。

自：像鼻子的形体，指的就是鼻子，是"鼻"的初文。

宫：像房子的正面，本义为房子。

向：像壁上户牖之形，《说文解字·宀部》："向，北出牖也。"《说文解字》可从，字本义为朝北的窗户。①

上述多为独体字，采用象形或指事的造字法，通过早期字形的追溯，本义就相对清晰，印象更为深刻。相对于独体象形字、指事字，也包括部分合体象形字，合体的会意字则更为形象。例如：

戍：像人扛着戈形，意谓士兵拿着武器守卫边疆。

罗：上为网，下为鸟，字义为捕鸟，或捕鸟的工具。

道：像人在路上行走，字义为道路。

爨：上部像两手托着锅，中间像木在灶口中，下面的火代表正在燃烧，两手正向灶口添柴。字的本义为烧火做饭。

夹：中间一大人，腋下有两人，意谓夹持；或为两人夹持一人，或两人被一大人夹持，后一个意义分化为"挟"。

步：从二止，像两脚一前一后。字义为走路，走的一次行为就是步（两小步）。

牢：从宀、从牛，像牛在房子中。字义为圈养牛羊的圈。

即：像人凑近食器，准备就食。字本义为就食。

---

① 李学勤. 字源[M]. 天津：天津古籍出版社，2012：655. 向，从宀，从口，像一个人张嘴在室内说话产生回响，为"响"的本字。

既🈚：像人在食器前，头向后，与"即"相对，字义为进食完毕。

年🈚：像人手持禾形，意谓谷物成熟。谷物成熟一次为一年。

乡🈚：鄉（简化为"乡"）、飨、卿本此一字。像两人相对而食，为"飨"字，字义为宴飨、祀飨，即用食物招待宾客或祭祀鬼神、祖先。字形又有共同进食意味，字为鄉（乡），表示人生长的地方；共同进食的组织者乡老为"卿"，字义为乡的长官。

班🈚：中间为一刀形，像用刀分玉为两块。字本义为分开。

名🈚：从口，从夕。夕，为夜晚。《说文解字·口部》："名，自命也。从口，从夕。夕者，冥也。冥不相见，故以口自名。"本义为呼叫名字。

显而易见，我们用早期的字形，更能够理解字义。当下，工具书十分发达，甲骨文、金文等辞书足以供日常检索使用。参考文献中列举的辞书可提供查询的线索。需要说明的是，我们利用字形进行字义教学并不一定非要追溯至甲骨文、金文。当下简体字就能很清晰地说明字义，非要画出个甲骨文来，就事与愿违、事倍功半了，如上文中的"爨"，楷书字形很明了，简单分析能够解释意义。再如，"灶""尖""坐""字"等，都不必利用图画文字来解说。课堂中调节气氛，书写一些简单的早期字形很有必要，但要适可而止。另外，我们所说的字的本义，不一定是真正意义上造字之初的词的本义。比如，"即"很难说是为吃饭行为所造的字，意义一定具有抽象性，抽象的度不容易把握。因此，我们追溯字形也就是提供理解字义的依据和线索，不必苛求。

2. 识记常见形旁义，类推字义

形旁具有表意作用，有的表意性很明显，如"父""木""氵""人（亻）""艹""刀（刂）""讠""雨""𧾷""走""土""衤""钅""弓""扌""马""女""纟"、"牛""目""田""穴""耳""舟""革""鱼""口""巾""山""饣""竹""忄""车"等，有的则需要加以指明。例如：

63

宀⌂：音mián，房子。从宀字一般与房子有关，如"字""宇""宙""安""室"等。

隹：音zhuī，像完整的鸟形，是短尾鸟，也是鸟的总称，楷书为"隹"。从"隹"字与鸟相关，如"雅""雀""雌""雄""雏""雕"等。

豸：音zhì，像动物张口之形体，凸显凶猛。从"豸"字多为凶猛的野兽，常见的如"豹""豺""貂"等。

页：音xié，人头，一般认为与"首"为一字。从"页"字与头相关，如"题""额""项""颜""颁""颗"等。

辶：一般称作"走之"，音chuò，为"辵"的变形，是会意字。甲骨文像一只脚在"行"中，"行"是十字路口，会用脚在路上行走之意。

彳："彳"字是个部首字，凡是由"彳"字所组成的字，大都与"行为"或"动作"有关，如"行"、"御"、"徒"、"徙"等。

攴（攵）：音pū，通常作"攵"。攴，从又、卜。像人右手持有饰物的鞭子，古同"扑"。从"攴（攵）"字多与击打相关，"放""牧""攻""教""致""敕"等。

又：像右手形体。从"又"多与手或手的动作相关，如"叉""反""友""双"。

阝（左）："阝"在左，为"阜（阜）"的变形，像山的坡体之形。从左"阝"字与山势相关，如"陡""陵""险""阴""阳""阿""隅"等。

阝（右）："阝"在右为"邑"字变形，像人在城中，从右"阝"字与城市相关，如"鄙""都""郡""邻""郊"等。

灬：音huǒ，为"火"的变形，"灬"底的字多与火相关，如"蒸""熟""烹""热""煎""熊"等。

"衤"：就是"衣"的变形，并不单单表示衣服，是身体所有覆盖物的统称，如"被"从"衤"字与衣、服等相关。另如，"裙""袄""袍""裤""襟""褂""袜""衬""衫""褐""袒""补""裕"

64

"初"等。

彡𢒑：音 shān，像刻画或书写的花纹。从"彡"字多与花纹相关，如"彩""彤""彫""彰""影""修""形"。

缶：🕮，音 fǒu。像制做陶器的情状，下面的"口"表示正在制作的陶器坯子，上面的构件代表制陶的工具。"缶"字的含义可作为各种大腹、大口的陶制容器的泛称。① 又有释"缶"为从口午声的形声字者，也有道理。上面的"午"，是"杵"的初文，亦表声，也可以说"缶"是会意兼形声的亦声字。从"缶"字与瓦器相关。如"缺""缸""罅""罄""罐"等。

形旁的表意作用，通过追溯早期字形能理解得更透彻，那么追溯字形和识记形旁实际上是紧密相成的。追溯字形，直接考虑的是本义，识记形旁是基于本义基础上的概括义，具有类推性。实际上，我们通过形旁义类推字义，就是沿着线索推究字词义。比如，"自"表鼻子，从"自"的字与鼻子相关。后起的"鼻"，分化了本义，与形旁义完全相同。有的与形旁义差距就很大，如"息"是人呼吸的行为，通过鼻子完成的。鼻子这个信息就很关键，如果能确定"自"的鼻子义，就很容易理解字义，成语"息息相关"就不会被误解。说"斤"是斧子，从"斤"的字与斧子相关，"斧"与"斤"意义基本相同。"兵""析"就差距较远，前者像人两手拿着斧子，有兵器和砍杀的意思；后者像用斧子砍树，有分开意味。可见，教学中善于利用形旁表意性，指导学生识记特别是理解性识记一些形旁义，在这一过程中逐渐掌握类推字义的思路和方法，比死记硬背要好得多。教学中，我们要注意几点。一是要多学勤查。人的精力有限，知识面都是有限的。生活中不断积累和不厌其烦地查阅，就可以奠定相对丰厚的基础。二是要辩证地分析。比如，"彡"是花纹，从"彡"字一般与花纹相关，但"彭"中"彡"就不是花纹，象征的是鼓声。因此，不能过度地类推，而这种相对的差异，又能使我们充

---

① 此为朱英贵先生观点，可从。引自微信公众号"求知本末探寻源流"《汉字探微（228）：击瓮叩缶——释"缶"》。

· 65 ·

分理解"彭"的意义。三是要有历史的眼光。这需要一些汉语史的知识，如一般认为，"奴"从女从口，表示随从。"如"应是"女"的分化字，从口，女声旁。随从需依"口"呼应。这里涉及音韵学的常识，"女"为声旁的另有"汝"，看来"女"的读音发生了分化。① 有些字，历史上字形发生了变化，我们就不能苛求，非要用早期的字形。比如"双"，简化前是雙"雙"，像一手持二鸟，就是"双"。简化后的"双"从两手，就与"手"相关了，但并不影响我们分析字形，理解字义，双手示"双"义，也很明确。

3. 介绍形旁分合，解读个别字义

"隶变"在汉字发展史上是一件大事，使得汉字的古今形貌发生了巨大变化，图画文字逐渐成为棱角分明的方块字。这个过程中，并不单单是轮廓定为方块，线条平直化、笔画简省等，其间不少偏旁或变异，或进行了分合归并。这给我们认字辨音带来障碍，这些障碍是汉字发展过程中自身调节的结果，必须客观面对。比如，我们熟悉的"心"，为适应方块形体需要，受到所处位置的影响，在左侧成了"忄"，在简单的上下结构中和左右结构的右侧是"心"，复杂的上下结构的下部是"㣺"。"水"也有"氵""㐅"等变形，"示"有"礻"旁等。偏旁分化的同时也伴随着整合，如"火"有"灬"变形，就与本身"水"合并为同一个"灬"。这里，我们再列举几个例子。

火：①体现原形，理据明确。例如，"烧""烤""灼""炙""灸"等。

②理据不明，看不出原形。例如："赤奓"（小）、"尉尉"（小）、"光𠅘"（丷）、"然燚"（灬）。

手：①体现原形，理据明确。例如，"拳""掌""提""打""看""拜"等。

②基本体现原形。例如，爪字头（爫）的"采""受"等。

---

① 后文我们能讲到简单的音韵学知识。

③理据不明，看不出原形。例如，"有""友""举🀄"、"奉🀄""弄🀄""舆🀄""丞🀄""奂🀄"等。另如，"又""寸"等也不十分明确。

止：①体现原形，理据明确。例如，"企""正""步""武""歧"等。

②理据不明，看不出原形。例如，"前🀄"，甲骨文为🀄，从止从舟，像人在船头。后来又加刀旁，为"剪"的本字。在使用过程中，也作"前"字，"止"隶变后为"䒑"，于是，又分化出一个"剪"。夏🀄，从小篆中依旧可以看出上面是一个人形，有头和四肢，下面是一个倒写的"止"，现在作"夂"（音 suī）。字义为"人"，特指中原人。其中，对人描摹较为细致，凸显其大。因此，"夏"有大义。"各🀄"中的"夂"也是倒"止"，像人入屋中，为"徦"音（gé）的本字。

臣：🀄，🀄本义指奴仆，奴仆服侍主人时，通常是俯首帖耳，不敢正视主人。因此，用竖立的眼睛来代指奴仆。

①体现原形，理据明确。"卧""宦""臧"等。

②理据不明，看不出原形。如"监🀄"，甲骨文为"🀄"，象一人对着器皿照脸。小篆中人形为"臣"，很清晰，现代的"监"中的两竖，已看不到"臣"的影子。望🀄，甲骨文有🀄、🀄两种形体，像人仰目而视或站在土墩上仰目而视。字体演变到小篆，下为"壬"，"🀄"为"臣"，增加了"月"，现代"望"的"臣"成了亡。

偏旁有分化也有混同。例如：

月："月""舟""肉"三字在小篆中字形分别为🀄、🀄、🀄，从形体上看较为相似，隶定后为🀄、🀄旁，部分与"月"混同。本从"肉"的如"肝""臂""膏""肓"等身体器官词，本从"舟"的如"服""朕"，还有上文的"前"等。

阝：邑🅰，隶定后为右"阝"，从右"阝"的字，一般与城邦、国家有关，如"邦""都""郊"。有的与姓、地名有关，如"邓""郑""郭""邢""邹""邬"等；从左"阝""阜🅱"，隶定后为左"阝"，如"陛""随""陈""陋""陕""陌""陡""阶""防""隧""陨""陶""隅""陪""陵""隙""限""隳""陇""陷""隘""阡""阱"等。

虫："虫（huǐ）"是象形字，甲骨文为"🅰""🅱"，像一条头向上昂，尾巴翘起来的蛇。"虫（huǐ）"的本义是毒蛇。这个意义后来写作"虺"。"虫🅰"，由三个"虫"组成，言其多，是个会意字。意谓像"虫"一类的昆虫，虫类的统称，后来泛指一切动物。作为形旁的"虫"简省为"虫🅰"。现代从"虫"的字有的是"虫（huǐ）"，如"蛇""螣""蟒""虹"等；有的是"虫"字，如"蚓""蛛""蜂""蚯""蜻""蚊"等。

覀："覀"，一般称作"覀字头"，如覆🅰为形声字。《说文解字·襾部》："覆，覂也。一曰盖也。从襾（yà），复声。"本义是翻转。小篆中"襾"隶定后为"覀"；"粟🅰"，甲骨文作"🅰"，像谷物成熟谷实下垂之形，小篆中下垂的谷实形已无法识别，隶定为"覀"；"要🅰"，甲骨文作"🅰"，像人两手叉腰的形象，《说文解字》古文作"🅰"，形体有一定变化。据小篆🅰，《说文解字·臼部》言："要，身中也，像人要自臼之形。从臼，交省声。"释为"腰"的本字。"女"上部分隶定为"覀"。"覃🅰"，甲骨文作"🅰""🅰"，像坛中盛盐之形，上半部分为装盐捆扎的口袋。小篆上边讹为"卤"，其中的点像盐粒形，隶定为"覀"。

犭："犬🅰"意义明了，就是犬类的动物，隶变后左偏旁的犬多为"犭"，如"狼""狗""狐""独""猾"等。"豸"，甲骨文作"🅰"，像猛兽张口形。《说文解字·豸部》："豸🅰，兽长脊，行豸豸然，欲有所司杀形。"意谓凶猛的野兽。汉字简化后，"豸"旁字不少与"犭"旁混同，如"猫""狸"等。豕🅰，是野猪，"豕"旁的

"猪"字，汉字简化后也从"犭"为"猪"。

王：甲骨文作"𠄷""𠙻"，像斧子形，持"斧"者代表至高的权力。从"王"的字如"皇"①"闰"等。"玉"，甲骨文作"𤣩""𤣩"，像成串的玉，后与"王"字形接近，区别特征不明显。小篆中"玉"为"𤣩"，"王"为"𤣩"，中间一横为区别点。隶变后，作为表意偏旁的"玉"成了"王"，如"珠""球""理""琼""珍""琢"等。

表意偏旁的混同和分化十分复杂，第一次大规模的变化发生在隶变的过程中，第二次是在汉字简化后。这就要求我们既要了解古文字，也要熟悉繁体字。有些偏旁的分化和混同在古文字阶段就已经开始了，如"望""监"中"臣"和"人"的分化。从某种意义上说，偏旁的分化过程也是混同的过程，二者相互交织，成了一个问题的两个方面，分化必然导致混同，如"豸"旁中的一部分字与"犭"旁的字，就"豸"而言是分化，就"犭"而言是混同。我们说，教学中介绍偏旁的分合，并不是要全面系统地讲解，是要以点带面，举一反三，培养学生形成思考习惯。多查阅工具书，勤动手，多动脑，从而"温故而知新"。

（二）突破字形，因声求义

说汉字是表意文字，并不意味着字音与字义没有关联。表意文字和表音文字是就字形与语言的音义关系而言的，表意文字直接关注的是义，表音文字直接关注的是音。语言是音义结合体，或者说是音义对立统一体，无论是表音还是表意文字，都是音形义的统一。这些内容，前面我们已经探讨过。因此，字音对应的是语音，语音就承载意义。如果说就字形分析意义是因形求义，那么突破字形推求意义的"因声求义"也就不难理解，教学中自觉地运用因声求义法也是可行的。

---

① 从甲骨文中的𤇾、𤇾看，𤇾像灯火之形，是"煌"的本字，有辉煌、盛大之义，转喻指帝王。加"王"的𤇾，大概是为了明确帝王义。因为"王"与"皇"音近，所以又被误解为声旁。

1. "右文说"与因声求义

"因声求义"的理论是清代学者戴震最早提出的,《戴东原集》卷三《论韵书中字义答秦尚书蕙田》:"字书主于故训,韵书主于音声,然二者恒相因。音声有不随故训变者,则一音或数义;音声有随故训而变者,则一字或数音。大致一字既定其本义,则外此音义引伸,咸六书之假借。其例或义由声出……凡故训之失传者,于此亦可因声而知义矣;或声同义别……或声义各别……其或异字异音,绝不相通,而传写致譌,溷淆莫辨。"王念孙、王引之等将其发挥至极致。因声求义法并非清儒首创,在先秦文献中已经出现,只不过是自发而非自觉的,是零散而非系统的。《周易·说卦》:"干,健也。坤,顺也。"《孟子·滕文公上》:"庠者,养也。校者,教也。"《尔雅》《说文解字》等也不自觉地运用同音或近音词训释意义。突破文字的限制,因声求义,在重心性、强调格物致知的"理学"的大背景下而得以进一步发挥。宋儒独到的"说文解字",为清儒将"因声其义"理论化、系统化奠定了基础。例如:

按《汉书·天文志》亦曰:"今之长老,名木冰为木介。介者,甲。甲,兵象也。"余谓稼字义不可通,特介声之讹耳。刘向曰:"冰者,阴之盛;木者,少阳,贵臣卿大夫象也。此人将有害,则阴气胁木,未雨而木先寒,故得雨而冰也。"达官怕之谚本此。颜师古注《刘向传》谓:"今俗呼为间树。"《齐民要术·黍穄篇》又谓之谏树云。(《宾退录》卷三)

世俗传讹,惟祠庙之名为甚。今都城西崇化坊显圣寺者,本名蒲池寺,周氏显德中增广之,更名显圣,而俚俗多道其旧名,今转为菩提寺矣。江南有大、小孤山,在江水中嶷然独立,而世俗转孤为姑,江侧有一石几谓之澎浪几,遂转为彭郎几,云"彭郎者,小姑壻也"。余尝过小孤山,庙像乃一妇人,而敕额为圣母庙,岂止俚俗之缪哉。西京龙门山,夹伊水上,自端门望之如双阙,故谓之阙塞。而山口有庙曰阙口庙,余尝见其庙像甚勇,手持一屠刀尖锐,按膝而坐,问之,云:"此乃豁口大王也。"此尤可笑者尔。(《归田录》卷二)

对因声求义法加以发挥的当属“右文说”，《梦溪笔谈》卷十四有：“王圣美治字学，演其义以为右文。古之字书，皆从左文。凡字，其类在左，其义在右。如木类，其左皆从木。所谓右文者，如戋，小也，水之小者曰浅，金之小者曰钱，歹而小者曰残，贝之小者曰贱。如此之类，皆以戋为义也。”王圣美后又多有以“声旁”类推字义者。例如：

自《说文解字》以字画左旁为类，而《玉篇》从之，不知右旁，亦多以类相从；如“戋”有浅小之义，故水之可涉者为“浅”，疾而有所不足者为“残”，货而不足贵重者为“贱”，木而轻薄者为“栈”。“青”字有精明之义，故日之无障蔽者为“晴”，水之无溷浊者为“清”，目之能明见者为“睛”，米之去粗皮者为“精”。凡此皆可类求。聊述两端，以见其凡。（《游宦纪闻》卷九）

“卢”者，字母也。加“金”则为“鑪”，加“火”则为“炉”，加“瓦”则为“甗”，加“目”则为“矑”，加“黑”则为“黸”，凡省文者省其所加之偏旁，但用字母则众义该矣。亦如“田”者，字母也。或为“畋”猎之“畋”，或为“佃”田之“佃”。若用省文，唯以“田”字该之，他皆类此。（《学林》卷五“卢”）

张世南增“青”类字例，王观国增“卢”“田”类例，尽管“右文说”在分析上存在诸多问题，但对于后代因声求义、考证同源字等无疑提供了重要的线索和方法论。正如丁忱（2002：219－220）所言，“右文说”对探讨词义的本源是有一定作用的，给后世“因声求义”理论的创建也是有所启迪的。清代，乾嘉诸老总结了前人关于声训的一些研究成果，最终提出了“因声求义”和“就古音以求古义，引申触类，不限形体”等理论、原则和方法，用形、音、义三者辩证统一的观点来分析问题，这才使得声训这一训诂方法逐渐科学化。[①]“右文说”的提出标志着因声求义法由自发进入自觉、由零散渐为系统，是因声求义法理论化的开始。

① 丁忱．中国语史概要［M］．武汉：湖北人民出版社，2002：220．

2. 同源字与字义教学

最早界定同源字概念的是王力先生。他在《同源字典·同源字论》说："凡音义皆近，音近义同，或义近音同的字，叫作同源字。""同源字，常常是以某一概念为中心，而以语音的细微差别（或同音），表示相近或相关的几个概念。""我们所谓同源字，实际上就是同源词。"可见，同源字具有两个基本条件，一是语音相同或相近，二是同义或近义。"同源字必然是同义词，或意义相关的词，但是，我们不能反过来说，凡同义词都是同源字。例如：'关'与'闭'同义。'管'与'龠'同义，但是它们不是同源字，因为读音相差很远，即使在原始时代，也不可能同音。语音的转化是有条件的。"[①] 因声求义，是利用语音的相同或相近关系，用已知的一个或几个字义演绎推理未知字意义的方法。我们可以粗略地说，同源字是因声求义的线索，也是因声求义的结果。语文教学中，我们可以利用因声求义法联系同源字解释字义。这就要求我们，一是要了解同源字的相关知识，掌握常见的同源字；二是将同源字理论和因声求义用于教学实践中，解释字义和一些字义现象。

（1）同源字的字义问题

同源字是一组字，这一组字之间并不意味着具有完全相同的意义，而是字义之间具有相同性，如上文中的"钱""浅""栈""笺""贱"等都有小义，"清""精""晴""睛"等都有清明、纯粹义。由于汉字以形声字为主，形声字以左右结构为多，左右结构形旁居左、声旁居右为典型，于是才有"右文说"。具体说来，同源字主要有以下几种情况。

一是音变分化字。这样的同源字往往是由语音发展变化引起的，既有历时的古今演变，也有共时的方言之间的相互影响，有的音近义同。例如：

安—宴　背—负　而—乃　匣—盒　暮—晚　无—亡　汝—若
早—夙

[①] 王力. 同源字典[M]. 北京：商务印书馆，2002：3-5.

第一章　汉字和汉字教学

　　于—在　昔—夕　著—彰　辽—遥　逆—迎　顶—颠　它—蛇　偏—颇

　　介—甲　伦—类　亡—灭　札—牒　曷—何　堕—坠　盗—偷　痛—疼

我们现在看来同音的字，在历史上并不一定同音，如"昔"字在《广韵》中为思积切，心母、昔韵。"夕"字在《广韵》中为祥易切，邪母、昔韵。可见，二字声母不同，不同音。"曷"字在《广韵》中为胡葛切，匣母、曷韵，是入声字。"何"字在《广韵》为胡歌切，匣母、歌韵，是平声字。二者声调不同，不同音。① 这样的同源字也不一定是一对一的关系。比如，"亡"在灭亡这个意义上与"灭"同源，又与"无"同源表示没有义。从广泛意义上来说，"亡""无""灭"等是一组同源字，但不是一组同义字。有的音变分化字，音近意义和用法有细微差别。例如：

　　跽，直腰跪着；跪，先跪后拜。

　　旗，绣熊虎的旗子；旂，绣蛟龙的旗子。

　　与（欤），较轻的疑问；邪（耶），较重的疑问。

　　遇，道路相逢；晤，会面。

　　赤，大红；赭，红褐色。

　　无，没有；莫，没有谁，没有什么。

　　言，直言曰言；语，论难曰语。

　　盈，器满；溢，充满而流出来。

　　颜，眉目之间；额，眉上发下。

　　告，告上曰告；诰，告下曰诰。

　　荐，无牲而祭；祭，荐而加牲。

　　古，旧时的；故，旧的。

　　逋，奴隶或罪犯脱逃；亡，逃亡。

　　举，举起；揭，高举；挈，提着。

---

① 这需要一些音韵学常识，后文我们在语音部分会详细介绍。从《广韵》的音切和中古的音韵地位，我们也很轻易地发现字音之间的异同。

悦，高兴；豫，快乐。

走，跑；趋，快走。

号，叫喊；吼，兽大声叫。

哮，吼叫；唬，猛虎怒叫；嗥，野兽吼叫。

首，头，具体的和抽象的；头，多指具体的。

凫，野鸭；鹜，家鸭。

飘，形容词，又名词；飙，名词。

老，年老；耋，八九十岁的年纪。

雾，地气发天不应；霁，天气下地不应。

斫，斜砍；斩，正砍。

谷，山谷；壑，山沟。

读，阅读；论，朗诵。

廉，屋侧，角落；棱，角，棱角。

听，用耳朵听；聆，倾听，细听。

命，命令，名词；令，命令，动词。

胫，小腿；胻，胫端。

凉，温度低，近于冷；冷，寒冷。

青，蓝色；苍，浅青。

霆，霹雳；电，电光。

瞑，闭目；眠，睡眠。

境，边界；疆，边疆。

二是意义分化字。这样的同源字，一般存在古今关系，今字分化了古字的一个或几个意义。例如：

神佑本写作"右""佑"，后来写作"祐"，以区别于佑助的"佑"。

沽酒本写作"沽"，后来写作"酤"，以区别于一般买卖的"沽"。

雕刻玉石本写作"雕"或"彫"，后来写作"琱"，以区别于雕鸟的"雕"（鵰）和彫画的"彫"。

火熄灭本写作"息"，后来写作"熄"，以区别于止息的"息"。

用锥刀画物，本写作"画"，后来写作"划"，以区别于画界的"画"。

谷一百二十斤为石，本写作"石"，后来写作"柘"以区别于山石的"石"。但是不通行。

月望本写作"望"，古文又写作"朢"，《说文解字》以"朢"为月望的"望"，区别于远视的"望"。但是不通行。

癞疾本写作"厉"，后来写作"疠"，以区别于磨厉的"厉"。

"啜""歠"同音，义本相通，但在文字上加以区别，"啜"指食，"歠"指饮。

懒惰本写作"赖"，后来写作"嬾"（懒）。以区别于依赖的"赖"。

战栗本写作"战"，后来写作"颤"，以区别于战斗的"战"。

原始的针是用竹制成的，所以写作"箴"；后来的针是用金属制成的，所以写作"针"。

衣厨本写作"厨"，后来写作"幮"，以区别于庖厨的"厨"。

腑脏，本写作"府藏"，后来写作"腑""脏"，以区别于府库的"府"、宝藏的"藏"。

胸膈本写作"隔"，后来写作"膈"，以区别于隔离的"隔"。

五伯本写作"伯"，后来写作"霸"，以区别于伯叔的"伯"。

同源字之间的关系较为复杂，如"汤"和"荡"、"爪"和"搔"为事物与工具的关系；"古"和"诂"、"鱼"和"渔"是事物和动作行为的关系；"横"和"衡"、"空"和"孔"、"停"和"亭"是性质、状态和事物的关系；等等。我们可以参考王力先生的《同源字典》等工具书和学界关于同源字的研究成果来理清关系。

（2）同源字理论的教学实践

掌握了上面的同源字相关知识，作为教师，我们已经能够作初步的教学尝试了。比如，我们解释"盈"的满义时，就可以直接用"溢"来辅助，又可以追溯到"益"。"益"的甲骨文形体如""""，上部像水向外漫出的样子；下部是"皿"，是一种容器，皿中有水，会有水满而外溢之意。可见"溢"是"益"的分化同源字。

"盈""益""溢"在满的意义上是一组同源字。张九龄在《望月怀远》中写道:"不堪盈手赠,还寝梦佳期。""盈手"即满手。成语"顾客盈门"即顾客满门。

稍微复杂些的延伸,如"父"系的同源字,"父"的甲骨文"ᄊ"像人手持斧子的形象,"父"当是"斧"的初文,"斧"甲骨文中已见,是形声字。持斧者为壮年劳动力,可指称男人。斧子也是兵器和刑器,象征威严,持斧子的男人就有了美好的特质。因此,"父 fǔ"是对男人的美称,也指称父亲,是"爸"的初文。"夫"则是一般的男人,从甲骨文形体 ᄎ 看来,从"大",像张开双臂、双腿的成年人。"大"字上加一横。"夫"表示已长大的人,一横表示的是绾头发的簪子。"大夫""丈夫"就是大男人,逐日的"夸父"自然不是父亲,是对腿长迈大步子的男人的美称,音 fǔ,读成 fù 就成了"爸"。古人名字中的"父"(也写作"甫")都是对男人的美称。比如,"逢丑父",孔父嘉字孔父,王安石字介甫。杜甫,名甫,字子美,也就很好理解了。"父"系的同源字,"夫"是男人,"父"(音 fǔ)是对男人的美称,"父"(音 fù)是父亲,为"爸"的初文。"爸"是后起字,记录的是口语中的 bà("父")。①

有些令人困惑的问题也可以通过同源字理论得到解决。比如,《论语》中的"论"音 lún,不读作 lùn。这里我们从"仑(侖)"系的同源字入手,做一次"因义求声"的工作。"纶、论、轮、伦、仑、抡、沦、囵、苍、錀、磳、踚、䐵、蜦、阾、棆、媔、鯩、輇、稴、愉"为一组从"仑(侖)"的同源字,基本上都是阳平字,名词,共有的是条理、次序义,其中"稴、愉、磳"特别,《集韵·准韵》:"稴、輇、耣,缕尹切,禾束曰稴,或从耒、从囷。"作上声的"稴""輇"在唐以前的文献中不见用例,盖为方音。《集韵》中收录,符合

---

① 这里粗略地说,上古无轻唇音 f,都读成重唇的 b、p,"父"的上古音就是 bà。称"父"的 bà 是口语中的强势音,音变缓慢。原来记录口语中 bà 的"父",在语音发展过程中又分化出了轻唇音 f 一读,形成文白异读。于是,又在"父"下加声旁"巴",造了一个新字"爸",记录白读的 bà。

其韵书特点，多收录又音。又《集韵·恨韵》"论"小韵下共收录八字："论，卢困切。议也；䜌，击丸为戏；悇，憽也；淪，水中曳舟曰淪；碖，石皃；沦，没也；隃、埨，坎陷也，或从土。"多为动词或形容词。且如"碖"有阳平、上声、去声三读，上、去当是方音。《玉篇·石部》："碖，音轮。"并未有其他音注。因此，我们可以得出如下结论："仑（侖）"系同源字，阳平字为名词，其共有语源义为次序、条理等；上声、去声字，多为动词、形容词，其中多为生僻音，或来自方言。笔者认为，常见的"论"字，依据语音发展规律，名词时当作阳平读，表示有条理、有次序、有观点的语句；作去声，当是四声别义，以声调区别词性，是动词。后二者合流，作去声。而作为经典的《论语》是专有名词，保留了先秦的古音，读作 lún。

运用同源字理论，因声求义，加深学生对字的音形义的理解。这是我们探讨同源字问题的价值所在。汉字存在音形义关系实在是很复杂，积极地运用科学的方法，还是可以解释某些复杂的问题。不过，这对教师的要求就要高一些，教师就不得不多积累，多学多做。

（三）解读文化讯息，深刻理解字义

汉字是不同时代不同地域的人们集体智慧的结晶，记录的是当时当地产生的新的词汇或语素。汉字的表意性决定了其字形必然反映当时当地人的思想观念、生活习惯、风土人情等文化讯息，透过这些信息，我们才能更深刻地理解字义，甚至可以说才能正确地理解字义，更好地揭示当时的社会生活。我们都知道贝壳在货币产生之前的一段时间内，充当着一般等价物，从"贝"的字往往和钱相关，如"贵""贱""赈""赊""赠""赚""赞""贾""贷"等。一般等价物是个关键的文化讯息，否则我们很难理解字义。反之，从"贝"的字，也更充分地证明贝壳充当一般等价物的事实。另如：

日：甲骨文形体◯◉⊖等，像太阳的形体，字本义即太阳。所以，从日的字多和太阳相关，这不难理解。另有一部分字和时间相关，如"时""是""晚""早""昨""暮""旦""晨""旬""晓""晌"等。太阳东升西落，一天和四季的变化都集中在太阳上。先民们仰天观望太阳，判断时点和时令。

美：甲骨文作"✡"、"✡"、"✡"等，像人头上戴头饰，以示美观。下部分是"大"，上部分的头饰像羊头形状。"羊"的早期字形如"✡""✡""✡""✡"，从"羊"字另有"善"，西周金文作"✡"，下面是两个"言"，意味像羊一样的说话，或者是羊发出的声音，总之，是美好之一。"羡"，小篆作"✡"，从次从羊，"次"是"涎"的本字，像人对羊流口水，或垂涎于肉的美好，或垂涎于羊外形的美好。"羊"作为美好的事物，从"羌""姜"二字上也有体现。羌，从羊从人作"✡"。或从✡作"✡""✡""✡"象绳缚之形；或又从火作"✡"，或省人形作"✡"，皆为"羌"之异构。像人头上戴羊角装饰物，这是羌族人的特征，义为我国古代西部的民族名称。卜辞多有伐羌、逐羌、获羌等的记载，并且用羌为人牲，以供祭祀。从火、从绳缚之形是以羌人为牲的实录。"姜"，从羊省、从女，甲骨文作✡、✡。《说文·女部》："神农居姜水，因以为氏。"《说文解字》的解释有一定的道理。"姜"大概比"羌"产生的要早，作为氏族的称谓标识，有母系社会的影子，又发展为姓氏。可见，当时人的观念中"羊"有着从外到内的美好，"美""善""羌""姜""羡"等字都含有源自"羊"的美。

　　尸：甲骨文作✡、✡，像人屈膝之形。《说文解字·尸部》："尸，陈也。"段注：祭祀之尸本像神而陈之，而祭者因主之，二义实相因而生也。从字形上来看，"尸"本义当为祭祀中代死者受祭的人。《诗经·小雅·楚茨》："神具醉止，皇尸载起。鼓钟送尸，神保聿归。"这大概是死后享祭之人的象形，而对于死去已久的先祖，则由后人充任尸主接受祭祀，亦称为"尸"。《仪礼·士虞礼》："祝迎尸，一人衰绖，奉篚，哭从尸。"郑玄注："尸，主也。孝子之祭，不见亲之形象，心无所系，立尸而主意焉。"《公羊传·宣公八年》"祭之明日也。"汉代何休注："祭必有尸者，节神也。礼，天子以卿为尸，诸侯以大夫为尸，卿大夫以下以孙为尸。"后来，祭祀中的受祭之尸逐渐被陈列木刻牌位、画像所替代，并沿用至今。《说文解字》中的"陈也"是引申义。"尸"又引申尸体义，为"屍"所分化，又简化为

"尸"。

鬼：甲骨文作🙠、🙠，下面是人，上面是像田一样的东西。一般认为这是一个合体象形字，像一人戴着面具装扮成鬼的模样。也就是先民们把鬼想象成这个样子，像人又不同于人。🙠为鬼头的形状，在甲骨文中用来表示敌国人的头，用作祭品。敌国人的头，尤其是用作祭品的头，自然与正常人不同，这与"鬼"字形和意义恰好吻合。"鬼"也是强调与人的不同，所以才凸显头颅的特征。"异"字甲骨文作🙠，像人戴上鬼头形的面具，与常人不同，祭祀时就成了"鬼"。这是"穿戴"的"戴"的本字，义谓顶在头上。面具顶在头上的结果，就变得与人不同，奇怪奇异了。这种观念中的"鬼"，充满神秘色彩，若是拿起了棍棒则成了"畏"，甲骨文作"🙠"，像鬼持一棍棒，令人畏惧。

取：🙠，像人手持一耳的形象。义谓捕获到野兽或战俘时割下左耳以计功，《周礼·夏官·大司马》："大兽公之，小禽私之，获者取左耳。"郑玄注："得禽兽者取左耳，当以计功。"表示获取、收取义。在战利品中，女人是重要的部分，于是产生了分化字"娶"，甲骨文作"🙠"，从女、取声。这保留了早期掠夺婚的痕迹，媳妇是抢回来的。再比如，"妻"甲骨文作"🙠"，像一手持一长发女人的形象，这也是"取"的同源字。

玉：甲骨文作🙠、🙠，像穿成串的玉，即玉石。玉为石中美者，《说文解字·玉部》："玉，石之美。有五德：润泽以温，仁之方也；䚡理自外，可以知中，义之方也；其声舒扬，尃以远闻，智之方也；不挠而折，勇之方也；锐廉而不忮，絜之方也。""玉"因为具有诸多美好特质，可以作为礼器。"豊"甲骨文作"🙠""🙠""🙠"，从"豈"、从两玉，造字时用两种行礼的代表性器物来表示"豊"的词义。《论语·阳货》有："子曰：'礼云礼云，玉帛云乎哉，乐云乐云，钟鼓云乎哉？'"《说文解字·豊部》："豊，行礼之器也，从豆象形。凡豊之属皆从豊。读与礼同。"指出了"豊"是礼器。

汉字中承载着文化信息，分析字形的过程就是分析当时人造字时的想法，也就是在窥视当时的社会。反之，了解当时的社会历史文化面貌，就更利于分析字形、解释字义。"王"是一个非常简单的字，甲骨文作"〇""〒""〒"等，像刃部向上之斧形。如果我们不了解当时用主刑杀之斧钺象征王者权威的文化讯息，我们便很难理解"王"的得名之由。"王"早期字形分析，也更能说明斧文化的事实。有时借助文化讯息也不能过了头，不能以后来形成的文化观念来解读前代的文字问题。《周易·系辞上》："原始反终，故知死生之锐。精气为物，游魂为变，是故知鬼神之情状。"朱熹《周易本义》释之云："阴精阳气，聚而成物，神之伸也。魂游魄散，散而为变，鬼之归也。"《左传·昭公七年》载子产言："人始生化曰魄，既生魄，归曰魂。用物精多，则魂魄强。是以有精爽，至于神明。"进一步阐明了魂魄、鬼神的关系。总而言之，在中国传统的鬼神观中，"神"生人，"魄"生鬼，而"神"为"魂"，人死，"魂"归"神"，"魄"化为"鬼"，存于尸体之中，尸体消逝后，"鬼"亦归"神"。《礼记·郊特牲》："魂气归于天，形魄归于地，故祭求诸阴阳之义也。"既然"形魄"本归于地，死者的躯体葬于土地亦属理所当然。人死后化为的"鬼神"，其肉体是重要依托，肉体所在即"鬼"所在。因此，我们通常说"入土为安"。《礼记·祭义》有："众生必死，死必归土，此之谓鬼。骨肉毙于下，阴为野土。"《说文解字·鬼部》："人所归爲鬼。"王筠《句读》言："《释训》：鬼之爲言归也。《韩诗外传》：鬼者，归也。精气归于天，肉归于地土，血归于水，脈归于泽……"因此，人死后，肉体入土是最好的归宿。这是先秦以来的鬼神观，如果用这个来解读"鬼"的早期字形，那就犯了以今律古的错误。

四、汉字的字用教学

汉字形音义的探讨是汉字本身的研究，对形音义的教学是对汉字的本体教学。在用汉字记录汉语形成书面语的过程中，发生分析或者综合的选字用字的一些现象，我们将其列入用字的范畴。严格说来，所有的用字形成书面语的情况都是字用。我们这里是从狭义的角度来界定的。字用指的是用字记录语言形成的书面语中存在的违背字、词、素对应规律,或不符合今人文字常识的用字现象。对这些现象的研究,可以称之为字用研究。利用字用研究结论和方法进行语文教学的过程,就是字用教学。假借字、异体字、古今字和繁简字等,都是我们需要探讨的字用问题。

(一) 假借与通假字

"假"和"借"都是借,文字上的假借,通俗地说,就是一个音义结合体借用了本不是为它造的同音字。从现代看,借用的条件是音同或音近。这有两种情况,唐代陆德明在《经典释文·序录》中引用郑玄的一段话,作了具体阐释。

其始书之也,仓卒无其字,或以音类比方假借为之,趣于近之而已。受之者非一邦之人,人用其乡(音),同言异字,同字异言,于兹遂生。

郑氏所言揭示了假借字产生的原因,一种情况是语言中的一个音义结合体,本来就没有文字记录它,无字书写的时候不得不借一个已有的同音字;另一种情况是受方音的影响,用同音的乙字记录了一个实际应当用的甲字,这是已有文字的字用问题。郑玄认识到造字与语言发展之间的矛盾,文字往往要滞后很多。同时,假借的依据是语音相同相近。当然,这里不限于方音的问题,这只能看作是一个动因。在语言文字观念还不成熟的时代,人们不可能完全准确科学地处理好语言和文字的对应关系。再加上文字的产生和推广使用是一个过程,于是用字产生了地域性和时代性的特征。通假字是已有文字的字用问题,就体现了这样的特点。本无其字的假借,导致语言中产生同音同形字,教学中我们需要交代哪些属于字义,哪些属于假借义,这个问题还好处理。比如,"之"有动词往、到的含义,结构助词"的"、代词的用法,以及用于主谓之间取消结构独立性的作用。第一个是字的本义,其他为假借义,与"之"字无关。这在前面造字法"假借"和字音教学中,我们已经有所触及。下面主要探讨通假字的问题。

第一,通假字中有借用和通用两种。借用能够找到本字,也就是说词本身就有专门的字记录。例如，初中《语文》八年级上册《孟子二章》："亲戚畔之。""畔"通"叛"，表示背叛的"叛"。《书·大诰序》已见："武王崩，三监及淮夷叛。"《愚公移山》："汝之不惠！""惠"通"慧"，表聪明的"慧"。例如，《左传·成公十八年》："周子有兄而无慧，不能辨菽麦。"通用通假字，一般是虚词借用了不同的字，没有本字。这些字之间形成了通用通假，如初中《语文》七年级下册《孙权劝学》："孤岂欲卿治经为博士邪？"八年级下册《马说》："其真无马耶？""邪""耶"都不是为表示反诘语气词造的字，均为假借字，两者通用。另如，表示"罢了"的语气词"尔""耳"，初中《语文》七年级下册《卖油翁》："但手熟尔。"八年级上册《记承天寺夜游》："但少闲人如吾两人者耳。""尔""耳"在这个用法上形成通假。通用的两个或几个字，你借我我也借你，都不是主人。通用通假字中特别的是词义恰好吻合的同源字，这样的通假字都是本字，且二者之间通假字义相同，其他意义相关。例如，七年级上册《杞人忧天》："其人舍然大喜。"舍，同"释"，解除、消除。"舍"的本义是放弃、舍弃，如《周易·比卦》："舍逆取顺，失前禽也。"引申有解除、消除的含义，合乎常理。共时层面说，"舍""释"相通，哪个都是对的。历时使用的过程中，"释"更普遍，因而也导致"舍"的音发生变，进而说"舍"通"释"。另如，"伯""霸"，"伯"bà、bó 两个读音大概就是文白异读的差异，"伯"本身就可以表示霸权主义，与"霸"在这个意义上吻合。

第二，通假字不能简单理解为古人写的错别字。在这里，首先明确这个问题是很有必要的。教学中，的确有粗略地和学生讲"通假字就是古人写的错别字"的现象存在。这是把古人的文化水平想得过低了，所以经常写出错别字。而且，我们在教材中和常见的当下出版物中选取的文言文本，都是经过层层审核的文献，一般没有疏误。上面我们已经说明，通假字的"通"在于音同音近；"假"是借，依音而借，是有条件的，不是随意的。通假字的产生，并不是由于古人的主观不重视，往往都是客观条件的限制。当然肯定也存在口耳相传过程中，一时想不起找一个简单字代替的情况。清代赵翼辑《陔余丛考》卷二十二"别字"条言:"字之音同而义异者,俗儒不知,辄误写用,世所谓别字也。此亦有所本。《后汉书·儒林传》:光武令尹敏校《谶书》,敏曰:'《谶书》非圣人所作,其中多近鄙别字,颇类世俗之辞,恐疑误后生。'"

第三,通假字在一定时间、一定范围内得到了认可。我们上面说通假字与方音有关,更主要的是受到当时当地人语言文字观的影响,这是客观存在的局限性。一个借字产生再流传开来,就形成了通假字。后人在阅读文献的过程中,就需要找到本字,否则,就如王引之在《经义述闻·经文假借》中所言:"学者改本字读之,则怡然理顺;依借字解之,则以文害辞。"因此,我们一定要知道,通假字在一定时间和一定范围内是得到了认可的,绝不是孤证,文献中的通假字具有时代性、地域性的特征。比如,"维""唯""惟"在表达语气时,在先秦时期已经通用,但不同著作情况不同。《尚书》中只用"惟",《孟子》中多用"惟",《诗经》中多用"维",《左传》中多用"唯"。[①] 在实际的交流中,通假字也十分常见。比如,鞍山地区把圆形的比饼厚、多数夹糖或豆沙等的食物叫作 huǒ sháo,字就写作"火勺",毫无理据。稍加分析就知道,这说的是"火烧"。本应轻声的"烧"没有轻声,加上当地人对"火烧"的相对陌生化,流传过程中就误解成了"火勺"。鞍山出售这种食物的店铺,在其食物招牌上几乎无一例外地写着"火勺"。店家知道卖的什么,买家知道买的什么。这就是在一定范围内得到当时当地人认可的通假字。北方人很喜欢吃一种食物,用鸡蛋、黄瓜片等炒肉片,北京人、东北人称作 mù xū ròu,菜单上一般标注的是"木须肉"。对食客来说,没有人追究其理据,反正就是这么一盘菜。稍加考辨便可知,桂花的别名为木樨。细碎的蛋花如同桂花般,用来炒肉就成了木樨肉,比喻成词。这里涉及音变问题,"樨"受到"木"的韵母合口的 u 的影响,在语流中 i 就被同化为合口圆唇的 ü, i、ü 发音时的舌位完全一致,差异仅在于嘴唇的圆展。再因为陌生化,木樨肉成了木"须"

---

① 杜冰梅.《左传》之"唯"、"惟"、"维"[J]. 语言科学, 2007 (3): 102—112.

肉,"须"就是"樏"的借字。另如,网络聊天中的"好滴""木有""碎觉"等,都是现实中的通假问题。

第四,通假字不是认为是就是。通假字在文献中一定是少数,尤其是汉代以来的文献。清代陈寿祺《左海文集》卷四下言"汉承秦焚书,口相传授",于是产生很多通假字,这是不符合事实的。汉代经学兴起,对前代文献进行复原和训释,至少还是使文献在字用方面规范得多。出土的简帛文献中的用字情况,足以说明了这一点。下面是安大简中的《关雎》篇的摘录①:

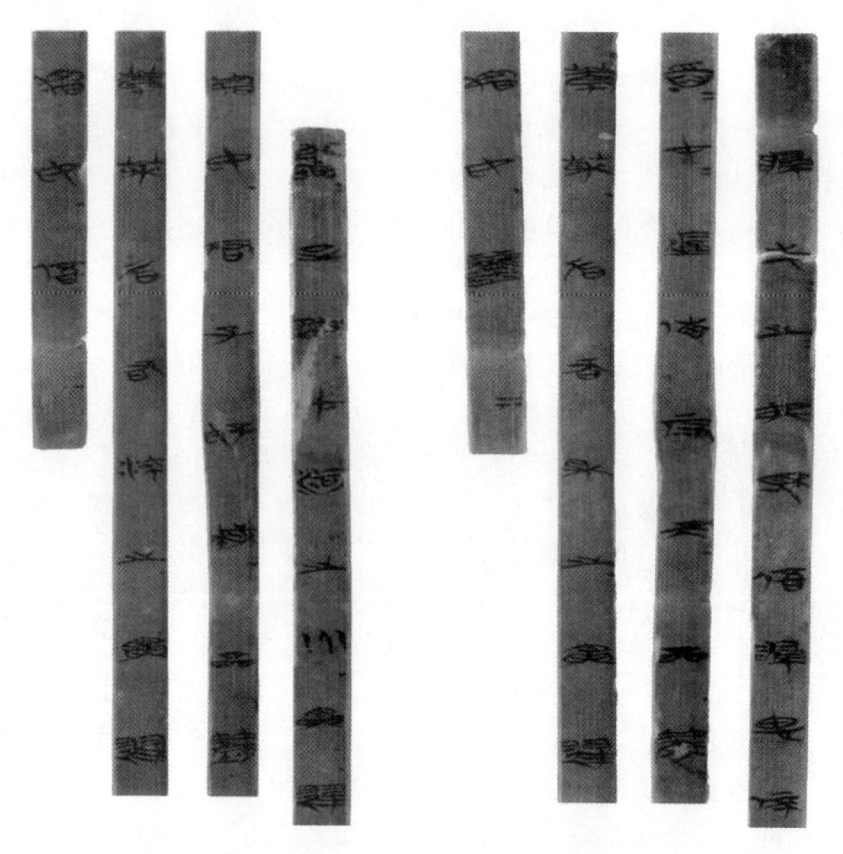

安大简与现在我们见到的《关雎》用字差异极大。因此,我们

---

① 安徽大学汉字发展与应用研究中心,黄德宽,徐在国. 安徽大学藏战国竹简(一)[M]. 上海:中西书局,2019:5.

对待古人已经整理的文献用字，绝不能轻易地主观认定为通假字。我们不妨举一个例子，人教旧版初中《语文》七年上册《童趣》一文有："夏蚊成雷，私拟作群鹤舞于空中，心之所向，则或千或百，果然鹤也；昂首观之，项为之强。"注释："强"通"僵"，僵硬的意思。这句话中认定"强"是个通假字，就不合适了。因为"强"的本义就是硬，弓有力为强，所以才会有"刚强"一词。这里就没有必要非要说是通"僵"。同样是这个"强"，《后汉书·酷吏传·董宣传》有"因敕强项令出"语，有人非要读成 jiàng，认为是后起的"犟"字。这实际上也是过度地发挥通假思维，是错误的。我们认定通假字需要依据通假的条件和上面我们讲到的相关知识等，以今律古是不可行的。通假需要找到本字，本字与借字之间在语义上一般没有关联，且不是孤例。

（二）古今字与异体字

通假字和古今字、异体字从理论上来讲界限清晰，从实践上来说却总是遇到纠缠。因此，初中语文教材就没有作具体的区分，人教旧版是一"通"了之，统编版则是一"同"了之。统编版较人教旧版在用字上更胜一筹，因为"通"说明把通假字和古今字、异体字都看作通假字，这不合适。"同"就好些，说的是从现代看来，用甲字和我们相对熟悉的乙字一样。实际上，两版教材的原则是一贯的：不必讲究那么细致，混沌掌握即可。凡是知识清晰总比混沌好，说清楚总比一带而过好。教学实践中，我们第一次遇到通假字和古今字、异体字等文献用字现象，终究还是要给学生作出说明，还是要作区分，只是存在"度"的差异罢了。这里，我们在通假字基础上，再进一步探讨古今字和异体字。

1. 古今字

古今是个相对的概念，先秦为古，两汉为今；两汉为古，魏晋南北朝为今；六朝为古，唐宋为今；唐宋为古，元明清为今。古在前，今在后，说古今字是个时间上的概念，肯定是对的。文字的产生本身就是个历时的过程，这样看来，古今字就不单单是和时间有关的问题。从历史发展的角度来看，汉字是在不断地发生变化。时代越早，汉字的数量越少；时代越晚，汉字的数量越大。造字一定是滞后于语言的发展的，这时就通过假借①已有同音字记录新词新义。假借的结果必然是导致文字负担加重，于是再创造新字来分化字义。其最为简单的方式，就是在原字基础上增加或替换形旁，造出新的形声字。原来的字我们称作古字，新产的字称作今字。这就是一般意义上的古今字。具体说来有以下几个类别：

（1）今字分化古多义词

这种情况最为普遍，如初中《语文》七年级上册《〈论语〉十二章》："不亦说乎？"，"说"今作"悦"；"学而不思则罔。""罔"今作"惘"。七年级下册《卖油翁》："徐以杓酌油沥之"，"杓"古作"勺"，今又简化为"勺"。八年级上册《与朱元思书》："蝉则千转不穷"，"转"今作"啭"；"窥谷忘反。""反"今作"返"。

（2）今字分化古同音词

新词新义产生，没有语音形式和文字形式记录它。这时有两个选择，一是根据意义的相似性和相关性而作出归并，借用现有的有亲缘关系的文字，体现在语言上就是一个多义词；二是创造新词，假借一个在意义上无关联的同音的字，体现在语言上就是一个同音词，书面语中就产生了一个同音同形字。一般用增加形旁的方式分化同音同形字来创造新字，原有的同音同形字就是古字，新造字就是今字。这样的今字也有两种情况，常见的是为古字的本义创造的今字，如《邹忌讽齐王纳谏》："孰视之。"孰，今作"熟"。另如，"燃"分化了"然"的燃烧义，"蛇"分化了"它"的蛇义，"箕"分化了"其"的簸箕义等。这好比是毫无亲缘关系的人，借用了人家的房屋，反而将主人赶出去，让主人另造新房。另外的情况，如初中《语文》九年级下册《鱼我所欲也》："故患有所不辟也"，"辟"今作"避"；初中《语文》八年级上册《孟子》二章："曾益其所不能"，"曾"今作"增"。《鱼我所欲也》："所识穷乏者得我与"，"与"今作"欤"。九年级下册《唐雎不辱使命》："仓鹰击于殿上"，"仓"

---

① 这里的假借包括词汇学上所说的引申。

今作"苍"。另如,"猝"分化了"卒"的突然义,"呜"分化了"乌"的感叹义。这是为假借义造了今字,借用了房屋后归还给主人,自己另造新房。

教学实践中,我们有必要讲清楚古今字问题。当时人之所以没能写出今字,是因为今字还没有产生。我们是用现代的视角看待古人在当时用的字,所以才有了古今字的概念。今字所分化的只是古字的一个或几个意义,并不是全部。古今字问题的关键在于"分化"二字。

2. 异体字

异体字是不同时代、不同地域的人们为语言中的同一个词所造的不同的字。异体字从形体而言体现了不同的造字角度,形体背后又反映了不同的造字心理。异体字的"异"体现在偏旁、结构和造字法等几个方面。

(1) 偏旁"异"体字

有的体现在形旁上,如初中《语文》七年级下册《河中石兽》:"曳铁钯","钯"同"耙"。八年级上册《愚公移山》:"无陇断焉","陇"同"垄",高地。有的体现在不同声旁上,如王维诗《鹿柴》的"柴"(zhài)同"寨"。苏轼《惠州一绝》:"日啖荔枝三百颗","啖"同"啗""噉"。

(2) 结构"异"体字

例如,"群"和"羣"、"略"和"畧"、"垄"和"垅"等。

(3) 造字法"异"体字

例如,"泪"和"涙"、"羴"和"膻"、"淼"和"渺",前者为会意字,后者为左形右声的形声字。

有些异体字之间包含着多种关系,如柴(zhài),同"寨""砦","柴""寨"用了不同的声旁,与"砦"的差异在形旁上。异体字也不都是在所有的意义上都是异体关系,"淼"和"渺",在水远无边际的意义上是异体字,后来"渺"因为常用,又发展有小义。异体字是规范的对象,因而在教材收录的古文中也很少见。

通假字在于"共时的借用",古今字在于"历时的分化",异体字在于"造字的心理"。三者之间有不容易区分的地方，如初中《语文》八年级上册《三峡》："两岸连山，略无阙处。""阙"同"缺"，空隙、缺口。就教材注释而言，乍看起来这是一对异体字，也可能是通假字。这就需要简单地查阅工具书，《汉语大词典》中"阙"字条首义项为：宫门、城门两侧的高台，中间有道路，台上起楼观。例如，《诗经·郑风·子衿》："挑兮达兮，在城阙兮。"高亨注："阙，城门两边的高台。"该字另有 6 个义项，借指宫廷、帝王所居之处；古代神庙、坟墓前两旁的巨柱；古代仕宦之家门前所树用以旌表的建筑物，泛指门户；两山夹峙的地方；两眉之间的部位；古剑名。"阙"又作平声表示空隙、缺口、缺失等意义，因而与"缺"存在关联。"缺"表示破损、残缺。如《诗经·国风·豳风·破斧》："既破我斧，又缺我斨。""缺"从缶、夬声，本义表示瓦器等器物的破损残缺。《说文解字·缶部》："缺，器破也。"很明显，与"阙"不同。"阙"的缺失、空缺之义与距离相关。这是"阙"的本义决定的，高台两侧有距离形成空缺，所以也用来表示两眉之间的部位。阙，音为 què 为名词；音为 quē 为形容词，属于四声别义，音变造词。"阙""缺"二字的缺失之义，是词义发展的结果。严格意义上来说，不是异体字，也不是通假字，二者造字的本意不同。后人看待前代的文献，这样的字算得上是宽泛意义上的通假字。

（三）繁体字与简化字

实际上来说，现行汉字是简体字，就没有必要再提及繁体字问题。繁简字的问题我们前面已经探讨过，当时提到了一个原则——"识简认繁"，这在教学实践中很有必要，特别是字义教学中。这里，我们举例说明。

（1）杜甫诗《望岳》："造化钟神秀，阴阳割昏晓。"钟，集中、聚集。这个意义就不太容易理解，因为"钟"现代的常用义是计时器具，追溯到先秦时期，指的是乐器。实在找不到集中、聚集义的引申依据。这时候，借助繁简字关系可以获得满意的解释。"钟"是"鐘""锺"的简化字。"鐘"是乐器，后来指为佛教悬挂的钟，发展为计时器具等；"锺"古容量单位，春秋时齐国公室的公量，合六斛四斗，之后亦有合八斛及十斛之制。相对于斛、斗等是最大的容量单位，进而引申有汇聚、集中之义。《望岳》实为"造化锺神秀"，与乐器、计时器具等无关。

（2）杜甫诗《江畔独步寻花》："黄四娘家花满蹊，千朵万朵压枝低。"读到这首诗的第一反应就是这个"黄四娘"，一个女人取了一个带"妈"的名字，这自然不合理。这是"娘"代替"孃""娘"字的一个典型用例。"孃"字在东汉时已出现，作"烦扰"之义，见《说文解字·女部》："孃，烦扰也。一曰肥大也。从女襄声。"后该义被"攘"字代替。"孃"在南北朝时已可指"母亲"，一直沿用至唐代。"娘"字在甲骨文中已经出现了，魏晋南北朝时期文献用例增多，南朝梁·顾野王《玉篇》中已收此字："娘，女良切，少女之号。"用来指称"年轻女子"。元代以后用"娘"来借指母亲的用例增多，"孃"用例减少。汉字简化以同音替代的方式，保留了"娘"，既指称少女，又表示母亲。因为"娘"字的母亲义常用，于是"天要下雨，娘要嫁人""徐娘半老""一船使两桨，得娘还故乡""杜秋娘"等熟语和古诗文用字、人名用字等就常常被误解。

（3）发。简体字"发"是"發"和"髮"的简化。"發"从癶，从弓，从殳。本义是发射弓箭。"头髮"的"髮"（音 fà），从髟、犮声。"發""髮"区别明显，简化作"发"后混同，"发"成为多音字。这里需要注意的是，一系列以"犮"为声旁的字，如"拨""鲅""跋"等与"发"音近、形似，容易致误。"拨"才是以"发"（音 bō）为声旁。"发"（音 bō）繁体也作"發"，表示弯曲。

教学中，有些字通过繁体字形更能够说明问题，如"为""爲"还保留着以手牵大象的意味，上面的手特征明显。另如，"谷""穀"、"后""後"、"里""裡"、"臘"和"腊"、"云""雲"、"斗""鬥"、"丑""醜"、"才""纔"、"制""製"、"面""麵"、"飢""饑"和"饥"、"曆""歷"和"历"，等等。在教学实践中，加以简单地说解很有必要，有利于学生理清字的音形义的关系，实现"知其所以然"。

汉字作为汉语的书写符号，以其独特的意蕴承载着汉语音节的丰富意义。由于汉字在语音上对应的是音节，因而汉语的音节在古代基本上就是一个词，现在看来也是一个个音义结合体。古诗文的语言教学，汉字理所当然地成了文本解读的门户。成语中的词、复合词中的语素，即使是联绵词、音译词等单纯词，汉字也都能提供意义线索。准确地说，对汉字意义的探求，就是在解读词义和语素义。这也是文字学早期作为训诂学附庸的原因。字形、字音与字义的关系是复杂的，很多时候需要综合运用文字学的相关知识来解决问题。比如，讲到"嫉"，就其结构来说这是一个从女、疾声的形声字；就形旁分析是说这是一种女性的心理，体现字产生时"男尊女卑"的社会意识。"嫉妒"是一种心理的病态，字又有"愱"这一形体，体现了不同的造字心理，"愱""嫉"构成异体关系，心理病态也是疾病，早期是用"疾"表示的，嫉妒是"疾"的疾病义发展起来的引申义。《商君书·修权》："公私之分别，则小人不疾贤，而不肖者不妒功。"这样，"疾"和"愱"、"嫉"又是古今关系；"疾"的甲骨文作"🏹"，像一人被箭射中，表示箭来得快。另有观点认为，这是箭射中人体而导致的创伤，即为疾病。"疾"古文小篆字形像人躺在床上，体现的是疾病义。无论孰是孰非，"疾"的这两个意义的关联在现代看来不是很大，作为同音同形字也说得过去。字和字间的复杂关系，要求我们在熟悉文字常识基础上，多查阅工具书，多积累教学案例，多进行教学实践探索。

第二章　词汇和词汇教学

　　词汇是一定范围内的词和固定短语的总和。词汇的主体是词，成语、俗语、惯用语、歇后语等在意义上已经抽象，具有完整性；在结构上相对紧密，具有凝固性；在功能上相当于一个词，也是词汇的成员。就语言而言，词汇是语言的建筑材料，是音义结合体。词汇具有一定的独立性，即使没有语法规则的组织和限制，词汇依旧能够表达简单的信息。在语言交流的过程中，最直接能够被感知的是词汇，至少对印欧语系的语言是这样。汉语中，我们的确很难直接感知到一个个的词，最容易被感知的是承载意义的音节，或者说是语素。语素是用来构词的，有的是独立成词，有的需要与其他语素组合成词。古代汉语中词是以单音节为主，所以古人以字来称词，语言交流中感知到的最为基本的单位就是一个个词。我们可以说，文言文语言教学的基础就是词汇教学，词的教学在文言文教学中就显得尤为重要。现代汉语的词是以双音节为主的，单个音节的音义结合体一般是语素，也就是古代汉语中的词。从惯性来说，现代汉语的词的教学，在很大程度上依赖的是古汉语的词，也就是现代汉语中的语素的教学，特别是词义的教学。成语、俗语、惯用语、歇后语等固定短语，本身就是由词构成的，功能上相当于一个词，在语文教学中固定短语的教学也就是词的教学。因此，无论我们是否对词敏感，都离不开这一个个的结构体，最小的音义结构体一般被称为语素，最小的独立运用的音义结构体是词。从消极的角度看，如果没有语素、词来指称这些音义结构体，教学活动将无法开展。本章我们将探讨词汇和词汇的教学问题。

第一节　词汇单位

　　词汇家族是一个集合，是开放的系统。这个群体由多少具体的个体构成，我们无从得知。不过成员依托的单位是有限的、可数的，如我们通常说的语素、词、固定短语。对语文教师来说，熟悉这些词汇单位，理解彼此之间的关联，对教学实践很有意义。对于一个中文系的毕业生而言，词汇单位是个常识，深入理解就十分必要。

一、语素

　　一般认为，语素是最小的音义结合体。这是结构主义语言学的观点。结构主义语言学强调切分，也就是说语素是词中切分下来的音义结合单位。比如：

　　我们都喜欢吃香甜的巧克力。

　　这段表达由"我们""都""喜欢""吃""香甜""的""巧克力"等7个词构成，再从"我们""喜欢"和"香甜"中再切分出6个音义结合体，一共就是10个语素。问题是这与汉语的实际不太符合，汉语界定一个词难，判断一个语素却容易。汉语的音节一般都表义，只要是表义的音节就是一个语素，除了口语中的儿化之外。有些单个的音节不表义，如"巧克力"，这是一个音译词，三个音节表达一个完整的意义。再比如，"窈窕"是个联绵词，"窈""窕"单个音节都不表义，整体是一个语素。我们可以粗略地说，现代汉语的语素在语音上大于等于音节。通常情况下，只要一个音节表义，这个音节就是一个语素。我们这里简单分类介绍语素，以便于深入认识这个语言单位。说语素是音义结合，我们自然就可以把语素分为单音节语素和多音节语素、单义语素和多义语素。语素是用来构词的，这是它的功能，从构词时的独立性看，可以分为成词语素和不成词语素；从构成合成词时的位置来看，可以分为定位语素和非定位语素。总而言之，分类的标准很多，主要是为了便于说明问题。我们这里重点介绍单音节语素和多音节语素、成词语素和不成词语素、定位语素和非定位语素。

（一）单音节语素和多音节语素

现代汉语的语素是从古代汉语中的词发展而来的，古代汉语中的词以单音节为主。因此，现代汉语中的语素多数都是单音节的。比如，"土""海""大""人""风""子""水""民""吃""看""伟""雄""荣""于""吗"，等等，不胜枚举。需要说明的是，多音节语素大体可以分为联绵、叠音、拟声、音译四类。

1. 联绵语素

联绵语素几乎都是成词语素，能够单独构成联绵词。例如：

①双声语素：蜘蛛、踌躇、伶俐、崎岖、慷慨
②叠韵语素：佝偻、叮咛、螳螂、窈窕、辗转
③非双声叠韵语素：芙蓉、妯娌、峥嵘、犹豫、蟋蟀、窟窿

这些语素前后音节有关联，往往是古代汉语中一个词的分音形式，"佝偻"为"佝"，"窟窿"为"孔"，"辗转"为"转"等。有些随着语音的变化不容易看出原形，如"叮咛"为"钲"。《广雅·释器》："钲，铃也。"王念孙疏证："钲者，丁宁之合声。""丁"为中古知母，"宁"上古音属耕部，钲，中古章母，上古耕部。知章组均源于上古端组。因此，"丁宁"恰合为"钲"。"钲"，一种古代乐器，形似钟而狭长，有柄，击之发声，用铜制成。行军时用以节止步伐。《诗经·小雅·采芑》："钲人伐鼓。"毛传："钲以静之，鼓以动之。"孔颖达疏："《说文》云：'钲，铙也。似铃，柄中上下通。'然则钲即铙也。"陈奂传疏："《诗》言誓师，则钲即《大司马》之铎、镯、铙矣……郑司农注《周礼》亦以铎、镯、铙谓钲之属，然则钲其大名也。""丁宁"也就是"钲"，如《国语·吴语》："昧明，王乃秉枹，亲就鸣钟鼓。丁宁，錞于振铎，勇怯尽应。"韦昭注："丁宁，谓钲也，军行鸣之，与鼓相应。"既然"钲""丁宁"之作用是行军时用以节止步伐，"丁宁"引申为嘱咐、告诫也就不足为奇，相当于名词用作动词，其节止之语义特征得以突显，使得义域扩大。

2. 音译语素

音译语素指的是汉语模拟外民族单词语音形式的语素。例如：

咖啡	吉他	沙发	咖喱
培根	菠萝	琵琶	葡萄
豆蔻	石榴	冬不拉	那达慕
冰激凌	巧克力	歇斯底里	奥林匹克

马克思主义

很多音译语素由于在历史上引进的时间长，使用普遍，已经明显具有汉语固有词汇的色彩，如来源于佛典的词汇"阎罗""罗刹""舍利""三昧""涅盘""罗汉""刹那""菩萨""伽蓝""沙弥""头陀""瑜伽""菩提""释迦""弥勒"。音译语素由于是音译外民族词，因而多是成词语素。只有少数对应音译的外民族单音节词，不能适应汉语词汇双音节的发展趋势，就以音译加汉语语素的方式弥补，如"卡车""酒吧"等。有些音译的双音节词，因为表义不明，所以也加上了表义的汉语语素，如"芭蕾舞""沙丁鱼""艾滋病"等，在常用之后，又再次缩略为双音节形式。有些音译词，不容易搞清楚其来源，如杜牧诗："娉娉袅袅十三余，豆蔻梢头二月初。""豆蔻"前代不见有人使用，为唐朝时已借入汉语的植物名，原词可能为阿拉伯语"takur"，与古港口名"Takola"有关。[1]

3. 叠音语素

叠音语素是语音形式重复的双音节语素，多数是独立成词的语素。例如：

猩猩　茫茫　姥姥　翩翩　栩栩　悠悠　皑皑　蝈蝈　苍苍

部分不能单独成词的叠音语素经常充当ABB式形容词的后缀BB。例如：

眼睁睁　泪汪汪　亮堂堂　乱糟糟　笑呵呵　香喷喷　明晃晃

我们仔细推敲这些ABB式形容词便会发现，从内部结构来说，

---

[1] 史有为. 汉语外来词[M]. 北京：商务印书馆，2000：40.

A与BB并不完全相同，如"眼睁睁""泪汪汪"具有陈述关系；"亮堂堂""乱糟糟"是"亮堂""乱糟"的末一音节的重叠；"笑呵呵""香喷喷"异序为"呵呵笑""喷喷香"，可以看作是中补结构；"明晃晃""亮晶晶"形成的是并列关系。不过，这些结构从现代汉语层面来说，BB明显具有定位的性质，韵律结构也是A－BB，有些ABB具有一定的类推性，如"胖乎乎""软乎乎""热乎乎"等，其中的AB－B重叠性质被掩盖。

4. 摹声语素

摹声语素包括两类，一是模拟自然声音的。例如：

轰隆　扑通　咣当　哗啦　吱吱　隆隆　咣咣　轰隆隆　哗啦啦

因为"轰隆"和"轰""隆"不同，"哗啦啦"和"哗啦"模拟的也不一定是相同的声音，所以一般把上面的结构看作是一个语素，有一定的道理。二是模拟人感叹、呼唤、应答声音的，例如：

啊呀　呦呵　哎呀　哈哈　嘻嘻　哼哼　啊呀呀　哎呦呦

这些语素能够独立构成叹词。"哎""呦""喂"与"哎呦""哎呦喂"不同，"哎呦""哎呦喂"并不是"哎""呦""喂"复合而成，是一个语素。

（二）成词语素和不成词语素

成词语素，也被称作自由语素，是不依赖于其他语素能够独立成词的语素。例如：

大　小　多　少　吃　喝　跑　跳　人　手　我　他　了　着

上文中的联绵语素、音译语素、叠音语素等多是成词语素。成词语素能够独立成词，也可以和其他语素组合成词，如"忘""记"都能独立成词，也能组成"忘记"。有的构词能力不强，如"你""我""他"，独立成词外只能与"们"组成"你们""我们""他们"；有的只能独立成词，如"了""着""过""的""地""得"等。因此，有人将这些只能独立成词的语素叫作半自由语素。

不成词语素，也被称作黏着语素，是不能够独立成词且只能和其他语素组合成词的语素。例如：

伟　雄　荣　誉　司　机　宣　唤　奋　民　仆　冠　军　辱

不成词语素中还包括一些词缀，如"老—""阿—""可—""—者""—子""—性""—化""—头""—儿""—们"等，上文中提到的"—乎乎""—呵呵"等也可以看作是不成词语素。另外，有些不成词语素在文言色彩相对浓厚的结构中可以独立成词，如"以母校为荣""不耻下问"中的"荣"和"耻"，但是我们不能依据这样的特殊语境来判断语素的性质。

这里，我们需要交代一个问题，到底什么是语素？比如，"大"是成词语素，是词还是语素？这与我们如何看待有关。如果我们说"大"是单音节语素或是多音节语素，这是把它当成语素看待；如果说"大"是一个形容词，这是把它当成词来看待。至于不成词语素，就没有争议了。词就好比是用来盖房子的砖，可以直接拿来使用。语素则是用来烧砖的材料，但是自然界中就是有方方正正的材料，可以直接拿来当成砖来使用，直接拿来独立构词的语素就是成词语素。

（三）定位语素和非定位语素

定位语素是同别的语素组合时位置固定的语素，或者定位在前，或者定位在后。定位语素具有黏着性。始终出现在别的语素前边的定位语素叫前置定位语素。例如："老""可""阿"等，可同新的语素组合成"老师""老虎""老乡"、"可恨""可气""可怜"、"阿妈""阿贵""阿妹"等。"第""初"用在基数前面组成序数，宽泛地说，也是前置定位语素。

出现在别的语素后边的定位语素叫后置定位语素，后置定位语素一般有较强的构词能力，能构成一大批的词。例如：

者：读者　作者　编者　患者　记者　学者
子：棍子　盆子　筷子　桌子　刀子　尺子
性：慢性　弹性　硬性　毒性　恶性　感性
化：绿化　美化　西化　僵化　丑化　软化
头：骨头　准头　苦头　念头　斧头　前头
儿：画儿　花儿　棍儿　盖儿　弯儿　影儿
们：你们　我们　他们　咱们　人们　它们

不能独立成词，只能用作构词材料的定位语素通常又叫词缀，位于词前的叫前缀，如"阿""老""可""初"等；位于词后的叫后缀，如"子""化""儿""性""头"等。定位语素的特征体现在三个方面：一是位置固定，二是意义虚化，三是有类化作用[①]。

二、词

词是最小的能够独立运用的音义结合体。所谓"独立运用"就是能够单说、单用，不依赖于其他语言单位。例如：

我们都喜欢吃香甜的巧克力。

这句话的表达由"我们""都""喜欢""吃""香甜""的""巧克力"7个词构成。"我们""喜欢""吃""香甜""巧克力"可以单说，可以单独回答问题；"都""的"不能单说，更不能单独回答问题，但是能够单用。[②] 词是音义结合体，可以从单音节词和多音节词、单义词和多义词等类别来分析。词是在语素的基础上构成的，有的由一个语素构成，有的由多个语素构成。这里为了便于说明问题、更深刻地认识词，我们只从词的内部构成角度探讨单纯词和合成词的问题。

单纯词是由一个语素构成的词。根据与音节的联系，又可分为单音节单纯词与多音节单纯词，实际上，就是我们语素部分探讨的单音节语素和多音节语素中的成词语素的问题。这里我们不再赘述。合成词是由两个或两个以上的语素组合而成的词。其中，由非定位语素构成的叫作复合式和重叠式，包含有定位语素的叫作附加式。

（一）复合式合成词

根据语素间的关系，复合式合成词又分为并列式、限定式、补充式、支配式、陈述式五种。

---

① 类化就是同类化，说的是定位语素无论与其组合语素的性质如何，二者组合而成的词具有同样的性质。比如，与"一子"构成的都是名词，"桌子""疯子""拍子"等。

② 关于词的界定问题，后面语法部分会有进一步的探讨。

1. 并列式

并列式是由几个意义相近、相关的语素并列构成合成词的方式。例如：

①喜悦　语言　道路　文字　海洋　生产　解放　打击　黑暗
②尺寸　领袖　脸面　眉目　春秋　岁月　江山　骨肉　桃李
③开关　矛盾　呼吸　上下　早晚　出纳　生死　是非　收发
④兄弟　质量　动静　睡觉　忘记　妻子　国家　窗户　干净

第①组并列式合成词中的两个语素，意义相同或相近，可以互相解释。第②组并列式合成词中的两个语素，表示同一类属意义，有的是整体与个体的关系，有的是连属关系，二者对称，组合成词，从字面引申出抽象的意义。第③组并列式合成词中的语素，意义相反，互相矛盾对立，相反相成，表示抽象、概括的意义。第④组并列式合成词的意义以其中一个语素为基础，另一个语素的意义弱化甚至完全消失，只起一个陪衬作用，通常把这种词叫作偏义词。

2. 限定式

在限定式合成词中，前一个语素修饰限制后一个语素，后一个语素的意义是整个词的基本意义。例如：

①白菜　铁路　卧铺　国旗　春节　优待　混战　正规　轻视
②火热　金黄　血红　冰冷　雪白　蜡黄　笔直　尾随　鸟瞰

第①组限定式合成词，前一个语素直接修饰限制后一个语素；第②组限定式合成词具有比喻性质，前一个语素是用来比况的，如"火热"是"像火一样热"，这类词大多是形容词，具有词义程度加深、形象突出的特点。

3. 补充式

这类合成词中的两个语素，前一个语素是词义中心，后一个语素对前边的语素作补充说明。例如：

①看见　说明　扩大　减少　记住　改善　吃透　加强　纠正
②布匹　马匹　船只　纸张　枪支　车辆　诗篇　人口　事件

第①组补充式合成词，前一个语素多表示一种动作行为，后一个语素表示动作的结果或趋向,前后语素在意义上有因果关系;第②组补充式合成词,前一个语素表示事物名称,后一个语素具有计量意义,二者结合构成具有概括意义的名词。

4. 支配式

构成支配式合成词的两个语素,前一个语素表示动作行为,后一个语素是动作行为支配的对象,二者有支配与被支配的关系。例如:

①裹腿　司机　掌柜　管家　出版　失色　碰壁　照常　齐心
②吹牛　生气　聊天　跳舞　操心　鞠躬　革命　叹气　理发

第①组支配式合成词,两个语素结合较紧,中间不允许插入别的成分;第②组支配合成词,两个语素间结合关系较松,中间可以插入独立的成分,具体运用中可以有多种形式,如"跳舞"可说"跳跳舞""跳一跳舞""跳一会儿舞"等。通常把第二组词叫作离合词,两个语素合起来是词,拆开插入别的成分后是短语,不过其独立性仍然很弱。

5. 陈述式

这类合成词,前一个语素多表示事物,后一个语素表示性质、状态或动作,二者构成陈述与被陈述的关系。例如:

月亮　日食　口红　肉松　民主　性急　自大　自私　胆怯
眼花　目击　人为　发指

复合式合成词的五种构造方式,以并列式、限定式构成的词最多,支配式次之,补充式、陈述式构成的词较少。

(二) 重叠式合成词

重叠式合成词可以看作是特殊的复合式,由两个相同的语素重叠而成的词。例如:

伯伯　爸爸　妈妈　爷爷　奶奶　哥哥　弟弟　姐姐　妹妹

重叠式合成词以表示亲属称谓的词最为常见,他们也可单用一个音节,与叠音单纯词"茫茫""蝈蝈""猩猩"等不一样。从共时层面看,有的很难分清是重叠式合成词还是叠音式的单纯词,如"奶奶",一般认为是叠音式的单纯词。

（三）附加式

附加式是由定位语素同非定位语素构成合成词的方式。在附加式合成词中，非定位语素是词根，表示整个词的主要意义，定位语素是词缀，附加在词根上，表示某种抽象的意义。根据定位语素的位置可分前附式与后附式两种。

1. 前附式

定位语素附加在非定位语素的前面。例如：

老：老鹰　老虎　老鼠　老师　老婆
阿：阿爸　阿妈　阿飞　阿贵　阿姨
可：可笑　可气　可叹　可恨　可怜
非：非凡　非常　非分　非法　非人
以：以后　以前　以上　以内　以来
小：小心　小吃　小偷　小鬼　小将

2. 后附式

定位语素附加在非定位语素的后边。例如：

者：编者　作者　读者　记者　患者
子：条子　棍子　刀子　口子　路子
头：大头　苦头　木头　念头　石头
儿：个儿　鸡儿　画儿　弯儿　花儿
化：恶化　深化　优化　僵化　激化
性：中性　碱性　酸性　慢性　记性
气：土气　洋气　小气　娇气　客气
员：会员　队员　船员　党员　演员

此外，还有用单音节语素加上一个叠音语素构成的后附式合成词。这类合成词大多是形容词。例如：

眼睁睁　泪汪汪　血淋淋　雄赳赳　活生生　笑眯眯
香喷喷　乱糟糟　热烘烘　明晃晃　空荡荡　病殃殃

词是词汇系统的骨干，对词的认识越清晰越深刻就越有利于教学，有利于解决教学中的问题。历史上，汉语的词呈现出复音化发展趋势。古代汉语的词以单音节为主，现代汉语的词以双音节为主。

现代汉语词汇非常丰富，以多义词为主，近义词较多，语素构成能力强。

三、固定短语

固定短语的固定，既是形式上的也是意义上的。其形式固定，意义完整，功能上相当于词。这是固定短语的典型特征。固定短语中，最为值得关注的是成语。

成语一词，最早被称为"成言"，在东汉时期已经出现。六朝时，它又被称为"陈言""成辞"。宋代始有"全语""成语"之称。[①] 我们这里所谈及的成语多是四字格的现成语，具有典雅的书面语色彩。周荐（1998：146）言："一、成语不是瞬间可造就的单位，它总得有一个逐渐'成语'的过程；二、成语的典型格式是四字格，此一格式的形成有其深远的历史原因；三、成语的语体是书面的，语义是典雅的；四、成语都是全民语言中的语汇单位，方言中的和/或个人言语中的单位不是语言的成语。"[②] 成语形式整齐，韵律和谐，结构固定，言简意赅，极富表现力。

汉语成语历史悠久，源远流长，在长期的使用过程中，逐渐凝固定型，经历了选择淘汰的历程。比如，"掩耳盗钟"，《能改斋漫录》卷五："谚有'掩耳偷铃'，非铃也，钟也。亦有所本，按《吕氏春秋》：'范氏亡，有得其钟者，欲负而走，则大钟不可负。以椎毁之，钟怳然有音，恐人闻之而夺己，遽掩其耳。恶闻其过，亦由此也'。""掩耳偷铃"很明显经历了"掩耳盗钟"的阶段。唐代刘知几《史通·书志》："或以前为后，以虚为实，移的就箭，曲取相谐，掩耳盗钟，自云无觉，讵知后生可畏，来者难诬者邪！"在一个阶段，可能是两种或两种以上的形式并存。宋代朱熹《答江德功书》："成书不出姓名，以避近民之讥，此与掩耳盗铃之见何异？"可见，宋代"掩耳偷铃""掩耳盗铃"并存，而现代通常所说的是"掩耳盗

[①] 陈秀兰. 成语探源[J]. 古汉语研究，2003（1）：78—79.
[②] 周荐. 词汇学问题[M]. 天津：天津古籍出版社，1998：146.

铃"。一般来说，我们没有必要追溯每个成语的发展历程。然而，厘清其历史上的状态，了解成语的来源，把握成语的意义，还是很有意义的。汉语成语主要有以下几个来源。

（一）来源于古代寓言和神话传说

寓言，是用讲故事的方式说明某种深刻的道理，流传很广；神话传说在人们口头中更是广为流传。古代寓言、神话传说的有关内容，在流传中就逐渐凝固为一个成语。例如：

杞人忧天　　鹬蚌相争　　南辕北辙　　买椟还珠
刻舟求剑　　盲人摸象　　画蛇添足
夸父逐日　　女娲补天　　开天辟地　　愚公移山
天衣无缝　　嫦娥奔月　　火眼金睛

（二）来源于历史事件和历史故事

在我国几千年的历史上，有许多惊心动魄、可歌可泣的事件发生，这些历史事件和故事常常概括、凝缩为一个成语。例如：

图穷匕见　　破釜沉舟　　价值连城　　完璧归赵
赤膊上阵　　秦晋之好　　毛遂自荐　　退避三舍
一鼓作气　　负荆请罪　　草木皆兵　　暗度陈仓

（三）来源于古典作品名句

惩前毖后　出自《诗经·小毖》："予其惩而毖后患。"

逃之夭夭　出自《诗经·桃夭》："桃之夭夭，灼灼其华。"

水落石出　出自欧阳修《醉翁亭记》："野芳发而幽香，佳木秀而繁阴，风霜高洁，水落而石出者，山间之四时也。"

舍生取义　出自《孟子·告子上》："生，亦我所欲也；义，亦我所欲也，二者不可得兼，舍生而取义者也。"

天长地久　出自《老子》："天长地久。天地所以能长且久者，以其不自生，故能长生。"

一日千里　出自《庄子·秋水》："骐骥骅骝，一日而驰千里。"

来源于古典作品名句的成语，有的是原封不动地使用现成句子，有些是经过增删改造形成的。又如，"万里长征""明哲保身""未雨绸缪""教学相长""诲人不倦""似曾相识""黯然销魂"，等等。

第二章　词汇和词汇教学

（四）来源于群众的口语、谚语

这类成语有的历史相当长，古代文献就有记载，因而得以流传下来。例如：

投鼠忌器　出自贾谊《治安策》："里谚曰：'欲投鼠而忌器。'此善喻也。"

狼子野心　出自《左传·宣公四年》："谚曰：'狼子野心。'是乃狼也，其可畜乎？"

利令智昏　出自《史记·平原君虞卿列传》："鄙语曰：'利令智昏'，平原君贪冯亭邪说，使赵陷长平兵四十余万众，邯郸几亡。"

水涨船高　出自《传灯录》："水涨船高，泥多佛大，莫将来问，我也无答。"

其他来源于群众口语的成语，如"七手八脚""七上八下""不三不四""三心二意""三长两短""一清二楚""人山人海""昏头昏脑""大惊小怪""鸦雀无声""一团和气""顺水推舟"，等等。

此外，还有部分成语是从外来语言中吸收的。例如，"火中取栗""杀鸡取卵""以牙还牙"等。外来成语中，尤以从佛经中翻造吸收的为最多，它们进入汉语已有相当长的历史，加之形式与内容的改造，所以使人感觉不到是外来成语了。例如，"大千世界""天花乱坠""昙花一现""五体投地""在劫难逃""不可思议""现身说法""一尘不染""六根清静""聚沙成塔""心花怒放""飞蛾投火"，等等。这些成语原是宣传宗教教义的，但在流传过程中失去了宗教色彩，获得了新的意义，使用范围也更加广泛。

惯用语和俗语也是固定短语中的重要成员。惯用语指的是如"碰钉子""拉后腿""露马脚""吃不消"这类结构。惯用语本身是一种定型的词组，它的结构是词组，意义却是整体化了的。[①] 惯用语多具有在色彩上偏俗，形成过程相对简单，其中并不包含经验性的特征。惯用语对于时代的反映特别强烈，尤其是现代和当代的。这是一般成语难以与之比拟的。因为成语要到"成"，往往要等待一

[①] 温端政，周荐. 二十世纪的汉语俗语研究［M］. 太原：书海出版社，2000：197.

定的时间，而惯用语似乎是马上就反映，随即不胫而走，广泛流传，成为惯用……谚语则相对居中，形成的基础建立在过往经验之上，经验的积累是量变到质变的过程，谚语是质变经验在语言中的真实反映。经验源自生活。因此，谚语的形成同样具有现实性的特征，但往往在使用过程中会发生变化。"谚语又叫俗语、俗话，是总结某种经验知识而创造出来的流传于群众口语中的现成语句。谚语是人民群众生活经验的总结，所以每条谚语总要说明某种道理，给人以教益。许多谚语能代代相传，长用不衰，与其传授知识和教化作用是分不开的。"①

例如，关于自然和农业生产的谚语：
春天不忙，秋后无粮。
人不亏地皮，地不亏肚皮。
庄稼一枝花，全靠粪当家。
四月月半潮，黄鱼满船摇。
春雨贵如油，夏雨遍地流。
早霞不出门，晚霞行千里。
今晚鸡鸭早归笼，明日太阳红彤彤。
另如，关于社会生活方面的，这类谚语涉及面很广。
上梁不正下梁歪。
众人拾柴火焰高。
少壮不努力，老大徒伤悲。
只要功夫深，铁杵磨成针。
路遥知马力，日久见人心。
家有家规，国有国法。
人往高处走，水往低处流。
饭后百步走，活到九十九。
面虎画皮难画骨，知人知面不知心。
一寸光阴一寸金，寸金难买寸光阴。

---
① 张斌. 现代汉语（第 2 版）[M]. 北京：中央广播电视大学出版社，2003：256.

从构成形式看，谚语有单句型的和复句型的。单句型的谚语有"天下乌鸦一般黑""新官上任三把火""有志不在年高""独木难成林""瑞雪兆丰年"等。复句型的谚语有"人不可貌相，海水不可斗量""三个臭皮匠，合成一个诸葛亮""一个和尚挑水吃，两个和尚抬水吃，三个和尚没水吃"等。复句型的谚语又以双句为多见。这种形式的谚语大多音节一致、结构工整，形成对偶句式，易于传诵。例如："笑一笑，十年少""人心齐，泰山移"等。谚语在表义上有个突出特点是直来直去，少用比喻，字面意义往往就是谚语的真实意义，如"云走西，披蓑衣；云走南，雨撑船"。

歇后语是由前后有解说关系的两个部分组成的现成语句，结构相对固定，口语色彩浓厚。歇后语可分喻义性的和谐音性的两种。喻义性的歇后语，前边部分是个比喻，后边部分进行解释、说明，这部分词语的字面意义或者转义就是整个歇后语的意义。例如：

　　擀面杖吹火——一窍不通

　　八仙过海——各显神通

　　老鼠过街——人人喊打

　　肉包子打狗——有去无回

　　马尾巴穿豆腐——提不起来

　　百年老树，十年芭蕉——粗枝大叶

谐音性的歇后语，是利用语言中词的同音、近音现象构成的。它的前边部分说明事物现象，后边部分是解释、描写，其中某个词或语素与另一个词或语素谐音，造成一语双关，书面上常用括号把真正要说的词或语素注释出来。例如：

　　和尚打伞——无发（法）无天

　　打破沙锅——璺（问）到底

　　小葱拌豆腐——一青（清）二白

　　自行车下坡——不用踩（睬）

　　窗户眼里放喇叭——鸣（名）声在外

　　飞机上挂暖壶——水瓶（平）真高

成语、谚语、歇后语等组成的熟语群体，正是汉语词汇雅俗文白交融的一个缩影。相比之下，成语典雅，谚语、习用语通俗，在词汇系统中共同承担词的功能，推动语言的文白转换。①

第二节　词义和词义的构成

通俗地说，词义就是词的意义，是词的所指，与词的音共同构成最小的能够独立使用的音义结合体。比如，"冠军"指的是体育、文化、艺术表演等竞技比赛中的第一名，这个承载于"冠军"读音下的内容就是意义。可见，意义一定源于现实世界，又不是指称具体的客观事物和现象，是基于经过人的主观淘澄抽象概括后的概念。也不等于概念，因为概念是没有色彩的，如"老公""丈夫""先生"都是妻子的配偶。这是抽象概括出来的本质特征，但是"老公"具有通俗色彩，"先生"则要典雅得多，"丈夫"的书面语色彩浓厚，用于背称。这就是说词义的形成经历了一个认知过程，是主观世界反映客观世界，语言世界反映主观世界。反映是积极的，能动的。本节我们将介绍词义的相关知识，以便于充分理解词义，进而运用词义的相关理论知识进行语文教学。

一、词义的特点

词义是语言世界对反映客观世界的主观世界的反映，所以具有客观性和主观性。词义来源于客观现实，具有客观性的特点。词义的主观性体现在对客观世界的本质性概括上，这样词义就具有了概括性和模糊性的特点。语言世界对主观世界的反映是积极的、能动的，不同民族由于不同的心理气质，对概念的归类一定存在差异，于是，词义又具有民族性的特点。

---

① 固定短语部分内容主要参考张斌先生《现代汉语》。

第二章　词汇和词汇教学

（一）词义的客观性

我们看到窗外的树、天边的云、运动员在奔跑、山川秀美，就能够说出"树""云""奔跑""美丽"等词汇，那是因为这些词代表了这些意义。正是因为客观世界有这些事物现象、动作行为和性质状态，才产生了意义，造出了词。客观事物、现象是词义形成的基础，任何一个词的意义，都不是凭空产生的。有些词反映的是客观世界所不具有的事物，也仍有客观性，如文学作品中虚构的人物、事件等，来源于客观世界的现实生活，有一定的客观依据。另外，"龙""凤""妖怪""魔鬼"等词的意义，指称的事物在客观现实世界中并不存在。他们是人在科学不发达时代对一些自然现象的主观、幻想性解释，经过一代一代的补充、完善，构成了一些虚假的概念。这些意义仍然具有客观基础，只是这些词义是对客观现实歪曲的、错误的认识。

词义具有客观性，并不是说词义与客观事物完全对等，由于词义是人类认识活动的成果，是客观事物在人的意识中的反映，因而词义不可避免地具有某些主观因素的成分，其中包含着人的认识态度。词义在产生过程中，往往被赋予了人的主观评价色彩，如"团结""勾结""聊天""唠嗑"等。由于受主观认识水平的限制，有些并不一定真实反映客观现实的意义，自然与客观事物是不同的。

（二）词义具有概括性

词义是对客观事物、现象的本质属性的概括反映，具有概括性特点。可以说概括性是词义的本质特征，其他特征都是基于概括性的体现。词义反映的是客观事物、现象的共同特点，而舍弃了个别事物的具体特征。我们看到窗外的树、天边的云、运动员在奔跑、山川秀美，就能够说出"树""云""奔跑""美丽"等，并不是因为我们见过所有的树、云、奔跑行为和美丽景象才实现的。这些词义是人们对客观世界的事物、现象的特征作出的概括，舍弃了细枝末节，在头脑中形成了无数的典型形象，所以才能够实现交流思想的目的。

没有概括性的词义是不可想象的，词义的概括性特点是语言符号作为交际工具这一本质所决定的。如果词义不具有概括性，不概括一类事物的共同特征，那么每一个具体事物都必须有一个词来指称，语言中的词因此将多得无法计数，人们要在有限的时间内掌握数量无限的词，那是十分困难的，语言也就无法作为交际工具来使用了。

（三）词义的模糊性

模糊性源于词义的概括性，词义的概括性是主观性的体现。例如，"大"与"小"、"美"与"丑"、"高"与"低"等，由于这些词的义界没有一个客观的标准，不同的人对不同的事物又有不同的评判态度，因而这些词的外延就难以确定，它们的意义因而具有了模糊性质。一个成人男子1.60米，我们一般说他个子低；一个十岁的男孩儿1.60米，我们就说这孩子个子高。因此，我们说模糊性是基于概念性的主观性的体现，不是客观事物固有的属性。词义具有模糊性的根本原因在于主观认识与客观事物之间的矛盾。矛盾集中体现在人们在认识中产生的关于客观事物的边界、状态的不确定性。如果说"我们上午来下午回"，那么接待的人就无法准确安排接送，因为八点钟是上午，十一点钟也是；十三点钟是下午，十六点钟也是。可见，"上午"和"下午"的界限并不清晰，我们很难为相邻的两个时间名词划出准确的外延。

那么，词义的模糊性是不是就影响交流了呢？当然不是。词义的模糊性恰恰使交流成为可能。一瓶2.5升的水，一个三岁的孩子拿起来说重，一个成年人却说轻。如果词义不具有模糊性，假设2.5升就是轻的。大人、孩子拿着2.5升的水都得说轻，那岂不是指鹿为马？这样就无法实现交流了。

（四）词义的民族性

词义的民族性体现在不同民族的人群对概念的归类上。人们对客观世界认知的过程不是机械的、消极的、被动的，而是积极地、能动地认识。形成概念的过程，即是概括、抽象，舍弃一些事物、动作、性质等的非本质特征，把具有某些本质特征的归为一类。把哪些事物、动作、性状分为一类，不同民族有所不同。因此，反映主观世界的语言世界，在不同的语言中把哪些事物、动作、性状概括为一个义位，也有所不同。例如，把帽子、衣服、鞋子套在身上的动作，英语中统称为"wear"，如"wear cap""wear clothes""wear shoes"。英语中"wear"这个义位还可以表示把钻石等挂在身上，甚至可以表示留头发等动作，可以说"wear a diamond""She worn her hair in a knob behind"等。在现代汉语中，则用"戴"和"穿"两个义位来表示。再比如踢足球、弹钢琴，英语用"play football""play the piano"来表达，也是一个义位。

　　词汇系统中，多义词是主体，多义词的义位被整合归并的过程中也体现了民族性。比如，"脚"在汉语中本义是小腿，后来发展为有脚掌、事物的底部等名词性义位，还有步行的形容词性质的义位，如"脚夫"；英语中则有脚掌、事物的底部、袜底足部（foot bottom）等名词性义位，又有"用脚踏的"（foot rest）"步行的"（foot soldier）等形容词性义位。词的色彩义也同样具有民族性特征。比如，"be in the red"（负债）、"see red"（大怒）、"red in tooth and claw"（残酷无情）等，英语中"red"在很多时候具有贬义色彩。汉语中的"红"则多表示喜庆、积极，具有褒义色彩。

二、义位、义项和义素

　　义位是语义学术语，它是指语义系统中能独立存在的基本语义单位。义位与语音形式的结合体就是词。一般来说，有的词有一个意义，有的词有几个意义。所以通俗地说，词的每个意义就是一个义位。就语言事实而言，词在不同的语境中意义都是不绝对相同的，好比是人不能两次踏进同一条河流。"天真热"是空气热，可以让人流汗，让树木干燥；"饭真热"是食物热、烫，人不能立刻进食；"手真热"，是手部温度高于正常体温，不是干燥，也不会烫人。其中，戴上手套说"手真热"，是手出汗了感到了不适；发烧了说"手真热"，是说病况；拉着女朋友说"手真热"，是说女孩的体表温度高……"热"的这些不同语境下的意义中共有的是"温度高","温度高"就是"热"的义位。我们对"热"的意义进行描写时,实际上,是经历了抽象概括的过程。

义项一般被认为是对意义的分项说明,是词典学术语。引入语义学中释为对词的理性意义的分项说明,这就相当于是义位了。义位和义项本来一个是语义学术语,一个是词典学术语。在词典中,一个义位一般来说等同于一个义项,但也有不同。比如,词典中"窈"一般释为"窈窕",女子姿态美好。这是用"窈窕"的义位来解释"窈",因为"窈窕"是联绵词,"窈""窕"单独不表义。这样,词典中的"窈"就只有义项而没有义位,故二者不是一回事。因此,将义位和义项归入不同的范畴,作明确地区分,更有利于表述问题。

义素是最小的意义单位,又称语义成分、语义特征。就结构而言,从义位中可以切分出义素,所以有人说义素是词的义位的构成因子。比如,"脚"的常用义位是人和动物的腿的下端,用以行走的部分,就可以分析出"人""动物""腿部""下端""用以行走"。通过对比更能发现义素,如相对于"脚","手"的义位就能切分出"人""臂""上端""用以把持"。不过,这些通过切分义位的方式得出的义素还仅仅是部分的,是显性的义素。义素分析的目的是最终能更清晰地描摹词义,或者说是归纳义位。这样看来,义素分析是正确归纳描写义位的基础。隐性的义位在不同的语境中能够得到凸显,如"上去给了他一脚","能踢"的义素就出来了;"别用手,用脚来",增加了"力量大"的义素;"用脚都能写出来",说的是脚比手"笨拙";还有"需要穿上鞋""易出汗""能踩踏""相对脏"等都是附着在"脚"上面的语义特征。这些隐性的语义特征,在特定的环境下就被激活了。无论我们是否能直接感知到义素,它们都是客观存在于词汇单位上面的语义特征。

三、概念义和色彩义

概念义,又叫作理性义,词的概念义(词汇义、命名义、词典义）是指客观事物现象一般属性或本质属性在人的意识上的概括反映，是语义结构的基础和核心。例如："吃"是把食物等放到嘴里经过咀嚼咽下去。通俗地说，概念义就是词典中列出的词义，也是最基本的意义单位义位。没有概念义，词汇就是咿咿呀呀的空壳，也就不会有词产生，更谈不上形成语言。

词的色彩义，也叫作附属义、修辞义、陪义等，是在词汇概念义的基础上形成的，是在言语表达中显现出来的附加义。附属义是在言语表达中为了表现概念义所指称的事物形象、特征，以及言语者表达对这些事物形象、特征的感情、评价和联想而临时产生的。可以说，附属义是隐性义素在言语表达中被激活而临时转化为显性义素，从而使词附有相应的色彩义。一般认为，色彩义包括感情色彩、语体色彩和形象色彩。张志毅、张庆云两位先生在诸位学者研究成果的基础上，归结出属性陪义、情态陪义、形象陪义、风格陪义、语体陪义、时域陪义、地域陪义、语域陪义、外来陪义、文化陪义十种陪义，可以借鉴，我们在这里作简单介绍。

（一）属性陪义

大多数属性陪义，就是"附带的意思"，即词在我们头脑里因为习惯而自然地引起的一切伴生的和次要的印象，是义位的次要理性特征，有的是概念的非重要内涵，是事物的非重要特征。它是跟事物的本质属性相联系的，是非标准的特性，常反映出语言共同体的理性习惯。属性陪义是义位基义之外的边缘义素。例如：

1. 次要的附属的义素

"山"的基义是"地面形成的高耸的部分"，此外还有些次要语义特征：①如山聚集土石之多——人山人海；②如山一样永恒——海誓山盟；③确定不移——铁证如山；④坚定不动摇——执法如山。

2. 转义的背景义

"海"的转义是"比喻连成一大片的很多同类事物"，如人海、火海。"海报"的"海"也是用的这个比喻义，跟"广告"的"广"相比，"海"更具有"面积很广大，数量很多"的背景义。

3. 非重要属性及评价

"木头"的"无灵性","石头"的"不通人情","家"的"温馨","妇女"的"柔弱","羔羊"的"温顺","狐狸"的"狡猾","驴"的"愚蠢","蛇"的"阴毒","狼"的"贪婪、凶残",这些大多属于联想意义,它们一般不包含在辞书的释义中,而感情等陪义常包含在释义中。

4. 特殊的属性陪义——理据义

同一语言的同一事物的不同名称,其语素义跟事物特征的联系不同。汉语的"青蛙"通常被称为"田鸡","田"是说它常生活在田间,"鸡"说其肉味美如鸡;又叫"水鸡","水"是说其常生活在水中、水旁;又叫"长股",说其股长、善跳。《现代汉语词典》给"东床、捉刀、企鹅、首级、针砭、逐鹿、问鼎"等600多个词注明理据,占收词总量的1%。

不同语言所指的事物相同的义位,其不同的语素义跟事物特征的联系不同。

英语的"火车"叫"train",其词根的语素义是"一串、一系列",它跟火车的一系列车厢相联系。日语的"火车"起初叫"汽车",其语素"汽"是跟火车动力用蒸汽相联系。汉语的"火车",其语素"火"是跟火车动力用火相联系。不同语言所指的事物相同的义位,其语素义的结构可能不同。

(二)情态陪义

情态陪义反映的是语言共同体的喜、怒、爱、憎、敬、谦、褒、贬等伴随基义的主观信息。

(1)惋惜:功败垂成、功亏一篑

(2)喜爱:宝宝、蚕宝宝、银燕

(3)亲昵、亲热:小鬼、小家伙、老头儿

(4)厌恶、憎恶:尊容、老头子、充斥、叨叨、伸腿(插足)、花不棱登、花里胡哨(颜色)、滑不唧溜、灰不溜丢、灰溜溜(灰暗色)、鬼子

(5)轻蔑、鄙视:女流、交际花、阿猫阿狗、穷光蛋、穷措大

(穷困的读书人)、可怜虫、土人、戏子、市井之徒、小子（男人）

（6）讥讽、讽刺、嘲笑：夫子（读古书而思想陈腐的人）、裙带、老爷（人民的老爷）、馋猫、钦差大人、守财奴、土包子、冤大头、万事通、狗吃屎（前倒姿势）、窝囊废、佛头着粪、粉墨登场

（7）戏谑：黄毛丫头、独龙眼

（8）斥责：滚（离开）、不识抬举

（9）客气（客套）：挂齿、发福、失陪、劳驾、借光、慢走、留步、屈尊

（10）骄傲（自负）：老娘（已婚妇女自称）、老子

（11）谦虚：不敢当、过奖、老粗、老朽（自称）

（12）尊敬：老兄、屈驾、光临、光顾、请问

（13）委婉、避讳：试想、老实（不聪明）、作古、长眠、洗手间、走水

（14）詈骂：酒鬼、崽子、胆小鬼、号丧（哭）、混账

（15）褒义：无与伦比、风采、效果

（16）贬义：气焰、得宠、嘴脸、贩子、流俗、心术、放空气、高谈阔论、歌功颂德、生财有道、紧锣密鼓

（三）形象陪义

形象陪义是陪义中显现的伴随对象的形、色、音或味等素义。在一个语义场里，有些义位没有形象陪义，有的义位有形象陪义。"房子""住宅""楼房""宫殿""宿舍"等数以百计的义位都没有形象陪义，同一义场中只有"吊楼""摩天楼""蜗居""斗室"等有形象陪义。"伤员""伤兵""伤号"没有形象陪义，"彩号"有形象陪义。有的对象没有形象，反映它的同义的义位却可以有形象陪义，如心潮（心情）、怒火（愤怒）、包袱（负担）。形象陪义的类别主要有如下七种：

形态形象：汗颜（惭愧）、梯田、蘑菇云

颜色形象：彩霞、挂花（战士受伤）、银白、红扑扑

声音形象：啊呀、知了、蛐蛐儿、乒乓球

动态形象：蚕食、爬行（以上表明人的动作形态）、哽噎、沉甸甸（以上表明人的动作感觉）

味觉形象：酸溜溜、甜滋滋、苦森森

嗅觉形象：香扑扑、臭乎乎

触觉形象：冰冷、火热、暖烘烘、硬邦邦、光溜溜

形象陪义受表象、意象制约，因而它有很强的地域性和民族性。

（四）风格陪义

20世纪以来，广义的风格是多元概念，它包括时代风格、地域风格、语域风格、语体（功能）风格、个人（作家）风格、表情风格（多属"情态陪义"）、表现格调风格。这里的风格是狭义的概念，指的是表现格调风格。它是义位因语源、语体、语域、语气、语用以及心理诸多因素形成的，按表意的不同层次的正式程度划分出的典雅、粗俗等附属义。风格的主要类别有以下几类。

1. 正式

高雅、典雅的：弄璋、赧颜、头颅、拊掌、后嗣

庄严、郑重的：协商、神圣、诞辰、宴会、拜会、父亲、头脑、羞耻

2. 非正式

粗俗的：狗屁、浑蛋、老狗、老娘们、老婆子

随便的（不庄重、不郑重的）：大肚子（饭量大的人）、老外、爸、脑袋瓜、害臊、爷们、媳妇儿、拍手

诙谐的：教头（教练员）、哭鼻子、打屁股、玩儿完、玩儿命、打游击（做事没固定地点）、孔方兄、病包儿、铁将军（门锁）、口福、伸腿儿（死亡）

（五）语体陪义

义位在语体类别领域里的常态、最佳分布就是义位的语体属性，由此给定一些义位以一种补充义值，即语体陪义。语体是一个多元概念，受交际方式、手段（媒介）、意向、语境（交际者、情景、时代等）、语域、地域、体裁、题材、话题等诸多因素制约而运用语言

的风格综合类型。语体划分不是绝对的,而是相对的(依据占优势的典型因素)。下面列举的就是相对的语体类型(语体变体,stylistic variety)和义位在其中的常态分布。

1. 标准语体

(1) 书面语体(笔语体)

文学语体(含诗歌、戏剧、小说、散文等),如:麦浪、心潮、翱翔、疾驰、崎岖、悠扬、绿油油。

科技语体(含自然科学、社会科学、政论、工程技术等),如守恒性、变动性、系统性、控制论、信息论、定性、定量、结构、类型、初始、推导、均为、给定、求出、当且仅当、产卵(下蛋)。此外,还用一些文言单音义位:尚、均、置、设、则、若、皆、因、故、且、亦、其。

应用语体(含公文、法规、广告、书信等),如:呈报、当否、报批、批转、转发、审示、附件、便条、条据、启事、兹有、特此;来函收悉、迟复为歉、日后面谢、大安。

一般书面语体,如下榻(住宿)、邂逅、造访(拜访)、问鼎。

新闻语体,如消息、通讯、评论员、社论、短评、按语、报道、新闻、电讯、广播、播放、直播、解说词、新闻稿。

(2) 口头语体(含谈话、讲话、讨论等,这里侧重随便谈话体)

例如:

下巴颏儿(颏)、下半晌(下午)、下辈子(来世)、下生(出生)、虫牙(龋齿)、傻瓜相机(平视光学取景自动或半自动相机)、糯米纸(食用孢糖纤维纸)、吓唬(恐吓、恫吓)、棒、帅(好、漂亮等)、没治(好极了)、次(差、不好)、麻利(敏捷)、搭腔、耷拉(下垂)、大伙儿(大家)、忙乎(忙碌)、下劲(使劲)、打盹儿(瞌睡)、遛弯儿、遛早儿、溜达(散步)、拉扯(抚养)、拉倒(作罢)、给(给予)。

2. 非标准语体

(1) 方言土语语体,如东北方言:夜猫子(猫头鹰)、磕碜(丑)、浪(美)、卡楞子(傻子)等。

(2) 文言古语语体，如加冠、登科、千金、家父、斋戒、出恭等。

（六）时域陪义

语言整个义位系统始终处于吐故纳新、新陈代谢。这种变动性规定了义位在时间轴上的位置，这就是义位的时间属性，由此义位便产生了一种补充义值，即时域陪义。按时间层次，义位划分为：历史义位、文言义位、近古义位、旧义位、现代义位、新义位。

现代义位，是现代通用的，其时域陪义没有特色，不必论述。

历史义位，指历史上一度存在过的义位，其所指早已消亡，保存在历史文献或叙写历史和外交的现代书面语里。例如：有巢氏、炎帝、禅让、殷商、宰（手工业奴隶）、冢宰（管宰的大官）、诸侯、采邑、册立、分封、皇帝、不毂、寡人、宰相、科举、宾天（驾崩）、长矛、盾牌、驿站、凌迟。

文言义位，也叫古义位，基义所指仍在，能指早已消亡，后有能指及其义位取而代之，具有古雅陪义。例如：布衣（平民）、苍生（老百姓）、黉门/庠序（学校）、首（头）、面（脸）、足（脚）、罟（网）、舟（船）、冠（帽）、犬（狗）、饮（喝）、食（吃）、行（走）、视（看）、曰/云/谓（说）、闻（听）、惧/畏（怕）、窃（偷）、吾侪（我们）、汝（你）、此（这儿）、颇/甚（很）、何其（多么）、均/皆（都）、将（把）、故（所以）、方（才）。

近古义位，这里指早期白话义位，即唐宋时期至五四运动前书面上使用的口语义位，现在大多不再使用。多见于当时的小说、话本、语录、戏剧作品等。例如：洒家（我）、头领（首领）、在下（自称）、探子（侦察兵）、浑家（妻子）、小可（自称）、造饭（做饭）、镇日（整天）、老身（老太太自称）、好生（很）。

旧义位，即将消亡或消亡不久的义位，许多人还记得它们的意义，但是现代不通用，只有叙写现代早期社会生活时才用得着，具有陈旧陪义。例如：学堂（学校）、报馆（报社）、水师（海军）、通事/通译（翻译）、兵丁/兵卒/兵勇/老总（士兵）、伶人/戏子（演员)、堂信（招待员）、买卖人（商人）、伙计（营业员/服务员）、茶房（供水的招待员）、剃头匠（理发师）、民众（人民）、洋火（火柴）、洋布（机织布）、洋行（外国商行）、洋铁（镀锡/锌铁）、薪水（工资）、关饷（发工资）。

新义位，指具有新鲜感的、进入词汇系统不久的、已被许多人公认的义位，或其所指新，或其表达法（expression）新。新义位随着产生时间的长短，新鲜感由强到弱。这里仅以新时期的义位为例。例如：微博、微信、高铁、电商、中国梦、一带一路、冰雪经济、数字人、数字藏品、场所码、精准防控、雪糕刺客、大数据、大湾区、大语言模型、人工智能、量子计算、脑机接口、数据要素、智慧城市、碳足迹、柔性制造、再生稻、可控核聚变。新义位的使用，应该适合它们的时代语境和情景语境。

（七）地域陪义

地域陪义，这里专指语言的地方变体的附属义，它是共同语的元气源泉、生命源泉。语言的历时轨迹常在方言中有投影。在地域义位的基义和陪义的视角下，有四类义位值得注意。

（1）义位的基义反映方言区独有的事物，而且具有显著的文化意义，不仅是方言区的文化标记，而且也是民族、国家独特的文化负荷。例如，茅台、龙井、荔枝、龙眼、龙舟，等等，它们早就进入民族共同语，因而它们没有方言陪义。

（2）一些方言义位早已进入民族共同语，长久的时间冲刷掉了它们的方言陪义。例如，搭档、扯皮、带劲、拉倒、龌龊、雪糕、货色、名堂、把戏、尴尬、晓得、垮、搞、打交道、出洋相、夹生饭、二流子，等等。《现代汉语词典》对这类义位也不标注〈方〉。

（3）进入民族共同语不很久的义位，还保留方言陪义。例如，老财、噱头、近乎、节骨眼、娘儿们、亭子间、蹩脚、筋道、坍台、砸锅、磕巴、啥、靓、侃大山、打摆子、阿猫阿狗，等等。

（4）通行的方言区较广，未进入民族共同语的义位，有较浓重的方言陪义。例如，阿拉、侬、阿公、阿婆、俺、绢子（手绢儿）、恁地（这么、那么、怎么）、白相（玩）、卖底（泄密）、嫩生（嫩，不成熟）、甭、孬，等等。

（八）语域陪义

从社会语言学三个角度，语域陪义可以划分出三种语域变体。

（1）从社会群体角色（或同行，或同爱好，或同性别，或同龄段等）角度，得出社团语言变体，如教师语言、律师语言、医生语言、集邮者语言、影迷语言、妇女语言、儿童语言。

（2）从社会行业角度，得出行业语言变体（主要是术语），如法律语言、商业语言、政治语言、外交语言、军事语言、新闻语言、宗教语言。

（3）从社会环境角度，得出环境语言变体，有人称之为"话语场"，如家庭场（语言）、学校场（语言）、战争场（语言）、公关场（语言）、日常场（语言）。

一个语域（如外交）可能包括几种语体（如外交论文、国书、条约、公报、声明、照会、函电、祝酒词、讲演等）。语域之下有次语域（subregisters），如学校教育语域下有课堂讲授、课堂讨论、课下谈话等。义位在上述语域里的常态分布是义位的语域属性，由此给定了义位的一种补充义值，即语域陪义。请看下列实例：

1. 法律语域的义位

配偶、前科、伙同、刑事、民事、公诉、上诉、申诉、抗诉、判处、判决、裁定、证据、逮捕、拘捕、拘留、辩护人、辩护词、代理人、代理词、免予起诉、免除刑罚、无罪释放。

2. 商业语域的义位

商品、热门货、抢手货、紧俏商品、处理品、畅销、滞销、经销、展销、促销、出售、零售、批发、购买、收购、选购、邮购、价格、廉价、涨价、降价、削价、顾客、专柜、光顾。

3. 外交语域的义位

元首、国王、陛下、女王、亲王、殿下、太子、外长、使节、大使、公使、特使、信使、代办、总领事、领事、使馆、领事馆、领事区、驻在国、派遣国、国书、阁下、条约、照会、复照、备忘录、豁免、特权、坦率交谈（隐含分歧）、关注（将有强硬态度或措施）、官方消息、最后通牒、替罪羊、橄榄枝。

（九）外来陪义

除基义之外还有外来陪义，这里所说的外来陪义，是指下列三类义位。

1. 借音译而转换来的义位

（1）音意兼借，音译隐含意译，选用能兼表意的汉字作为音译字，循音赋意，其中包括"美好音译法"。例如：

index——引得

mini——迷你

Utopia——乌托邦

TOEFL——托福

Coca－Cola——可口可乐

totem——图腾

（2）借音＋借意。例如：

Wall Street——华尔街

ice cream——冰激凌

Hellenism——希腊主义

Wendy house——温迪之家（儿童游戏室）

（3）借音＋类名。例如：

car——卡车

hamburger——汉堡包

card——卡片

jeep——吉普车

hippy——嬉皮士

Gypsy——吉卜赛人

2. 借音而转来的义位。例如：

disco——迪斯科

bus——巴士

copy——拷贝

taxi——的士

3. 借形而转来的义位，例如：

三 C 革命（通信网络化、计算机化、自动控制化）、卡拉 OK、VCD 光盘、BASIC 语言。

DNA（脱氧核糖核酸）、MTV（音乐电视节目）、CPU（计算机中央处理器）、CAD（计算机辅助设计）。

外来陪义能够被时间冲淡。借入越早，外来陪义的程度越淡，甚至可以被冲淡到无的程度。上古汉语借入的"骆驼""猩猩""琵琶""葡萄""石榴""狮子"，17 世纪徐光启翻译欧几里得的"几何"，甚至连 20 世纪翻译的"绷带"等的外来陪义都早已消失了。《现代汉语词典》不再给它们注明语源。

（十）文化陪义

这里指基义所附带的文化象征义。这是义位的民族性表现之一。带文化象征义的义位在汉语里有近万个，《汉语国俗词典》收录了3000 多条，如"玫瑰"在汉语中的文化陪义是象征爱情，有时也用它表示对生日的祝贺。英语的对应词"rose"则又象征天真、美丽等，而且上升为基义。

陪义是在使用中被凸显出来的，有时候一个语境下得到凸显的陪义不止一个。比如，开完笑说："你这个猪猪。"这里面包含着属性陪义"懒或笨"，情态陪义"可爱或不满"，风格陪义"口头风格"等。了解陪义对于深刻认识词义，准确理解词义，都是非常有帮助的。①

四、本义、引申义和基本义

词的本义，是造词之初的意义，是最早与语音形式结合的义位。比如，"口"是人和动物的饮食器官；"包袱"，是用布包起来的包

---

① 张志毅，张庆云. 词汇语义学（第 3 版）[M]. 北京：商务印书馆，2012：36—54.

儿。我们现在说的本义，有时是一个相对的概念。语言产生的时间要远远早于文字，从字形所判断的有时候是词的本义，有时候又很难说清楚。比如，"鸣"是鸟叫声，可能一开始这个语音形式就是指鸟叫，也不排除用鸟作为典型代表动物的鸣叫。说"解"的本义是分割牲畜的身体，最初表示分割牛的身体也说不定。不过，至少我们能够粗略地理出谁先谁后。

在本义基础上产生的意义是引申义。下面以"口"为例：

①人和动物的饮食器官。
②出入通过的地方：门口，海口。
③特指港口，也特指长城的关口：转口，出口转内销，口外，古北口。
④行业；系统；专业方向：对口支援，文教口，专业不对口。
⑤容器与外面相通的部位：碗口儿，瓶子口儿。
⑥指人口：户口，拖家带口。
⑦指口味：口重。
⑧破裂的地方：裂口，疮口。
⑨刀剑等的锋刃：刀卷口了。
⑩骡、马、驴等的年龄（因可以由牙齿的状况判断）：这匹马六岁口。
⑪量词：用于人，也用于某些家畜或器物：三口人，一口猪，两口缸。

②—⑪的10个义位并不是同时产生的，②⑤⑥⑦⑧⑨⑩是直接由本义发展而来的引申义，叫作直接引申义；③④是在②的基础上间接产生的，⑪是在⑥的基础上间接产生的，叫作间接引申义。从历时的角度来说，本义是最早的义位，引申义是陆续产生的；从共时的层面而言，容易发展出新的意义的未必是本义。就现代汉语而言，"口"的②和⑤两个义位因为更常用，所以提到"口"就自然会引起联想，进而在诸多义位中，发挥了为"口"归并新的义位的作用。这个"当家"的义位，一般叫作基本义。从共时的层面说，基本义承担了本义（有的基本义就是本义）或基本义产生之前的某个

义位的职责。从基本义发展而来的意义也是引申义，也有叫作转义的。

第三节　词汇与语文教学

语文教学中的词汇教学主要涉及两个方面。我们的语文教学是从识字开始的，可以说识字贯穿基础教育乃至高等教育的全过程。这个过程中，达到一定的文字积累后才开始进行简单的阅读、组词造句和写作训练。词汇的积累和运用尤为重要，这是词汇教学的第一个方面。第二个方面是词义教学。因为词汇的积累和运用也包括词义的积累和运用，所以词义教学可以看作是积累和运用的基础，二者相辅相成。实际上词汇的积累和运用与词义教学密不可分，二者可以看作是一个问题的两个方面。我们这里分开来说是为了便于说明问题，也是为了引起关注。在词汇的积累和运用方面，我们主要介绍同义词辨析和成语的运用两个问题；词义教学方面，重点介绍隐喻和转喻、同步引申及影响生义三个词义衍生途径。

一、同义词辨析

在实际的语言运用中，绝对的同义词是不存在的，因为不符合经济性原则，所以我们所说的同义词指的是概念意义相同、相近的一组词，如"察""看""望""见"与"希望""期望""渴望"等。同义词的差异体现在以下几个方面：

（一）词义的程度不同

词义的轻重指的是同义词概念义的高低、强弱和轻重的差异。例如：

（1）相信：认为真实、正确、确实而不怀疑，如"相信对方""相信真理""相信你的话"。

确信：坚定确实地相信。

（2）爱好：对某种事物具有浓厚的兴趣。

嗜好：特别深的或特殊的爱好。
（3）批评：对事物加以分析比较，评定其是非优劣。
批判：对事物（一般指错误的思想、言论或行为）批驳否定。
（4）失望：感到没有希望，失去信心。
绝望：毫无希望。一般指对某种事物完全失去了信心。

（二）词义的范围不同

词义的范围指的是词所表示的概念义的外延。范围不同体现在概念外延的大小的差异上，如包含与被包含、个体与集体等。

（1）车：陆地上有轮子的交通运输工具。
车辆：泛指所有的车。
（2）天气：指在较短时间内特定地区的大气状况。
气候：指一个地区大气的多年平均状况，主要的气候要素包括光照、气温和降水等，其中降水是气候的一个重要因素。
（3）财产：拥有的金钱、物资、房屋、土地等物质财富。
财富：指具有价值的东西，包括自然财富、物质财富、精神财富等。
（4）品质：物品的质量。
性质：事物本身所具有的与其他事物不同的根本属性。

（三）词义的侧重点不同

词义着重点不同，体现在表达同一范畴的内容时，同义词关注的是不同的方面。例如：

（1）诡辩：着重在"诡"，即欺诈、怪异，就是用欺诈的手段、奇怪的言辞辩护。
狡辩：着重在"狡"，即不老实、耍花招，狡猾地为自己的错误言行辩解。
（2）陈旧：着重在"陈"，强调时间长，意谓事物、观念等过时。
破旧：着重在"破"，因破损、破烂而旧。
（3）替换：着重在"替"，是更替调换。

交换：着重在"交"，是彼此之间把自己的给对方。

（4）珍贵：着重在"珍"，稀有贵重。

名贵：着重在"名"，因出名而贵重。

另如，"才智"着重指有智慧，有分析、判断和创造能力，"才干"着重指工作能力强，等等。

（四）适用对象不同

有些同义词，适用对象有上下、内外之别，有长幼、性别之分，选用哪个词要看说听双方的身份、地位。例如，"爱戴"用于对上级、长辈，"爱护"用于对下级、小辈；"赡养"用于长辈，"抚养"用于晚辈。同样称呼父母、子女等，"令尊""令堂""令爱""虎子"等只能用于指听话人的亲属；"家父"是说话人称呼自己的父亲，"先父"是说话人称呼已过世的父亲。又如，同样表示年龄，"年纪""岁数"用于一般人，"高寿""贵庚"适用于老年人。"玉照""玉体""丰满""贤惠"等用于女性，"粗犷""强壮""阳刚""威猛"等用于男性，等等。

（五）词义色彩不同

色彩义属于附属义，前文我们已经介绍了十种附属义，这里为了便于说明问题，从感情色彩、语体色彩和形象色彩三方面加以说明。

1. 感情色彩

感情色彩是词义中概念义上的人的主观评价，或褒扬或贬斥。例如：

褒义词：俊俏　勇敢　团结　喜爱　聪明　乐观　爱护　鼓励

贬义词：丑陋　懦弱　勾结　溺爱　愚蠢　悲观　庇护　挑唆

多数词汇没有明显的褒贬色彩，如"联合""保护""支持"等，一般称之为中性词。

2. 语体色彩

语体色彩体现在书面语和口语的差异上，实际上涵盖了文白雅俗、通语方言、正式和非正式等多方面内容，与前面我们提到的语体陪义、风格陪义、时域陪义、地域陪义、语域陪义等有关。例如：

书面色彩：孔　士气　出租车　医生　娱乐　妻子　美丽
口语色彩：窟窿　劲头　的士　大夫　玩耍　老婆　好看

语体色彩具有相对性。比如，"头颅"相对于"脑袋"具有书面语色彩，"脑袋"相对于"脑袋瓜子"也具有书面语色彩。在使用的过程中，需要基于语境作出合理的选择。

3. 形象色彩

词义能刺激人的眼、耳、口、鼻、舌身引起感性反应，视觉、听觉、味觉、触觉等方面产生相似或相关联想。这就是附着在概念义上的形象色彩义。例如：

红——火红　血红　桃红　绯红　红艳艳　红彤彤
羞愧——汗颜　脸红　羞赧　赧赧　汗下
苞米——包谷　玉米　珍珠米　棒子

具有形象色彩的词，或者直接以比喻手段构成，或者是词的比喻、借代用法形成了派生义。另如，"男子""须眉"，"青蛙""田鸡"，"晚霞""火烧云"，"嫉妒""眼红"，"小偷""三只手"等。

（六）语法上的差异

同义词的语法差异，体现在词的性质和功能以及组合关系上。

1. 词性和句法功能不同

同义词是基于概念义而形成的，汉语中概念义相同的词一般性质也相同。但意义不等于语法，有些意义相同相近的词词性却不同，进而句法功能不同。但也有些同义词词性不同，因而句法功能也不一样，如"突然"和"忽然"，前者是形容词，可作定语、状语，后者是副词，只能作状语；"难题"和"困难"都可以用来表示"不容易解决的问题"，在这个意义上是同义词，然而，前者是名词，后者则既是名词又是形容词，除了可以充当主语、宾语外，还可以作定语、谓语等。另如：

忽然——突然　偶然——偶尔　常常——经常　刚刚——刚才
必须——必需　充分——充足　掌握——把握　女子——女人

125

2. 搭配功能不同

这一类同义词的差别，主要体现在与别的词的组合关系上，它们各有比较固定的搭配对象，彼此不能混用。例如，"改善""改正""改进""改良"这一组同义词，搭配对象就各不相同，"改善"常与"关系""生活""条件"搭配，"改正"常与"缺点""错误"搭配，"改进"常同"工作""方法""技术"搭配，"改良"常同"品种""产品""土壤"搭配。又如：

发扬——优点、传统、作风　　发挥——优势、作用、干劲
交流——思想、经验、文化　　交换——意见、看法、资料
侵犯——主权、利益、领空　　侵占——土地、领土、财产
扩大——范围、面积、生产　　扩充——人力、实力、军备

以上介绍的，是同义词差别的常见情况。不过，一组同义词的差别实际上是多方面的，辨析同义词要多方面综合分析。例如，"死"和"逝世"，既有适用对象的不同，也有感情色彩上的不同，语体风格也有差异。二者功能也不一样，因为"死"除了有述语功能外，还可充当定语、状语、补语，"逝世"只能充当谓语；同样作为动词，"死"可以带宾语，"逝世"不能带宾语。从适用对象看，"死"可用于人、动物、植物，适用面广；"逝世"只能用于人，而且还是上年纪、有一定社会地位的人，适用面窄。

实际的语言运用中，我们所面对的是同义词的选择问题，而在教学中就是辨析的问题。与一般意义上的理论分析不同，在实际的运用和辨析中，同义词的差异性需要结合具体的语境来判断。例如：

①人为什么要读书呢？书，可以_____沉睡的心灵，可以引领迷茫的灵魂。一本好书，就是一个崭新的世界。读艾青的诗歌，我坚定了不断前行的信念；读史铁生的散文，我鼓起了直面人生的_____。

　　A. 浸润　劲头　　　　B. 启迪　士气
　　C. 震撼　喜悦　　　　D. 唤醒　勇气

"浸润""启迪""震撼""唤醒"从广义上来说，都具有对事物产生影响的意味，如果是"心灵"，四个词都可以搭配。"沉睡的心

126

灵"则不同，需要"唤醒"，这体现的是搭配上语义的选择性，却不是一般所说的固定搭配。"鼓起"和"勇气"之间就是固定搭配，"士气"则是需要"鼓舞"和"振奋"的。因此，D是正确的选项。

②孔子说："勇者不惧。"不惧的，是跌跌撞撞后的_____。孔子说："君子有畏。"畏惧的，是发人深省的圣人之言。由此观之，真正的勇士，不是只知_____的莽夫，而是怀有一颗_____却不畏惧披荆斩棘的拓荒者。

  A. 千疮百孔　横冲直撞　悲悯之心
  B. 遍体鳞伤　横冲直撞　敬畏之心
  C. 遍体鳞伤　勇往直前　悲悯之心
  D. 千疮百孔　勇往直前　敬畏之心

"跌跌撞撞"的结果凸显的是身体受伤，不可能是"千疮百孔"；因为"莽夫"的色彩决定了与之搭配的词语的色彩，所以是"横冲直撞"；"却不畏惧"就是意味着有畏惧，结合"发人深省的圣人之言"，所以是一颗"敬畏之心"。因此，B是正确的选项。

③"锦绣潇湘"是一曲岁月咏叹。时光积攒了历史的厚重，文化则浸染成一种地域灵魂。在这里，你能_____2000多年前秦始皇建立县制的岁月留痕，能_____到4000多年前上古帝王南巡九嶷的神奇行踪，更能_____出12000年前玉蟾岩飘出的缕缕稻香。

  A. 触碰　探求　品位　　B. 触及　追寻　品位
  C. 触及　追寻　品味　　D. 触碰　探求　品味

触碰，接触、触摸某物。事物一般比较具体，词义侧重于接触；"触及"强调接触到、涉及，与之搭配的宾语往往是意义相对抽象的名词，被接触的事物和接触行为之间有一个距离，这个距离或是空间上的，或是时间上的。2000多年前的印迹，需要"触及"。"追寻"的是具体的人或物，"探求"的一般是抽象的规律、道理等，所以，追寻"神奇行踪"合理。"品位"和"品味"，是一对同音词，前者为名词，后者是动词，可以接宾语。因此，正确选项是C。

④无论是昔日的五连冠，还是如今的一次次绝地反击，中国女排都_____了为国争光、顽强拼搏的中华体育精神。女排精神是

· 127 ·

体育人为中华民族奉献的_____精神财富，是新时代中国精神的具体体现。我们相信女排精神必将代代相传，_____中国人民不断书写新的传奇。

　　A. 传承　宝贵　鼓舞　　B. 传承　贵重　鼓动
　　C. 传达　宝贵　鼓动　　D. 传达　贵重　鼓舞

　　"传承"和"传达"的对象不同，精神、学问、技艺等需要传承，消息、文件等需要传达。二者的侧重点也不同，"传承"侧重继承发扬，"传达"侧重信息传递。用组词法分析"承"和"达"字的意思。承：承接，承前启后，承袭。达：达到，练达。"贵重"侧重价值，"宝贵"侧重不容易得到，价值大。二者侧重点不同，程度不同。"贵重"作为定语修饰中心语时，需要加上一个"的"，"宝贵"相对自由，可加，可不加。"鼓舞"和"鼓动"的区别主要在色彩上，后者具有贬义的色彩。因此，正确选项是 A。

　　同义词是汉语词汇丰富性特点的体现，正因为汉语拥有发达的同义词，才使汉语的表达丰富多彩。实际的语言运用中，人们根据表达的需要自由选择同义词，以准确地、贴切地交流思想，实现有效沟通。同义词的教学，一是静态的"同义词辨析"，把同义词之间的差别讲清楚、说明白，使学生对同义词的不同方面有一个了解，对同义词的差异性有总体的认识；二是动态的同义词选择练习，在不同语境中选择正确的词汇，从而更深刻地理解同义词之间的差异，提升语言运用能力。

二、成语教学

　　讲述成语是科学地将成语中蕴含的内容，特别是传统文化中的精华部分分析表达出来。同时，分层级地传授成语学习技巧，推及至诗词和经典篇章，实现举一反三，是进行传统文化教育的首要途径。

　　（一）认字辨音

　　成语讲授的第一层级便是认字辨音。成语中的每个词（也可以叫作字）的读音都是需要强调的，基础教育阶段的语文教学中，识

第二章 词汇和词汇教学

字是重要的内容。正确地传授字音是对执教者的最低要求。这里，只是需要一部最新版的《现代汉语词典》罢了，遇到读音读不准的字查一查。而有些字音是需要一些解释的工夫，如"读书百遍，其义自见"，注音为"dú shū bǎi biàn, qí yì zì xiàn"。"见"通常是jiàn音，表示看见，而这里读音是xiàn，就必须告诉孩子们，它就是出现的"现"。例如：

董遇字季直，性质讷而好学。人有从学者，遇不肯教，而云"必当先读百遍！"言："读书百遍，其义自见。"从学者云："苦渴无日。"遇言"当以'三余'。"或问"三余"之意，遇言"冬者岁之余，夜者日之余，阴雨者时之余也。"（《三国志·魏志·王肃传》）

"见"在《三国志》产生的西晋时期，还表出"现"义。"见"的主动义看见，音为jiàn；自动义出现，音为xiàn。另如，"风吹草低见牛羊"，不是人主动要看牛羊，而是草低了牛羊自己出现在人的眼前。这些是教师需要知道的，并根据实际情况在教学中适当地把相关信息传递给学生。

成语中的有些字容易读错。这些字，有的现代罕用，一般只出现在成语中，有的是多音多义字，在成语中的读音与在其他地方时不同。例如：

草菅（jiān）人命	无声无臭（xiù）	卖官鬻（yù）爵
鳞次栉（zhì）比	不着（zhuó）边际	一丘之貉（hé）
爱憎（zēng）分明	安步当（dàng）车	惩（chéng）前毖后
不无裨（bì）益	处（chǔ）心积虑	垂涎（xián）三尺
安土重（zhòng）迁	暴殄（tiǎn）天物	百年偕（xié）老
不屈不挠（náo）	不省（xǐng）人事	不屑（xiè）一顾
称（chèn）心如意	乘（chéng）风破浪	痴（chī）心妄想
嗤（chī）之以鼻	大腹便便（pián）	大肆渲（xuàn）染
大模（mú）大样	殚（dān）精竭虑	胆战（zhàn）心惊
拈（niān）轻怕重	丢卒保车（jū）	顿开茅塞（sè）
咄咄（duō）逼人	反璞（pú）归真	风驰电掣（chè）
风尘仆仆（pú）	风靡（mǐ）一时	觥（gōng）筹交错

负隅（yú）顽抗　　刚愎（bì）自用　　呱呱（gū）坠地
汗流浃（jiā）背　　涸（hé）泽而渔　　花团锦簇（cù）
诲（huì）人不倦　　混淆（xiáo）是非　　济济（jǐ）一堂
桀骜（ào）不驯　　踽踽（jǔ）独行　　良莠（yǒu）不齐
绿（lù）林好汉　　弥（mí）天大罪　　民脂（zhī）民膏
模棱（léng）两可　　泥（nì）古不化　　丢三落（là）四
怒不可遏（è）　　牵强（qiǎng）附会　　排忧解难（nàn）
否（pǐ）极泰来　　气息奄奄（yǎn）　　强（qiǎng）人所难
翘（qiáo）足而待　　情不自禁（jīn）　　如法炮（páo）制
乳臭（xiù）未干　　色厉内荏（rěn）　　歃（shà）血为盟
胜券（quàn）在握　　恃（shì）强凌弱　　提纲挈（qiè）领
挑拨离间（jiàn）　　同仇敌忾（kài）　　温情脉脉（mò）
相形见绌（chù）　　枵（xiāo）腹从公　　心广体胖（pán）
相（xiàng）机行事　　兄弟阋（xì）墙　　徇（xùn）情枉法
偃（yǎn）旗息鼓　　杳（yǎo）无音信　　一唱一和（hè）
一抔（póu）黄土　　一曝（pù）十寒　　衣（yì）锦还乡
有恃（shì）无恐　　鹬（yù）蚌相争　　自怨自艾（yì）
数（shuò）见不鲜（xiān）　　臧（zāng）否（pǐ）人物
瞠（chēng）目结（jié）舌　　沆瀣（hàng xiè）一气
独辟（pì）蹊（xī）径　　怙（hù）恶不悛（quān）
酩（mǐng）酊（dǐng）大醉　　佶（jí）屈聱（áo）牙
宁（nìng）缺毋（wú）滥　　为（wèi）虎作伥（chāng）
奴颜婢（bì）膝（xī）　　妄自菲（fěi）薄（bó）
锲（qiè）而不舍（shě）　　望风披（pī）靡（mǐ）
蚍蜉（pí fú）撼树

认字辨音的过程还包括成语单词的字形问题，生僻字和形近字容易书写错误。比如，"草菅人命"中的"菅"与"管"易混淆；"沆瀣一气"中，"沆瀣"就不易记、不易写。

（二）说文解字

第二个层级我们称之为"说文解字"。《说文解字》是我国第一部字典，作者是东汉的许慎，这里是借用。"说文解字"就是古人所说的"详训诂，明句读"的问题，浅白些说便是解释意义的问题。成语的意义，是由表及里、表里合一的整体。单个的词义是理解整体意义的基础，整体意义的获得，更能强化对个别词义的记忆，如"言而有信"，"信"是守信用，实践诺言，成语的意思是人说话靠得住，说到做到。说到做到，就是诚实，讲信用。反过来，便能强化学生对"信"的理解和记忆。这还不算结束，一个"信"的学习，我们应该教会学生推及其他，"信守承诺""言必信，行必果""背信弃义""信誓旦旦""讷直守信"等中的"信"都是诚实，讲信用的意思。"信"在现代汉语中的常用义是相信，如"半信半疑"，是一半相信，一半怀疑。另如，"难以置信""兼听则明，偏信则暗""信以为真""意忌信谗"之"信"皆为此义。"信"又有随意、任意之义，如"信口开河"即随口乱说，"信马由缰"是骑马人听任马毫无目地游走。"信"亦为书信、信息，如"通风报信"，即透漏信息。"信"还有不常见的果真、确实之义，如"信而有征"，出自《左传·昭公八年》："君子之言，信而有征，故怨远于其身。"信，确实；征，证明，真实有凭据，形容事情有凭有据，真实可信。这样的一番讲解下来，对"信口雌黄""深信不疑""尽信书不如无书""将信将疑""言而不信""言信行果""笃信好学""十室之邑，必有忠信""贞信之行""信嘴胡说""威信扫地""言而无信""姑妄信之""去食存信"等系列成语意义的理解也就不是什么困难的事情了。

  成语是在历史发展过程中逐渐定型化的，其中的词义往往保留的是历史上某个时期的意义。特别是成语中的词一般是定型时代的常用词，常用词的常用义处在动态地演变中。现代汉语中的常用义与成语中的词义多数不同。如果用今义去理解，便不能够准确理解成语意义，不能正确使用成语。教学中，我们要特别关注这类成语，准确分析词义。例如：

  天：无法无天（天理）、人定胜天（大自然）、刑天争神（"刑天"是神话人物，"天"是头）。这里的"天"都不是天空。

  去：去国怀乡（离开）、去天尺五（距离）、去伪存真（舍弃、摆脱)。这里的"去"不是趋向动词,"到……去"。

亡:亡羊补牢(丢失)、名存实亡(消失)、国破家亡(毁灭)、亡命之徒(逃跑)。这里的"亡"都不是死亡。

名:莫名其妙(说出)、不名一钱(占有)、出师有名(理由)。这里的"名"都不是名称、名字。

穷:穷途末路(尽头)、皓首穷经(尽)、穷凶极恶(极)、人穷志短(处于困境)。这里的"穷"都不是贫穷。

汤:赴汤蹈火(热水)、换汤不换药(汤剂)、固若金汤(汤池,沸热的护城河)。这里的"汤"都不是现代的菜汤。

卒:卒擅天下(最终)、不忍卒读(结束)、卒极之事(突然、出乎意外,后作"猝",读音为 cù)。这里的"卒"都不是士兵。

另如,"耳闻目睹"的"闻"由听觉转义为现在的嗅觉;"独树一帜"的"树"由表示种植、树立的动词发展为树木义的名词,等等。利用文字学的知识可以解决一些问题,"闻"从"耳"和听有关;"息息相关","息"从自、从心,与鼻子相关,是人呼吸的气。教学中教师应该关注成语中词的常用义,综合运用词汇学和文字学知识,能够提高教学效率。

这里,我们需要特别注意的是成语的意义一般是结构单位意义的抽象化的结果。这个抽象化,一般经历了隐喻,隐喻不是单个构成成分的隐喻,是成语的构成单位意义整体发生了隐喻,由一个概念域投射到另一个概念域。比如,"画蛇添足",构成单位义是画蛇的时候添加了脚,比喻的却是做了多余的事,非但无益,反而不合适。于是,成语的表面义和实际意义相差较远,成语中的词义和抽象后的整体义有联系但一定相同。因此,我们千万不能够拿抽象后的成语的实际意义,来反推成语中的词的意义,一般来说都不能获得正确的意义。比如,"画蛇添足"中的"足"就不是多余事的意思。另如:

逆道而驰:表面指行路时向着相反的方向奔驰,形容背离正确目标,朝反方向走。"道"是道路,不是目标和方向义;"驰"是驱车快行,奔驰,不是一般意义上的"走"和做事情。

第二章 词汇和词汇教学

川流不息：表面指河水流个不停，形容行人、车马很多，来来往往不停。"川"是河流，不是人、车辆、船只等。

东施效颦：表面义是东施模仿西施皱眉头，比喻模仿别人不但模仿不好，反而出丑。"颦"是皱眉，不是做事情。

垂涎三尺：指嘴边挂着三尺长的口水，形容嘴馋到极点。亦形容羡慕到极点，极想据为己有。"涎"是口水，"垂涎"是流口水，成语中不是羡慕人的样子。

锲而不舍：表面义是不断地镂刻，比喻有恒心，有毅力，努力不懈，坚持到底。"锲"是雕刻，不是努力做事情。

为虎作伥：表面义是伥鬼常引诱人来给老虎吃，比喻给坏人当帮凶。"伥"是伥鬼，不是帮凶义。

另如，"子虚乌有"表面义指汉代司马相如《子虚赋》中的两个人物，引申义指虚假的、不存在的东西。"东窗事发"，表面义指秦桧谋害岳飞的事暴露出来了，今指罪行被揭露，案子揭发出来了。如果不弄清楚来源和意义，成语在运用中就会出现错误。

（三）溯典明理

第三个层级我们称之为"溯典明理"。这里包括两个层面的内容：一是追溯成语典故。成语中的典故有的是经典故事，有的是神话传说，有的是对原典语句的截取。追溯成语的前世今生是学习成语的必要环节。所谓前世今生，实际上就是为成语建立成长档案，建立古今的联系。当然，我们不可能说清每个成语在历史上的演变过程，也没有必要勾勒成语的发展史，但至少追本溯源是应该的，一般情况下也是可以做到的。追溯一个成语的典故，确定它的"家庭背景"并不很难。现在通行的成语词典、大型的语文辞书基本上已经能够满足我们的需要。作为教师，需要我们做到的就是搬运工的工作。比如，"郑人买履"是先秦时代的一则寓言故事，出自《韩非子·外储说左上》。其原文为：

郑人有欲买履者，先自度其足，而置之其坐。至之市，而忘操之。已得履，乃曰："吾忘持度。"反归取之。及反。市罢，遂不得履。人曰："何不试之以足？"曰："宁信度，无自信也。"

这是"郑人买履"的原典，它既是一个成语，也是一则寓言，主要说的是"郑人"因过于相信"尺度"，而买不到鞋子的故事，揭示了"郑人"拘泥于教条的心理和习惯。这则寓言讽刺了那些墨守成规的教条主义者，说明因循守旧，不思变通，终将一事无成。低年级的同学，我们直接讲述小故事即可，与孩子们一起指出故事中"郑人"的荒谬之处。针对高年级的同学，我们可以先引原文，培养学生文言的感知能力，然后再提供翻译后的白话文。

　　二是说明成语所蕴含之理。"理"是"常理"和"伦理"之统称，前者是生活中的一般道理，后者是道德层面的人际关系，即人伦道德之理。"郑人买履"的事情，在现实生活中是不容易见到的，而实际上在处事的过程中，人们却常常不从实际出发，只相信书本上的教条和以往的经验，结果做出荒谬的事情。另如，"因噎废食"出自："夫有以噎死者，欲禁天下之食，悖。"（《吕氏春秋·荡兵》）

　　原意是说，因为有人吃饭噎住了，索性连饭也不吃了，禁食天下所有的食物，比喻要做的事情由于出了点小毛病或怕出问题就索性不去做。试问天下哪有因为进食时被噎住就不再吃饭的人呢？当然没有，否则满足不了最基本的生理需要。不过，生活中"因噎废食"的事情可谓比比皆是。这都是生活中的常理，正所谓童稚闻之，皓首而不能明其理。作为教育者，有责任和义务教孩子们深入明晰这些道理。告诉孩子们，要学会担当，敢于做正确的事情。

　　"父慈子孝"则是反映伦理关系的一则成语。《左传·隐公三年》有言："君义、臣行、父慈、子孝、兄爱、弟敬，所谓六顺也。"《左传》之语可视为成语的原典。常言"羊有跪乳之恩，鸦有反哺之义"，孝顺父母乃人之本性，是基于自然属性的美好特质。成语中包含的是父母与子女之间的相处之道，子女孝顺乃天经地义，父母慈爱亦为人间常情。在孝顺这方面，即使迂腐一些也不为过。《二十四孝》中有如下故事：

　　虞舜，瞽瞍之子，性至孝。父顽，母嚚，弟象傲。舜耕于历山，有象为之耕，鸟为之耘，其孝感如此。帝尧闻之，事以九男，妻以二女，遂以天下让焉。

前汉文帝，名恒，高祖第四子，初封代王。生母薄太后，帝奉养无怠。母长病，三年，帝目不交睫，衣不解带，汤药非口亲尝弗进。仁孝闻天下。

这是《二十四孝》中的前两则，前者是关于虞舜的故事，后者讲的是刘邦的四儿子刘恒，即后来的汉文帝，是一个有名的大孝子。我们这里没有必要追问事情的真实与否，虽然这只是个故事而已，但是小故事中蕴含大的道理。汉文帝的孝行，无疑是我们现代人都应该效法的。虞舜的孝也是我们应该称道的，不过，这里面存在些问题。"父顽母嚚"，且加害于他，虞舜依旧孝顺父母，这不是太愚蠢了吗？这话说对了一半。舜的确有迂腐的一面，他的迂腐不在于孝顺父母本身，而在于"孝"的践行方式。"孝"的内涵并非仅仅是对父母亲之敬爱，更不是言听计从。《礼记·祭义》有言："曾子曰：'孝有三：大孝尊亲，其次弗辱，其下能养。'公明仪问于曾子曰：'夫子可以为孝乎？'曾子曰：'是何言与！是何言与！君子之所谓孝者，先意承志，谕父母以道。参直养者也，安能为孝乎？'"足见，除了爱亲敬亲、赡养父母之外，在父母要做某事之前先已明其意而行，并且用正确的、合适的方法来劝导父母不做错误的事情等，都是"孝"的基本要求。所以《说文解字·老部》言"孝，善事父母者。从老、省、从子。子承老也。"传统文化中的推己及人观念在"孝"的外延上得以突显。《大戴礼记·曾子大孝》有言："故居处不庄，非孝也；事君不忠，非孝也；莅官不敬，非孝也；朋友不信，非孝也；战阵无勇，非孝也。"如此看来，"孝"乃伦理道德之根，为人处世之本。同时，"孝"具有鲜明的时代性，如《二十四孝》。《二十四孝》成书于元代，这是宋儒理学产生后对伦理道德进行强化以便于卫道的结果，而儒家传统意义上的"孝"却并非如此。由此可以看出，虞舜的"孝"之所以被推崇，是时代赋予的。然而，虞舜在行动上并没有做到真正意义上的孝。涉及伦理道德方面的成语，我们的确需要做一些辩证的功课。

（四）学以致用

从广义上来说，我们上面谈到的都是成语的运用，成语运用过程中正确地把握音形义是基本的要求。这里说的运用是狭义的概念,指的是基于音形义基础上的正确使用问题。正确使用成语的前提是掌握成语的内容。成语的内容至少有四个层面:一是字面意义;二是抽象意义(是发挥实际作用的意义);三是原典出处,这具有重要的辅助意义;四是常理和伦理,多数情况下成语都蕴含一定的"理",是我们对成语继续挖掘而延伸出来的道理。四个层面的内容成混沌的整体,给予成语丰富的内涵和独特的魅力。我们学习成语、讲授成语,就是要把这些内容搞清楚,搞清楚了内容才能正确地使用成语。例如:

1. 下列句子中加横线的成语使用正确的一项是(　　)

A. 秋季校运动会即将举行,同学们一个个摩拳擦掌,<u>蠢蠢欲动</u>,决心为班级争光。

B. 我们来到郊外,登上开满杂花的小山坡,俯瞰山下的<u>沧海桑田</u>,真是心旷神怡!

C. 小林学习很虚心,每到课间,他都会捧着书本<u>不耻下问</u>地向老师请教。

D. 生活对于任何人都非易事,我们必须有<u>坚韧不拔</u>的精神。

"蠢蠢欲动",字面义为爬虫蠕动的状态,比喻敌人准备进攻或坏人阴谋捣乱。实际意义具有贬义色彩,不合文义。"沧海桑田"字面义为大海变成桑田,桑田变成大海,比喻世事变化很大。B项不但误解了成语的字面义,而且忽略了成语的实际意义是构成单位的抽象义这一关键问题。"不耻下问",乐于向学问或地位比自己低的人学习,而不觉得不好意思。句中是向教师请教,用错了对象。"坚忍不拔",形容意志坚定,不可动摇。此与句意恰合。答案:D。

2. 下列句子中,加横线的成语使用正确的一项是(　　)

A. 刚学做菜的王艳老是忘记放盐和其他调料,吃起来让我们觉得<u>味同嚼蜡</u>。

B. 晚自习课上,老师又教了我们一种思路,<u>重蹈覆辙</u>地将这道题做了一遍。

C. 我们要把叶子切下来拿到显微镜下去观察,<u>袖手旁观</u>是不能

第二章　词汇和词汇教学

得到知识的。

D. 李琪经常为孤寡老人做好事，他的事迹真是罄竹难书。

"味同嚼蜡"，像吃蜡一样，没有一点儿味。形容语言或文章枯燥无味。A句是拿字面义代实际意义，不正确。"重蹈覆辙"，字面义是重新走上翻过车的老路。比喻不吸取教训，再走失败的老路。B项是望文生义，不明成语意义且误解了字面义。"袖手旁观"，把手笼在袖子里，在一旁观看。比喻置身事外，既不过问，也不协助别人。C项是正确答案。D项中的"罄竹难书"，字面义是用尽竹子也难写完。形容罪行多得写不完。此句没有正确理解成语意义，用错了对象。答案：C。

3. 下列各句中，画线成语使用恰当的一项是（　　）

A. "人间四月天，麻城看杜鹃"，4月25日至5月10日麻城市成功举办了第二届"麻城杜鹃旅游文化节"的活动，使"杜鹃花城"的名声<u>响彻云霄</u>。

B. 马的颚骨虽然很长，它却没有如驴的那副蠢相，如牛的那副呆相。相反地，它的头部比例整齐，却给它一种轻捷的神情，而这种神情又恰好与颈部的美<u>各得其所</u>。

C. 创新是时代的要求，我们在学习和生活中，一旦产生小的灵感，就要相信它的价值，并<u>锲而不舍</u>地把它发展下去。如果能做到这些，你一定会成为一个富有创造性的人。

D. 玉树地震灾情发生后，街头的流动采血车前，等待献血的群众排起了长队，这场面让人感动得<u>头晕目眩</u>。

"响彻云霄"，形容声音响亮，好像可以穿过云层，直达高空。这里是用错了对象。"各得其所"，原指各人都得到满足，后指每个人或事物都得到恰当的位置或安排。对象是人，而不是事物，形容"神情""颈部的美"不合适。"锲而不舍"，不断地镂刻，比喻有恒心，有毅力，合乎文意。"头晕目眩"，头发昏，眼发花，形容被烦琐的事情弄得不知所措。这个成语严格来说，还没有完全定型，字面义的运用还只是简单的组合，不是成语。两个意义都不是感动的情态。答案：C。

137

我们不难发现，成语的运用实际上包含了同义辨析的过程，而且成语的意义更为丰富。我们看下面的例子：

4. 词语积累：下列成语意思相近的一项是（　　）
   A. 镇定自若　胸有成竹　胜券在握
   B. 义愤填膺　怒不可遏　怒发冲冠
   C. 向隅而泣　惨绝人寰　痛心疾首
   D. 日新月异　翻天覆地　白驹过隙

"镇定自若"，指在情况紧急时不慌不乱，当作没什么事似的。"胸有成竹"，原指画竹子要在心里有一幅竹子的形象，后比喻在做事之前已经拿定主意。"胜券在握"，比喻很有把握，相信自己一定可以成功。三者不在同一范畴之内，"镇定自若"，说的是遇到紧急情况不慌不乱，不是对成功有信心。"义愤填膺"，发于正义的愤懑充满胸中。"怒不可遏"，愤怒得难以抑制，形容愤怒到了极点。"怒发冲冠"，指愤怒得头发直竖，把帽子都顶起来了，形容极端愤怒。三者都是表示极端愤怒的情绪，意思相近。"向隅而泣"，一个人面对墙脚哭泣，形容没有人理睬，非常孤立，只能绝望地哭泣。"痛心疾首"，形容痛恨到了极点。二者虽然都是个人情绪，但一个是悲伤绝望，一个是痛恨，强调的内容不一样。"惨绝人寰"，世界上再没有比这更惨痛的事，形容惨痛到了极点。描述的不是个人的事情，也不是情绪。三者各不相同。"日新月异"，每天都在更新，每月都有变化，指发展或进步迅速，不断出现新事物、新气象。"翻天覆地"，形容变化巨大而彻底。二者都是指变化，一个强调速度，一个强调结果，不完全相同。"白驹过隙"，像白马在细小的缝隙前一闪而过，形容时间过得极快。该词与前两者描写对象不同。答案：B。

成语运用还包括临时改变成语的结构和临时活用成语意义，以实现说话者的主观目的，实现特殊的表达效果。

形式方面的活用主要是通过换字、增字、减字、变序等手段改变成语形式。例如，把"一往情深"临时换字"一网情深"，把"水到渠成"扩展为"水到自然渠成"，把"越俎代庖"节缩成"代庖"，将"叶公好龙"变序为"好龙的叶公"，等等。

意义方面的活用是指抛开成语的实际意义或适用对象，故意曲解，或者故意颠倒意义的褒贬色彩，常常造成一种幽默效果。例如，"水深火热"指人民生活处境异常艰难痛苦，用于家庭时，当一方受另一方的气而说"生活在水深火热之中"，就是活用。又如，"一日千里"指社会飞速发展，用于积极的一面，反过来用于消极面，说"他的成绩一日千里，直线下降"，就是曲解成语意义。由于成语意义的活用具有令人耳目一新的感觉，极富幽默感，所以许多相声、小品都用这种方式活用成语，有些广告、小幽默也通过活用成语意义的方式使其内容别具一格。比如，口腔诊所广告语的"快治（脍炙）人口"，赵本山、宋丹丹小品把"暗送秋波"中的秋波说成是秋天的菠菜，郭德纲、于谦在相声中把"出类拔萃"谐音为"畜类拔萃"，等等。

三、隐喻和转喻

语文教学中的词汇教学，很大程度上是词义的教学。常用词的常用义是词汇教学的关键，因为常用词也是由某一意义的经常使用而获名。常用词常用义并不一定是稳定的，在词汇历时演变的进程中，常用词常用义与非常用词常用义和新词新义之间经历了对立统一的主次转换。比如，表穿戴义的"着"，隋唐以来为"穿""戴"分化承担，"着"就不再是常用词，一般作为语素或文言色彩较浓的结构，如"穿着""穿红着绿""谢郎着帽"等。"穿""戴"就是现代汉语表穿着义的常用词。正是因为古代表示进食行为用"食"现代用"吃"，古代穿衣用"着"现代用"穿"，古代的"走"是"跑"，现代的是行走……所以，我们才必须关注常用词。常用词发生了系统的变化，标志着语言进入新的阶段。反之，语言的古今差异，很大程度体现在常用词常用义上。意义发展的动因，多数可以用隐喻和转喻来解释，了解隐喻、转喻的知识，对于合理联想词义、准确把握词义、高效率掌握词义很有帮助。

(一) 隐喻

按照人类社会和人类认知能力的发展规律，人类最初认识的事物往往是有形的、具体的；当人类的认知进入高级阶段，就获得了参照已知的具体事物的概念来认识无形的、抽象的、难以定义的概念的能力。这是人类的另外一种思维和认知方式——隐喻。"一个命题或意象图式模式从某一个认知域投射到另一认知域的相应结构上就形成隐喻模式。隐喻模式用来对抽象事物的概念化，理解和推理。"① 说得浅白些，隐喻就是借助事物的相似性，由甲联想到乙。由于人们在认识世界和改造世界的过程中，对事物的认知经历了由具体到抽象概括的过程，舍弃细枝末节，认识本质特征，因而形成了一个个概念。因此，由甲联想到乙实际上是把甲和与之相似的乙归并的过程。在词义衍生发展的过程中，就产生了新的意义，这个意义相对于词的原有意义而言，就是隐喻义。隐喻是词义衍生的主要方式之一，隐喻义是引申意义的一种。例如：

(1) 道：道路。在此基础上产生：

①泛指各种通路，如《管子·君臣下》："四肢六道，身之体也。"

②古代棋局上的格道，如《楚辞·招魂》"菎蔽象棊，有六簙些"。洪兴祖补注引《古博经》："博法，二人相对，坐向局，局分为十二道，两头当中名为水。"

③辈分、行辈，如《仪礼·丧服》："其夫属乎父道者，妻皆母道也；其夫属乎子道者，妻皆妇道也。"

④线条，如《花城》1981年第2期："纸上的钢笔字被泪水冲出了蓝道道。"

⑤技艺、技术，如《周礼·春官宗伯·大司乐》："凡有道者，有德者，使教焉。"

⑥仙术、方术，如《汉书·张良传》："乃学道，欲轻举。"

⑦道德、道义，如《左传·桓公六年》："所谓道，忠于民而信

---

① 赵艳芳. 认知语言学概论 [M]. 上海：上海外语教育出版社，2001：116.

于神也。"

（2）临：由上看下，居高面低。在此基础上产生：

①监视、监临，引申为统治、治理，如《诗经·大雅·大明》："上帝临女，无贰尔心。"

②面对、当着，如《楚辞·九歌·少司命》："望美人兮未来，临风怳兮浩歌。"

③碰上、逢着，如《论语·述而》："必也临事而惧，好谋而成者也。"

（3）即，就食。在此基础上产生：

①接近、靠近，如《诗经·卫风·氓》："匪来贸丝，来即我谋。"

②迎合、符合，如《韩非子·孤愤》："若夫即主心，同乎好恶，因其所自进也。"

③寻求，如宋代王安石的《上张太傅书》之一："有寒饿之疾，始怃然欲出仕，往即焉，而乃幸得，于今三年矣。"

（4）戴，把东西放在头上或用头顶着。在此基础上产生：

①尊奉、拥戴，如《尚书·大禹谟》："众非元后何戴，后非众罔与守邦。"

②捧、举，如《史记·鲁周公世家》："周公北面立，戴璧秉圭，告于太王、王季、文王。"

③感恩，如《三国志·吴志·朱桓传》："桓分部良吏，隐亲医药，飱粥相继，士民感戴之。"

④加物于面、手、胸等之上，如鲁迅的《朝花夕拾·藤野先生》："其时进来的是一个黑瘦的先生，八字须，戴着眼镜。"

（5）引，拉弓、开弓。在此基础上产生：

①延长、延续，如《诗经·小雅·楚茨》："子子孙孙，勿替引之。"

②牵引、拉，如《礼记·檀弓上》："丧服，兄弟之子，犹子也，盖引而进之也。"

③引导、带领、疏导，如《列女传·代赵夫人》："袭灭代王，迎取其姊，姊引义理，称说节礼。"

④伸着（颈项），如唐代李深的《游烂柯山》诗之一："坐引群

峯小，平看万木低。"

⑤征引、援引，如汉代荀悦的《汉纪·昭帝纪》："光乃引延年为给事中。"

隐喻的发生，并不是都在一个意义的基础上直接实现的，是一重重地概念投射。比如，"道"的本义是道路，直接隐喻到行为处世的领域，产生了办法、规律、道理、道德等意义；事物表面的线条，如同地上的路一样，引申为线条义，这也是直接的隐喻。技艺、手艺，就不是直接源自道路义，而是由一般行为方法投射到手工艺领域，这是间接地隐喻。一个意义使用频率越大、范围越广、时间越长，就越容易隐喻出新的意义，这就是一般所说的常用义。

（二）转喻

转喻和隐喻都是人类的认知机制，但是有一定的区别。隐喻是一种概念投射，通过这个机制，一个认知域被部分地投射到另一个认知域，目标域的意义通过源域得到了解释。而转喻往往是相近相关联的不同认知域或同一认知域内用一个突现的事物来代替另一个事物。[1] 转喻的认知机制在很大程度上依赖认知域的成分突现，一定的认知框架内以显著的东西转喻借指不显著的东西是人认知的一般规律。一个物体、一件事情、一个概念有很多属性，而人的认知往往更多地注意到最突出、最显著、最容易理解和记忆的属性。在新时期的新义衍生过程中，转喻机制的活跃度也在不断增加。也就是说，转喻强调的是相关性，或是相关的概念，或是在一个概念领域里凸显某一方面的特征。以转喻的方式引申出新的意义，就是转喻义，是引申义的一种。例如：

（1）鄙，边邑、边境。在此基础上转喻成如下义：

①谓退处于野，如《左传·昭公二十年》："彼将有他志，余姑为之求士，而鄙以待之。"

②狭小，如《孟子·万章下》："闻柳下惠之风者，鄙夫宽，薄夫敦。"赵岐注："鄙，狭。"

---

[1] 赵艳芳. 认知语言学概论［M］. 上海：上海外语教育出版社，2001：116.

③粗俗、质朴，如《庄子·胠箧》："焚符破玺而民朴鄙。"《史记·仲尼弟子列传》："子路性鄙，好勇力。"

④浅陋、低贱，如《左传·庄公十年》："肉食者鄙，未能远谋。"

⑤鄙视、轻蔑，如《尚书·大诰》："反鄙我周邦。"孔颖达疏："反鄙薄轻易我周家。"

⑥鄙人，自称的谦词，如唐代李复言的《续玄怪录·琴台子》："鄙为崔氏妻，二男一女，男名琴台子，鄙尤钟念。"

（2）使，派遣。在此基础上转喻成如下义：

①出使，如《论语·子路》："使于四方，不辱君命。"

②使者，如《左传·成公九年》："兵交，使在其间可也。"

（3）名，命名、取名。在此基础上转喻成如下义：

①人的名字，如《礼记·曲礼下》："天子不言出，诸侯不生名，君子不亲恶。"孔颖达疏："诸侯相见，祇可称爵，不可称名。"

②事物的名称，如《论语·阳货》："迩之事父，远之事君，多识于鸟兽草木之名。"

③用作动词，名字叫作，如《史记·老子韩非列传》："老子者……姓李氏，名耳，字聃。"

④呼其名称其名，如《礼记·曲礼》下篇："国君不名卿老世妇。"孔颖达疏："言诸侯虽贵，不得呼其名也。"

（4）善，吉祥、美好、好，在此基础上转喻成如下义：

①善行、善事、善人，如《周易·坤》："积善之家，必有余庆。"《论语·为政》："举善而教不能，则劝。"

②好处，优点，如《管子·小称》："我有善则立誉我，我有过则立毁我。"

③喜好，如《国语·吴语》："施民所善，去民所恶。"

（5）官，待宾客的房舍。在此基础上转喻成如下义：

①官府，如《管子·权修》："土地博大，野不可以无吏，百姓殷众，官不可以无长。"

②官职、官位，如《尚书·皋陶谟》："俊乂在官，百僚师师。"

③官吏、官员，如《尚书·武成》："建官惟贤，位事惟能。"

"转喻"的来源义也是多重的，并不都是由一个意义直接发展而来。这一点和隐喻相同，是词义引申的共性规律。转喻义之间或是凸显整体与部分，如"待宾客的房舍"和"官府"；或是人与处所，如"官府"和"官吏""官员"；或是事物和特征，如"官吏""官员"和"官职、官位"；或是事物和动作行为、性质状态等，如"名"的"人的名字"和"呼其名称其名"、"善"的"吉祥、美好"和"好处，优点"，等等。

　　这里要交代两个问题，一是词义的引申常常是隐喻和转喻综合的结果。一个多义词的多个意义之间，或是相似引申，或是相关引申。比如，"穷"有"尽头"义，在此基础上产生如下意义。

　　①终端、终极，如《楚辞·九歌·云中君》："览冀州兮有余，横四海兮焉穷？"王逸注："穷，极也。"

　　②不肖的人、恶人，如《逸周书·常训》："上贤而不穷。"孔晁注："穷，谓不肖之人。"

　　③到尽头，如《战国策·燕策三》："秦王谓轲曰：'起，取武阳所持图。'轲既取图奉之。发图，图穷而匕首见。"

　　④尽，如《列子·汤问》："飞卫之矢先穷，纪昌遗一矢，既发，飞卫以棘刺之矢扞之，而无差焉。"

　　⑤空，如《庄子·知北游》："道无问，问无应，无问问之，是问穷也。"郭象注："所谓责空。"成玄英疏："穷，空也。理无可问而强问之，是责空也。"

　　⑥理屈、辞屈，如《孟子·公孙丑上》："遁辞，知其所穷。"

　　⑦困窘、窘急，如《墨子·非儒下》："孔某穷于蔡陈之间。"

　　⑧特指不得志，与"达"相对，如《孟子·尽心上》："穷则独善其身，达则兼善天下。"

　　⑨彻底推求、深入钻研，如北齐颜之推的《颜氏家训·书证》："大抵服其爲书，隐括有条例，剖析穷根源。"

　　就"尽头"这个意义而言，①②是隐喻义，其他为转喻义。有时候，很难说清是先有的"尽头"义还是先有的"尽""完"义。如果是先有的尽、完义，①②③都是转喻义，其他为隐喻义。

隐喻和转喻是词义衍生的两种方式。我们这里列举的都是古代汉语常用词的用例，并不是说隐喻、转喻的词义衍生方式只适用于古代汉语。比如，"网"的几个常用义。

①用绳线等结成的捕鱼捉鸟的器具：一张网、渔网、结网、撒网、张网。

②像网的东西：发网、蜘蛛网、电网。

③像网一样纵横交错的组织或系统：上网、通信网、交通网、灌溉网。

④用网捕捉：网着了一条鱼。

⑤像网似的笼罩着：眼里网着红丝。

②③是在①的基础上产生的隐喻义，④⑤是在①的基础上产生的转喻义。当代社会高速发展，新事物、新现象层出不穷，不得不创造新词和新义记录新事物、新现象。相比之下，利用相似联想和相关联想归并概念更容易实现。汉语史上，当语言中的词达到一定数量的时候，新义记录新事物、新现象同样是更好的选择。因此，文言文教学中，利用隐喻和转喻的相关知识讲授词义，教学生学会用相似和相关联想理解词义、记忆词义，要比生硬地背诵注解好得多。文言的学习和外语的学习是相通的，背词和掌握常用词的常用义，都是极为关键的一环。教学中，教师一定要多掌握词义引申的知识，提高教学效率。

四、同步引申

词义引申是一项具有多向性质的十分复杂的运动。隐喻和转喻是基于一个词的多个意义之间的关系，而揭示的词义发展演变的动因，或者说是词义发展的规律。这里所说的同步引申是基于两个或两个以上的词的意义之间的关系，探讨的是一组词的意义引申方式的共性问题。同步引申是非常值得注意的一种引申现象。

（一）关于同步引申

两个或两个以上的同义词或反义词互相影响，在各自原有意义的基础上进行同类方向的引申，产生出相同或相反的引申义。这种引申就叫同步引申。①

蒋绍愚先生解释"相因生义"时说得更为细致，甲词有 a、b 两个义位，乙词原来只有一个乙 a 义位，但因为乙 a 和甲 a 同义，逐渐地乙词也产生一个和甲同义的乙 b 义位。或者，甲词有 a、b 两个义位，乙词原来只有一个乙 a 义位，但因为乙 a 和甲 a 是反义，所以逐渐地乙词也产生出一个和甲 b 反义的乙 b 义位。

例如，在六朝的文献资料中，可以看到"呼"有一种很特别的"以为"义，如陆云《与兄平原书》："文适多体，便欲不清，不审兄呼尔不？"《树提伽经》："小复前进，到其户内，白银为壁，水精为地，王呼水流，疑不得进。"

"呼"的这种意义在先秦两汉是不具备的，是在六朝时期新产生的。但这种意义是如何发展来的呢？从"呼"原有的意义"呼叫""称呼"是引申不出这个意义的。蒋先生认为，这个意义是受"谓"的影响而产生的。"谓"是个多义词，它包含如下义位。

①对……说。《左传·哀公十一年》："陈僖子谓其弟舒：'尔死，我必得志。'"

②称为，称。《诗经·王风·葛藟》："终远兄弟，谓他人父。"

③认为，以为。《孟子·梁惠王上》："宜乎百姓之谓我爱也。"

"呼"有两个义位和"谓"相同或相近。

①叫，对…说。《左传·哀公十一年》："吴子呼叔孙曰：'而何事也？'"

②称为，称。《齐民要术·地榆》："（玉札）其实黑如豉，北方呼豉为札，当言玉豉。"

其中，第①义实际上是"呼其名而谓之"之意，与"谓"意义并不相同，只是在这种上下文环境中，"呼"也可以换成"谓"（比较上文引用谓的①例，此二例同出《左传·哀公十一年》）。第②义

---

① 这种词义引申的方式，学界有伍铁平（1984）"词义感染"说、孙雍长（1985）"词义渗透"说、许嘉璐（1987）"同步引申"说、蒋绍愚（1989）"相因生义"说、朱清之（1992）"词义沾染"说、张博（1999）"组合同化"说，等等。我们这里采用同步引申。

和"谓"完全相同，使用的格式"呼 x 为 y"和"谓 x 为 y"也完全相同，这里的"呼"与"谓"完全可以互换。人们在语言运用的过程中往往有这样一种心理：既然"谓 x 为 y"可换为"呼 x 为 y"，那么"谓卒狂醉"中的"谓"也可以换为"呼"，这样就出现了"呼"表示"认为""以为"的意思。上引"呼"表示"认为""以为"的第三例中，"谓呼"连用，很明显地反映出当时人们把"呼"看作"谓"的同义词。

蒋先生还列举了"言"在唐诗中的"以为"和"料"义。例如：
①李白《驾去温泉宫》："自言管葛竟谁许？长吁莫错还闭关。"（此为"以为"义）
②郭震《宝剑篇》："何言中道遭弃捐，零落飘沦古狱边。"（此为"料"义）

这两个意义是如何产生的呢？是因为受"谓"的影响而来的，"谓"也有"言说"义、"以为"义。"谓"的"料"义，在唐诗中可以见到，如李白《江夏行》："只言期一载，谁谓历三秋。"

人们在使用语言的过程中，同样认为表"言说"的"谓"可用"言"代替（如《战国策·秦策》："此乃公孙衍之所谓也。"注："谓，言也。"）那么，表"以为"和"料"的"谓"也可用"言"来代替，从而"言"就逐渐取得了原来是"谓"具有的"以为"义、"料"义。

(二) 教学中的同步引申现象

同步引申现象，学界一般视为词义演变的动因。这种观点认为，处于同步引申范畴内的词汇之间，词义的发展变化是一个影响另一个，或者是相互影响的结果。我们这里不把同步引申看作动因，只是当成词义演变的规律。这个规律，源于人的共性的认知。从反义词之间的同步引申现象分析，学生更容易理解这个规律。比如，"深"和"浅"，"深"有以下常见义。
①从表面到底或从外面到里面距离大：水很深。
②（道理、含义等）精微，不易理解：深奥。
③深刻、深入：影响很深。

④情意厚：感情深。

⑤（颜色）浓：深红。

"浅"也有对应的常见义，如：

①从上到下或从外到里的距离小：水很浅。

②浅显：这些读物内容浅，容易懂。

③浅薄、不深刻：功夫浅。

④（感情）不深厚：交情浅。

⑤（颜色）淡：浅红。

这反映了从距离域到事理域、到认知域、到情感域、到颜色域的认知规律。从词义的角度说，可能是彼此相互影响而推进了词义演变；从认知角度而言，这也是一个普遍的规律。我们这里从认知的视角来谈同步引申，目的是方便教学，有益于教学实践。下面我们列举几个文言文教学中常见的同步引申现象。

1. 然、是、尔

然：

①代词，如此、这样，如《孟子·梁惠王上》："河东凶亦然。"

②正确、认为正确，如《史记·高祖本纪》："沛公然其计，从之。"

③助词，作形容词或副词的词尾，表状态，如《诗经·邶风·终风》："惠然肯来。"

是：

①代词，这、这里，如《诗经·大雅·崧高》："因是谢人，以作尔庸。"

②正确，如《诗经·魏风·园有桃》："彼人是哉？子曰何其。"

尔：

①代词，此、这个，如《公羊传·僖公二十一年》："执未有言释之者，此其言释之何？公与为尔也。公与为尔奈何？公与议尔也。"

②助词，用作词缀，如《论语·先进》："鼓瑟希，铿尔，舍瑟而作。"

2. 竟、终、卒

竟：

①终了、完毕，如《诗经·大雅·瞻卬》："鞫人忮忒，谮始竟背。"郑玄笺："竟，犹终也。"

②终于、到底，如《史记·陈涉世家》："陈胜虽已死，其所置遣侯王将相竟亡秦，由涉首事也。"

③穷究，如《史记·司马穰苴列传论》："余读《司马兵法》，闳廓深远，虽三代征伐，未能究其义，如其文也，亦少褒矣。"

终：

①事物的结局，与"始"相对，如《诗经·大雅·荡》："靡不有初，鲜克有终。"

②竟；尽，如《荀子·劝学》："吾尝终日而思矣，不如须臾之所学也。"

③人死，如《礼记·文王世子》："文王九十七乃终。"

④到底、终究，如《墨子·天志中》："欲以此求赏誉，终不可得。"

卒：

①尽、完毕，如《诗经·邶风·日月》："父兮母兮，畜我不卒。"郑玄笺："卒，终也。"

②末尾、结局，如《论语·子张》："有始有卒者，其惟圣人乎！"

③终于、最后，如《晏子春秋·内篇杂下二二》："晏子使晋，景公更其宅，反则成矣。既拜，迺毁之……卒复其旧宅。"

④古代指大夫死亡，后为死亡的通称，如《礼记·曲礼下》："天子死曰崩，诸侯曰薨，大夫曰卒，士曰不禄，庶人曰死。"

3. 及、至

及：

①赶上、达到，如《论语·颜渊》："子贡曰：'惜乎！夫子之说君子也。驷不及舌。'"《论语·卫灵公》："师冕见，及阶，子曰：'阶也。'及席，子曰：'席也。'"

②等到，如《论语·季氏》："君子有三戒：少之时，血气未定，戒之在色；及其壮也，血气方刚，戒之在斗；及其老也，血气既衰，戒之在得。"

至：

①到、达到，如《诗经·秦风·渭阳》："我送舅氏，曰至渭阳。"《荀子·修身》："道虽迩，不行不至。"

②等到，如《史记·扁鹊仓公列传》："至春，果病；四月，泄血死。"

4. 穷、极、终

穷：

①尽头，如《尚书·微子之命》："作宾于王家，与国咸休，永世无穷。"孔传："为时王宾客与时皆美，长世无竟。"

②终极，如《楚辞·九歌·云中君》："览冀州兮有余，横四海兮焉穷？"王逸注："穷，极也。"

③尽，如《列子·汤问》："飞卫之矢先穷，纪昌遗一矢，既发，飞卫以棘刺之矢扞之，而无差焉。"张湛注："穷，尽也。"

④彻底推求、深入钻研，如北齐颜之推的《颜氏家训·书证》："大抵服其爲书，隐括有条例，剖析穷根源。"

⑤困窘、窘急，如《墨子·非儒下》："孔某穷于蔡陈之间。"

⑥最、非常，如《墨子·天志上》："故天子者，天下之穷贵也，天下之穷富也。"

极：

①尽头，如《诗经·唐风·鸨羽》："悠悠苍天，曷其有极？"郑玄笺："极，已也。"《吕氏春秋·制乐》："故祸兮福之所倚，福兮祸之所伏，圣人所独见，众人焉知其极。"高诱注："极，犹终。"

②边际、边界，如《荀子·儒效》："宇中六指谓之极。"杨倞注："六指，上下四方也。尽六指之远，则为六极。"

③穷尽、竭尽，如《礼记·大学》："是故君子无所不用其极。"郑玄注："极犹尽也。君子日新其德，常尽心力不有余也。"

④深探、穷究，如汉代王充的《论衡·问孔》："圣人之言，不

能尽解，说道陈义，不能辄形。不能辄形，宜问以发之；不能尽解，宜难以极之。"

⑤困窘，使之困窘，疲困，如《孟子·梁惠王下》："今王田猎于此，百姓闻王车马之音，见羽旄之美，举疾首蹙额而相告曰：'吾王之好田猎，夫何使我至于此极也，父子不相见，兄弟妻子离散。'此无他，不与民同乐也。"

⑥副词，犹甚、最、很，如《史记·高祖本纪》："高祖曰：'丰吾所生长，极不忘耳！'"

终：见上"2.竟、终、卒"

5. 将、把

将：

①取、拿，如北魏杨衒之的《洛阳伽蓝记·平等寺》："将笔来，朕自作之。"

②介词，把，如《玉台新咏·古乐府〈上山采蘼芜〉》："将缣来比素，新人不如故。"

③控制、约束，如《汉书·儿宽传》："宽为人温良，有廉知自将，善属文。"

把：

①抓、拿，如《战国策·燕策三》："臣左手把其袖，右手揕其胸。"

②介词，将，如唐代李白的《清平乐》词："应是天仙狂醉，乱把白云揉碎。"

③掌管、控制，如《晏子春秋·谏下十九》："然则后世谁将把齐国？"

这里，我们可以粗略地说，"这、这样"义就容易产生"正确义"，也容易产生"……的样子"义；"结束、终了"义，就容易产生"最终、终于"义；"尽、尽头"义，就容易产生"极限、边界"义，容易产生"极、彻底"义，容易产生"探究"义，容易产生"困窘"义；"赶上、达到"用于时间、处所时，就可能产生"等到"义；"抓、拿"，容易虚化为介词，引进动作行为的受事；等等。在常用词历时更替的过程中，更能体现这种同步引申，比如"口"是人和动物的进食器官，后来在口语中被"嘴"替换。"口"还有如下意义：

①物体内外相通的地方，如《墨子·备穴》："必令明习橐事者，勿令离灶口。"

②出入的通道，如东晋陶潜的《桃花源记》："山有小口，髣髴若有光；便舍船，从口入。"

"嘴"同样具备这两个常用意义，却不一定是受"口"的影响。具有同步引申的一组词，之所以在意义的发展中有相通之处，从本质上来说是基于相同的意义，是从一个认知域发展到另一个认知域。即使单独的一个词，词义也会有这样的引申。不同民族、不同地域的人们，指称同一对象的词，也具有同步引申关系。英语的"mouth"同样也有这几个基本的义位。不过，我们也发现，不是有共同的意义，就一定同步产生另外的意义，也不是产生完全相同的意义，否则就成了同样的一个词，违背了经济原则。我们说，一个意义容易产生另外的意义，是就概念来谈的，是基于认知的分析。概念不等于意义，词义的产生还要受到源义的影响。比如，"嘴"的物体内外相通的地方义，与"口"的同步意义就不完全相同，总是包含着"尖、凸出"的义素。因此，可以说"茶壶嘴""陆家嘴"，不能说"杯子嘴""山嘴"。一定的句法环境也是影响词义产生的条件，"然""尔"和"是"，都可以表示"这、这样"义，但是"是"就没有产生"……的样子"义，因为没有句法条件，"是"很少用于词尾或句尾。同样，"尔"也没有产生正确义。再比如，"子"和"儿"都是小孩子，从而指称成年男女，进而都发展为词缀。但是"子"的尊称义，"儿"就不具备。这是受到表达色彩影响的原因。

五、影响生义

词义引申的过程中，词汇不全都是自身依据隐喻、转喻机制的独立运动。词汇是个系统，词汇成员彼此影响从而推进词义演变，是词汇系统性体现之一。上面我们谈到的"同步引申",学界一般也有将其作为影响生义来看待的。这里,我们加以区分,不视为影响生义。典型的影响生义,体现在组合关系和聚合关系两个层面中。一个是组合中的整体认知产生新义,一个是词汇演变过程中的"对称规约"促进词义发展。

(一) 整体认知

整体认知是在组合中整体认知词义,进而以部分构成单位义代替整个词义,导致该构成单位独立成词,获得新的意义。比如,作为肩膀的"膊",上面撑着脖子和头颅,下面与胳膊相接,由于其重要的位置,因而容易发生所指的变化。从语言的层面上来说,这些变化都是在组合中实现的。从认知的层面来看,当然是事物的相关性引起的相关联想的作用,如南北朝时期昙无谶《大般涅盘经》卷第十二《圣行品》:"依因项骨以拄颔骨,依因颔骨以拄牙齿,上有髑髅复因项骨以拄膊骨,依因膊骨以拄臂骨,依因臂骨以拄腕骨。"《全唐诗》第八百六十九卷省吏《嘲崔左丞诗》:"崔子曲如钩,随例得封侯。膊上全无项,胸前别有头。""膊"与"项"所指的部位相接,二者组合隋唐已见。例如:

手不移处,努两肘向上,急势上下振摇二七,欲得卷两手七,自相将三七,去项髆筋脉急劳。(隋代巢元方撰《诸病源候总论》卷二十三《霍乱病诸候》)

凡痈疽脓出后,不可疗者有五:一眼白睛青黑而小,二咽药而呕,三伤痛渴甚,四膊项中不仁,五音嘶色夺,此为极也。(唐代王焘《外台秘要》卷三十七《痈疽发背证候等论并法》)

母惊悟,旦而自往观羊,果有青羊,项膊皆白,头侧有两条白。(唐代释道世《法苑珠林》卷第九十二《感应缘十恶篇·唐魏王府长史韦庆植女》)

"膊""项"相连,在边界上存在着模糊不清的地方,有时"膊""项"分用体现了这一点,如唐代佚名《司牧安骥集》卷三《偏次黄》:"偏次黄病要看详,忽竟医家心早忙。或在胸前或在膊,项边脊畔出非常。""项边脊畔"同样也是"膊"的范围。至宋代肩膊义的"膊"出现了明显的词素化倾向,在实际的口语中逐渐失去独立性,于是在组合中意义便容易被忽略,导致与其组合成分的意义融合,人们关注的是其整体意义,上面所说的"肩膊""臂膊"就是这种情况。宋代以后"膊项"渐趋成词,语义则倾向于"项"。例如:

应捕人在傍边觑,张弹压先抬了膊项,李弓兵强要了胸脯。(元代杨朝英《朝野新声太平乐府》卷八套数三《中吕类》姚守中《粉蝶儿》)

那刽子手将一条绳套在他膊项上,一条绳札住他腿足。(《西游记》第四十六回)

便将他眼抠,坐着他脊梁骨,再敢和咱斗,蹉着他膊项骨。(明代郭勋《雍熙乐府》雍熙乐府卷之三《端正好》)

《雍熙乐府》例句中的"膊项骨"还能循到"膊"的痕迹。"膊项"又有"脖项""颈项""胦项"等形式。

将十三岁女丑哥,踏住脖项,扯出舌头,并沿身用火烧铁鞋锥,烙讫七十二下。(《元典章·刑部》卷三《诸恶·不义·烧烙前妻儿女》)

颔项骨、背臂、胁扇、前膊、后腿、膂子,却怎么不见一个后腿?(元刻本《老乞大·下》)

林冲要见头功,持丈八蛇矛斗到涧深里,暴雷也似大叫一声,拨过长枪,用蛇矛去宝密圣脖项上刺中一矛,搠下马去。(《水浒传》第八十四回)

阮小五和阮小七,把手拍着脖项道:"这腔热血,只要卖与识货的!"(《水浒传》第十五回)

交我断消愁解闷瓮头春,断不得!愿情云场闹市伸着胦项。(元代佚名《古今杂剧·新刊关目好酒赵元遇上皇》)

却才在灶前烧火,只见灶床渐渐起来,见先押司爹爹胦项上套着井栏,眼中滴出血来。(明天启四年刻本,明代冯梦龙编《警世通言》卷十三)

"脖""颔""胦"出现在"膊项"中,并开始替换"膊",《水浒传》中已不见"膊项",这反映了"膊"已替代"项""颈"指称脖子的语言事实。从文献中的用例情况看,"脖"等用来指称颈部首先是在北方方言中,桂馥《札朴》卷九《乡里旧闻》:"头囟曰顶门,头后曰脑门,头后骨曰项䫐,颊后曰颐,项曰脖,禽目曰瞢瞪,张耳曰睭䁖。"章炳麟《新方言·释形体》:"《释名》:肺,勃也。言其气勃郁也,今北方谓颈曰勃子,匈曰匈勃子,亦由其气勃郁故得是名矣,俗字作脖。"

文献中又有"脖颈""颈脖""胧颈",是"脖项"表示脖子义之后类推而来的。例如:

将女子丑奇扑倒,用左脚踏住脖颈,用左手将丑奇舌头扯出,用鞋锥烙讫三下。(《元典章·刑部》卷三《诸恶·不义·烧烙前妻儿女》)

我这里扭回脖颈,他那里闪双睛。(《元曲选·朱砂担滴水浮沤记杂剧》第一折)

只见天师颈脖上霞光万道,瑞气千条。(《西洋记》第三十九回)

游击阿达春颈脖亦受枪伤,各营过于勇猛阵亡十余人,带伤至百余人。(《曾文正公奏稿》卷五《浔城逆党两次扑营均经击败折》)

陟巘降原隰,胧颈肤无完。(明·莫如忠撰《崇兰馆集》卷一《赠李义士仕惠还赣》明万历十四年刻本)

"脖"替换"项""颈"的过程中,"脖项""项脖""脖颈""颈脖"等是重要的媒介,"脖"取得"项"义后,才有"脖子"。而"脖项"等的成词是在"肩脖"成词、"臂脖"语义融合的基础上发生的。准确地讲,不是"脖"取代的"项""颈",而是"脖项""脖颈"等。"脖"和在此基础上形成的"脖子",承担了指称这一部分的职能。这期间,词汇复音化和整体认知基础上的组合同化是重要的推动力量。类似的还有"奶"的母亲义的产生。"奶"本来指的是乳房,又转喻为新义"乳汁"。文献中有"奶母""奶媪"。例如:

宋代刘敞的《南北朝杂记·何承天》:"颍川荀伯子嘲之,尝呼为妳母。承天曰：'卿当知凤凰将九子，妳母何言耶？'"《夷坚支志·甲》卷七"建昌王福"："父为谒假，使在家治疗。又密询郡舍老兵，果有嬭婆一女，讶其安得常常出外，且信且疑。"这里"嬭"乃乳也。又有以"嬭"称乳母者，如《青琐高议·别集》卷之五《骨偶记》："胜金惭赧曰：'五嬭昨夜来与我作伐，教我嫁宋二郎'。五妳乳胜金者也，死已数年。宋二亦与金同年，年少时亦死矣。"这是"奶"的母亲义产生的最为关键的一步，是整体认知"妳母""嬭婆"以"奶"指称奶妈的结果。①

有时，这种整体认知的词义替代单位并不是构词的语素，而仅仅是其中的一个音节。比如，"蝴蝶"本身是联绵词，"蝶"不是语素。后以"蝶"代指"蝴蝶"，独立成词并产生蝴蝶义。"的士"是"taxi"的音译，打个"的"，"的"就成了出租车，进而"的"作为语素构成"面的""的哥"等。"蝶""的"是整体表示整个词义，由无义音节发展为表义的成词语素。

（二）对称规约

西方语言学理论中与对称相关的术语叫作对称机制。我们这里没有使用这个术语，是因为对称机制中的"对称"是广泛的，而我们的对称强调的是汉语词汇发展过程中的具有实际价值的对称。"语言中所对称的两部分，有的是真正的对称——形式和内容都'对称'，形式上是对称的，内容上是分量相当的；有的则是表面的对称——形式上对称，内容上分量则是不相当的。"② 比如，"爷""孃"处于对称模式中，而不是"爷""妈"和"爷""儿"；"头""脚"是一对，而不是"头""尾"或"手""脚"；"穿""戴"是一对，而不是"穿""脱"等。这既不同于客观事物之间所形成的对称格局，也不同于我们通常所说的同义词聚、反义词聚，而是在汉语词汇系统中客观存在的平衡汉语词汇衍生、演变的一种规约，是汉

---

① 至于"奶"用于称祖母，是词汇对称演变的结果。"爷"由称父到称祖父后，祖母称词出现了空位，"奶"对称演变为祖母义。

② 张公瑾，丁石庆. 文化语言学教程［M］. 北京：教育科学出版社，2004：159.

语词汇系统性的重要体现。基于此，我们不妨称这种对称性为"对称规约"。

提到词义的发展，我们一定会联想到引申。当下，提到引申我们又立刻会联想到隐喻和转喻。然而，词义发展的复杂性绝非几种概括性的途径就能说清楚的。蒋绍愚先生说："从旧词发展而来的新词，却并非都是'一意贯注'的。也就是说，在引申之外，词义发展还有多种途径。"① "词义演变规律尽管不似语音演变规律那样整齐，但词义的发展运动绝不是一种孤立的、随机的和杂乱无序的'盲动'，而是一种有内在联系的、相对有序和有规律的语言现象。"② 因此，学界也在积极地探索词义演变的相关规律，如"相因生义""组合同化"等。"对称规约"可以视为词义引申的一种途径，"头""脚"和"穿""戴"等词义的引申变化，不在"相因生义"等涵盖的范围之内。"脚"由指小腿，义域扩大为指称膝盖以下的部分，进而专指脚掌，就结果而言是词义的转移，就过程而言是词义从扩大又进而缩小。这个过程较为复杂，而其变化的动因就在于口语中"脚"与"头"的对称使用，"头"为人的顶部，"脚"顺势成为人的底部。"穿"的穿衣义是由穿透、穿过某种空间发展而来的，如果没有"戴"的戴帽子义的广泛使用，没有"服""衣""冠"对称的心理基础，是不可能发生的。"戴"本是将物体加于头上，与"穿"的本义无必然的联系，二者发展成为现代汉语中表示穿衣戴帽的常用词，是"对称规约"的结果。对称格局形成后，"对称规约"继续发挥作用，如"头"可以指事物的顶部，"脚"就可以指事物的底部，"山头""山脚"等；"头"可以有"头上"的组合，"脚"就有"脚下"的构造；"穿""戴"在将外物加身的行为上，恰巧形成互补。"穿"的对象是有空间的，是主动地置人体于外物之中，"戴"则是被动地置外物于人体之上。

---

① 蒋绍愚. 论词的"相因生义"[J]. 汉语词汇语法论文集. 北京：商务印书馆，2001：94. 原载《语言文字学术论文集·庆祝王力先生学术活动五十周年》，北京：知识出版社，1989年版。

② 张博. 汉语同族词的系统性与验证方法[M]. 北京：商务印书馆，2003：143.

汉语中的词汇对称演变现象是普遍的，需要系统地深入考查，如"姐""哥"、"嘴""牙"、"皮""肉"、"脸""腮"，等等。而且，对称是多项的，"头"和"脚"形成对称，"脚"和"腿"同样具有对称关系；"穿"和"戴"对称，"吃"和"穿"同样对称，等等。早在20世纪40年代，王力先生就曾针对当时的语法研究现状指出，中国语法学者须有中国语史学和普通语言学两种修养。同时，他还强调二者结合开展语法研究的重要性。

对于语文教学而言，词汇的教学同样是基于文字的音形义而展开的，同时又超出了词汇本身，是词汇之间音形义的横向勾连和词汇内部音形义历时演变的综合考量。就词汇音形而言，其涉及同源词、同音词等；就词义而言，其涉及词义引申方式、同义词和反义词等问题。语文教学中，就是要做到触类旁通、综合运用。一个知识、一篇文章、一道试题，总有需要的地方。老师的头脑该是一个蓄水池，这是教学过程中水分的源泉。教师的知识储备越充足，教学的动力越大，就能游刃有余地进行教学，使得教学状态行云流水。所谓泉涌，基于源泉；所谓应用，基于理论；所谓方法，基于实践。

第三章 汉语语法教学

通俗地说，语法就是用词造句的规矩。法都具有约束性，如《中华人民共和国刑法》《中华人民共和国教师法》是约束人的，佛法、道法等是约束宗教内部的，教法、讲法是约束教学的，等等。语言中有不少规矩，这些规矩约束的是语言单位，是语法。语法是发挥组织作用的中枢，没有语法，词汇将是一盘散沙，只能表达零碎的意义，谈不上表达思维、交流思想。漫长的古代社会，由于长期受到尊经重典的影响，加上汉语本身缺乏狭义形态、汉字是表意文字等因素，人们形成了"书读百遍，其义自见"的认识，语法规则被掩盖其中，直到1898年才形成系统的语法学著作《马氏文通》。语法教学是基础教育语文教学的重要部分。这是语言能力建构的需要，也是充分认识中国语言文字、增强语言自信的需要。当下基础教育的语法教学，有在阅读理解和写作中的自发教学，还有针对语法问题和语法现象的自觉教学，前者是主流。无论怎样，对于语文教师来说，基本的语法和语法教学的方法都需要理解和掌握。

第一节 语法教学不能回避的几个问题

基础教育的语法教学，一般涉及的是句子的分析，通常是为一个句子划分主语、谓语、宾语、定语、状语、补语等。一提到语文语法教学，所能联想到的似乎也就是这些。实际上，有好多语法知识是蕴含在教学过程中的。教学过程中，教师要讲准讲透词类、短语等语法知识问题，并不是容易的事情。这里，我们特别介绍语法学习和语法教学所必须厘清的几个问题。

一、语法形式和语法意义

语法形式和语法意义是与语法成分对立统一的两个方面。顾名思义，语法形式就是语法的形式，语法意义就是语法的内容。这和词汇形式和词汇内容不同。就一个词而言，形式是语音，意义是内容。比如，"肉串"，我们听到有人说这个词的时候，自然就知道是用签子穿成串的肉，喜欢吃肉串的人也会自然地分泌唾液。词汇的语音代表了意义，这就是对立统一于词中的两个方面。就一句话而言也是如此，"我们去吃肉串吧"。被邀请的人就会做出回应。这一串语流的音就是形式，内容就是句义。这些语言单位的形式和意义都是相对独立的，可以被深切感知的，能够实现交流的，是以语音作为形式的。同样，语法的形式和意义也要以语音作为媒介，因为语言是音义结合体，语音是物质外壳。只是这个形式和意义让人摸不着头脑，较为抽象，需要进行一番解释说明。

（一）什么是语法形式

语法成分的外在表现（声音部分）是语法形式，这部分声音所包含的一部分内容是语法意义。任何语法形式都是为表示一定语法意义而存在于句法结构中，如英语"动词＋ing"，"ing"即语法形式，表示"现在分词，进行时态"，就是它的语法意义，去掉"ing"就不能表示这方面的意义，"eating"就只剩下了"eat"。如果不表示"进行时态"，"ing"也就没有了存在的必要。汉语动词加"着""了""过"，"zhe""le""guo"就是语法形式，"进行""完成""经历"就是它们的语法意义。

语法形式是语法成分的声音部分，凡是表达附加意义的声音部分，以及声音部分的结构变化、排列次序等都是语法形式。

通过对语法形式的认识，我们可以发现，语法形式具有以下三个特征。

1. 语法形式具有依赖性

我们知道，表示具有词汇意义的实词的形式（语音）是可以独立存在的，因为实词说出来就具有一定的意义，所以人们可以联想到和它所反映的事物的相关概念。例如，"茶杯"（chá bēi），一发出这个语音形式，大家马上就和"茶杯"这个事物联系起来了。但表示语法定义的那些声音部分即语法形式是不能单独出现的，单独出现时人们不知道它代表什么，只有依附在别的语言成分上时，才会给它添加上一定的语法意义，如"们""－s""的"等。

2. 语法形式和语言成分的组合具有规律性

汉语的"们"总是附加在人称词语后，"初""第"总是附在数目字之头，表示顺序，"着""了""过"总是附着在动词后、某些形容词之后。动词重叠一般是 ABAB，而形容词重叠则往往呈现 AABB 式等。另外，各种语法形式对其相应的语言成分依附程度是不一致的。有些依附程度紧密，不可分离，有些依附程度略松些，如"了""着""过""吧""呢""吗"等。无论依附程度如何，总之是只有依附才有语法意义，本身是无法单独存在的，它们的本质是一致的。

3. 语法形式具有民族性和时代性

不同民族，不同历史时期，其语法成分都会有差异或不同的变化，这是显而易见的。例如，同样是复数，汉语用轻音节"们"来表示，英语却用"－s"；英语有"时"的变化，汉语动词有"体"的语法形式，汉语缺乏屈折变化，词序和虚词显得尤为重要。不同的时期语法形式也会发生一些变化。古代汉语没有"着""了""过"的语法形式，近代汉语才产生"把""被"等介词和介词结构后置的前移等。

实际上，语法结构还具有地域性，如"你先走"广东话则说"你行先"；"噻"在四川方言中含有"你应该知道"之意味，"吃饭了噻"；北京话则用"欤""嘿""嘎"表"征求意见"的语气；普通话则用"吧"。

综上，我们可知，凡是能表达一定附加定义或结构关系的表现形式都属于语法形式。从表现形式上来说，词缀、屈折变化、虚词等都是通过音素、音节等音质成分体现出来的，是有形的，可以被直接感知到的语法形式；声调、重音和语序、语调等是依附有形的音质成分之上的音高、音强等非音质成分，或是音质成分的线性排列顺序的变化，是无形的间接感知的语法形式。

（二）什么是语法意义

语法意义就是"语法"的意义部分。具体说来，凡是言语过程中，通过语法形式所产生出来的附加定义或结构定义都是语法定义，如"了"的完成义、"们"的多数义、动词重叠的尝试义等。

语法意义有别于词汇意义，具有以下几个方面的特征。

1. 依赖性

词汇意义是相对独立的。比如，一提到"晚霞"，我们立刻会联想到傍晚西部天空红彤彤的云彩，甚至会联想到落日的形象；说"火烧云"就更能刺激人的心理和感官，形象而生动。语法意义则不同，必须通过语法形式体现。语法形式不具有独立性，必须依赖于相应的语言成分，而语法意义则又依赖于语法形式，如"looking""zhe（着）"等，"ing"依附于 look，进行时态依附于"ing"中。所以，我们可以说，语法意义具有双重的依赖性。

2. 概括性、抽象性

英语中，可数名词后加"－s"通常表示复数，如"books"，无论是三本、五本还是几万本书。汉语中的"了"表示完成，无论什么时候完成、完成的什么。语法意义是某一类语法形式具有的意义，当然具有概括性、抽象性。语法意义与表示抽象性意义的词的意义不同。词义具有概括性，这是词义的本质特征。比如，"爱情""道德""精神"等，具有概括性，意义也是抽象的，但这些意义都是单个的词的意义，不是在组合过程中通过附加的语法形式体现的附加意义。具体词义只是对抽象事物的概括，不具有类化作用，因为它不具有黏着性，是独立的。

3. 民族性、时代性

这很容易理解，语法形式具有民族性、时代性，语法意义自然如此。比如，英语形态发达，有数、格、时等的语法意义，而汉语缺乏狭义形态，主要靠语序和虚词来表达语法意义，划分主语、宾语时，无形态可依，只有靠语序所体现出来的结构关系。这体现的是语法意义的民族性。古代汉语中表示进行的"着"还没有产生，也没有表示进行的其他语法形式，自然也就没有"进行"的语法意义。"方""正"表示的进行是词汇意义。这体现的是语法意义的时代性。

二、词的分类和词类

词类，通俗的理解就是词的类别，是词的分类。比如，名物词、动作词、性状词、数量词，古语词、方言词和外来词、基本词和一般词、单义词和多义词、生僻词和常用词，等等。这些都不是语法上所说的词类。语法上词的分类，不是依据概念、来源、常用和稳定、意义多少、常用与否等，而要采用语法的标准，否则分出的就不是词类。

关于词类划分的依据，曾经有过以下几个方面的尝试。

（一）依据意义划分词类

透过语音形式，我们最为直接感知的就是词的意义，依据词义划分词类，也是最简单的、直接的出发点。汉语语法学早期的著作就是依据意义划分的词类，如《马氏文通》分词为名字、动字、静字、状字、介字、连字、助字、叹字八类。根据意义划分出的类别，只能是概念的分类。若是概念的分类，世界各民族语言的词类也就大体相同了，稍有不同的是成员的多少。语言的实际应用和语言研究的实践不难证实，划分词类是不能依据意义的。比如，说"行动"表示动作行为是动词，英语中的"action"就是名词，"act"是动词；说"美"表示好看，属于性质范畴，是形容词，就不行。英语中的"beautiful""beauty""beautifully"，都是美，词类却不同。"红"和"红色"都表示红颜色，一个是形容词，一个是名词；"战斗"和"战争"都表示战争中的行为，前者是动名兼类词，后者是名词。

（二）依据形态划分词类

20世纪50年代，在汉语词类问题大讨论中，苏联汉学家康拉德提出，汉语的词有形态，可以分类。于是，不少学者纷纷为汉语的词寻找形态，如部分声调、重音、助词、词缀、重叠，等等。这些的确属于形态，但都不足以用来给词分类，因为汉语的这些形态缺乏普遍性和典型性。比如重叠，一般是动词和形容词的语法特征，实际上，汉语的动词、形容词并不是都能重叠的，如"提高提高""加以加以""伟伟大大""勇勇敢敢"等都不行。其他的形态更是小众化。即便是英语这种形态相对发达的语言，也不能单纯依据形态分类。就拿名词来说，可数名词有单复数的形态变化，不可数名词就没有。因此，形态可以作为词类划分的参考，但不能单独作为依据。

（三）依据语法功能划分词类

语法功能包括词与词的组合关系和词充当成分的能力。实词和实词怎样组合，存在什么样的规律，实词和虚词的组合有什么样的规则，词在组成短语、词和短语造句时充当什么样的成分等，都属于语法功能的范畴。例如，能受"不"修饰、作定语、作谓语，这样的词一般是形容词；能受"不"修饰、作谓语、能接宾语、能重叠等，这样的词是动词。宽泛地说，形态实际上也是语法功能的体现。组词造句的过程中，词能和哪些词组合，能充当什么成分，是词的语法功能；词在组合中发生了什么形态变化，具有同样变化形式的就可以归为一类，这也是语法功能的问题。可以说，形态变化本身就是功能。

因此，词在语法上的分类是说话时词与词相互组合过程中所体现出的类别。这一些词与那一些词经常组合，会有什么关系；那一些词与另一些词经常组合，会有什么样的关系。于是，人们把性质相同的词归为一类，不同的单列出来。语言中的词，就可以按其语法性质，分成若干类。例如：

农场丢过一只羊。

衣服刮了一道口。

孩子踢着一个球。

"农场""衣服""孩子"等归为一类，"跑""刮""踢"归为一类,"丢""开""飞"归为一类……这样在实际说话中从词与词的组合过程中归纳出来的类别,就是语法上的词类。划分词类的依据,只能是语法功能。这不是说有意义就完全不管了,那是不符合实际的。没有意义也谈不上功能,没有意义也就没必要探讨语法问题。只是说划分词类时不能够把意义作为标准,标准只能是一个,否则分出来的类就是杂乱的。划分词类时,以功能为主、意义为辅的表述是不确切的。把意义作为基础,功能作为标准,才是词类划分的正确选择。①

三、词、短语和句子

词和短语都是用来构成句子的语法单位。词是最小的能够独立运用的语言单位,在词汇部分我们已经从结构、意义等角度进行了讨论,这里不再赘述。下面将重点探讨短语、句子及词与短语、词和短语与句子的关系问题。

(一)对短语的认识

短语又称词组、是仂语,可以的。是以词为基本组成单位的语言单位。短语一般组合较为松散,有的短语结构紧密,意义具有抽象性,这被称为固定短语。固定短语的功能相当于词,因此是词汇系统中的一员。有人认为,短语是词和词的组合。这句话从大众化角度来说是无可厚非的,而作为一个科学的解释,还是有些欠妥。词与词组合不一定就形成短语,作为短语的词的组合,需要具备两个要素。

1. 意义上能够搭配

这是最起码的要求,短语的形成,本身就是为扩大词的交流功能,没有意义是不行的,构成短语的词无法组成"合法"的意义就不成话,就不是短语。比如,"粉红的小男孩儿""群山说话丛林"等形式是词的组合,意义上却不成立,因而不是短语。

---

① "意义是基础,功能是标准。"张斌先生在现代汉语语法学课上反复强调基础和标准的问题。

2. 结构上符合汉语语法规则

哪类词与哪类词组合，有一定的规则，要适应汉民族的语言习惯。"十分茶杯"是词的组合，但汉语的词一般不直接修饰名词。一般情况下，不符合语法规则的结构在意义上一定无法搭配，而意义不能搭配的结构往往可能符合语法规则，如"轻柔的茶杯"等。

固定短语因为结构已经定型化，其中的词更具有明确的选择性，即使符合规则、意义能够搭配，也不能随便替换其中的词。"龟兔赛跑"说成"龟豹赛跑"，结构和意义都说得通，却不能成为成语。

(二) 词和短语的区分

可见，短语是意义上能够搭配、结构上符合汉语语法规则的没有投入交流实际的一组词。词是最小的能够独立运用的语言单位，理论上讲不存在区分的问题，但汉语的特点决定了区分的必要。汉语是非形态语言，注重意念的表达，在书写形式上不实行词的分写。印欧语在书写上词往往是分写的，因此对于界定词也就无大难处。(其实，这也反映了印欧语系人群对词的直接感知，而中国人直接感知的是音节、语素和意义。当然，各种语言的表达都是感知意义，只是其他语言的词本就是意义和语音的自由独立的组合。) 朱德熙先生说，词和短语之间的界限是一个复杂的问题，综合各方面也不容易说清楚。[1] 我们这里也只是介绍学界公认的几点区分标准，简单的区分是必要的。

1. 看结构

单音节词由一个成词语素构成，或者是由一个词根语素加后缀"儿"构成，一般不涉及结构问题，只要能够独立运用就可以判定为词，和短语没有纠缠，如"吃""红""拍儿"等。多音节的结构则需要从结构判定是复音词还是短语。短语由词构成，结构松散，词和词之间可以插入独立成分。词结构凝固，是一块砖，一般不能插入独立成分。结构凝固与否是词和短语的根本区别。一个语言单位，中间如果插入独立的成分，意义变了，说明它的内部组合是松散的，

---

[1] 朱德熙. 语法讲义 [M]. 北京：商务印书馆，1982：13.

是个短语，否则是个词。比如，"白菜"中间插入一个独立的"的"变为"白的菜"，"白的菜"不一定是白菜，意义改变了，说明"白菜"是个词。"吃饭"可以扩展为"吃了饭"，意义不变，是个短语。一般认为，扩展法是区别词和短语最有效的方法，但绝不是万能的。

2. 看意义

短语的结构松散，构成短语的词的意义的总和就等于是短语的意义。相反，词义相对完整、抽象，往往不是语素义的简单组合。概括起来词义与语素义的关系如下：

（1）词义等于语素义。这类情况特别少，包括三种情况。

①单纯词，即单音节词，双声、叠韵、叠音等的联绵词、音译词等，如"飞""快""马""踌躇""伶仃""瑟瑟""咖啡"等。

②个别简称词，如"人均""文艺""劳改""鞍师"等。

③个别合成词，这种情况下词义等于每个语素义。如"快乐""语言""道路""海洋"等。

（2）词义不等于语素义。这是普遍现象，包括以下三种情况。

①词义等于语素义加隐含义，如"合影""流沙""手机""求助""大红"。

②词义等于部分语素义，如"窗户""动静""忘记""痛快""人物"。

③词义与语素义无关，如"泰斗""龙头""红娘""泰山""铁窗"。

作为词的意义，往往与语素义不同，词义一般具有抽象性、整体性。因此，看起来像短语的词如"吹牛""理发""结婚""革命"等，虽然能够扩展，但是由于其意义的抽象、完整，因而也不是短语。

3. 看频率

构成短语的词和词的组合，一般都是临时的。即便有些短语很常用，由于结构上不凝固，可分可合、分合自由，在使用上仍旧不是唯一的选择。词则是使用频率高，不同场合、不同环境中几乎是必然的选择。比如，"羊毛""牛肉"等，尽管可扩展，但我们买羊毛、牛肉时，从不说"羊的毛""牛的肉"，所以都可以视为是词。

词一般是单音节、双音节和三音节的，三音节以上的多数都是短语，或是词化程度还不高的词。比如，"柳树梢头""吃顿大餐"很明显是短语；"超级市场""人造卫星""宇宙飞船"等则可以看作是词化程度不高的词，或者是使用频率高的短语。总而言之，若是打算彻底地把词和短语分得一清二白，很难实现。界定词和短语的标准和尺度有差异，结果一定也不同。我们就把一个个的双音节、三音节的意义结构体当成词来对待，也不会影响说明和解释问题。

(三) 关于句子

什么是句子？句子和词、短语的关系如何？这并不是一个很多人都熟悉的问题，包括一部分语文教育工作者。比如，有一种流行的说法，说句子是有主语、谓语、宾语的语法单位，那么没有三种句法成分的单位，我们就不能视为是句子。很明显，这样的说法是违背事实的。我们说话时，有时用主谓宾齐全的结构，有时则不是。比如，甲说："拿出来！"乙说："真没有。"这两句都不是主谓句。很多时候，一个词就可以完成交流。上面的乙也可能回答"好"，"好"就是一个独词句。关于句子，我们这里要强调几个问题。

1. 交流的基本单位就是句子

我们说，词是由语素构成的，短语是由词组成的，词和短语构成句子。实际上，三者并不是同一个层面的问题。语素构成词、词和词组成短语，这主要是结构上的问题。其中，涉及语素如何构成的词，词和词如何组成的短语，规则怎样，等等。词和短语构成句子则不同。也就是说，词和短语只有投入使用了才能实现自身的功能，成为句子。

句子是用于交流的表达完整意义的语法单位。没有投入使用的不是句子，因为人与人之间交流靠的是句子。这就好比是一个人，头颅、四肢等是构成人体的各个部分，这些部分就好比是句子中的词和短语。分析人的各个部分是为了更深入地认识人体和人类，但在社会中出现的从来都不是作为纯粹的人的个体。或者是老师，或者是丈夫，或者是个路人，等等。总而言之，肯定不是一个作为动物的人的身份出现在社会中。以各种角色出现在社会中的人，就是语法学上所说的句子。很明显，作为人体构成部分的头颅、四肢等，更不可能单独或以组合的方式出现在社交环境中。什么时候一个头颅上台讲话了？什么时候一只手臂出来买菜了？这就是说，我们用于交流的基本单位只能是句子，不能是词和短语，更不可能是语素。

2. 句子具有表述性

句子都具有表述性。表，是表示客观事实。这基于句子的构成单位词或短语的意义，是静态的没有投入使用时的意义。比如，"吃"表示人和动物的进食行为，这是客观事实。

述，是陈述主观目的。这是基于说话者的主观目的而言的。说话者基于一定的语言环境，陈述客观事实时会反映主观态度。这是对表示客观事实的词、短语或词和短语的实现，是句子。投入使用的"吃"，实现了由词到句子的飞跃，也就充满了活力。"吃饭吧？""吃。"这是应答；"吃饭去。""吃……"（表达不满，着什么急啊？）；"我也要吃。""吃！"（言外之意，就知道吃。）可以说，在实际的交流中，由于语言环境的差异和说话者的主观目的不同，人不可能说出绝对同样意义的话，即使句子的构成单位完全相同。表述性是句子和其他语言单位的最本质的区别。

3. 句子的结构和语气

句子的结构是就内部构成单位和构成单位之间的关系而言的。句子可以由一个词，也可以由多个词构成。总之，其中必然存在单位功能和结构规则，这说的就是句子的结构。所以，句子可以分为单句和复句，单句又可以分为主谓句和非主谓句。根据谓语的性质，主谓句可以分为名词性、动词性、形容词性谓语句和主谓谓语句，非主谓句可以分为名词性、动词性、形容词性、叹词和拟声词性的几类。复句根据逻辑关系可以分为并列、顺承、递进、选择、因果、转折、假设、条件、解说等小类。根据结构为句子分出的类，就是句子的结构类型，叫作句型。

说话人根据需要采取一定的说话方式，这就是句子的语气。语气大体可以分为陈述、疑问、祈使、感叹四种。根据语气区分的句子类别即句类。例如：

①今天有一场足球比赛。（陈述句）

②你去看吗？（疑问句）

③咱们一道去吧！（祈使句）

④好球！（感叹句）

陈述句对客观事物或现象加以说明，疑问句提出问题，祈使句要求对方行动或制止对方行动，感叹句抒发自己的某种感情。这是四种句类的基本用途。但是在实际运用中，情况会更复杂一些。比如，陈述句的用途不是叙述事实，疑问句的用途不是提出问题等。例如：

⑤（母亲对着孩子说）七点钟了。（陈述句，用途是祈使，催孩子起床。）

⑥（饮食店里的顾客对服务员说）能给我点酱油吗？（疑问句，用途是祈使，要求服务员拿酱油。）

句子的语气在口语里主要用语调表示。书面语里表示语调的是标点符号，如陈述句用句号，疑问句用问号，感叹句用叹号，祈使句根据语气的强弱用叹号或问号。口语里句子和句子之间有比较明显的停顿，书面语则用句号、问号、叹号表示句末的停顿。

四、句子的语法分析、语义分析和语用分析

从广义来说，句子分析是一个大的概念，是从语法角度、语义角度和语用角度的综合分析。狭义而言，句子分析指的是句子的语法分析。我们这里采用广义的概念。

（一）语法分析

句子的语法角度分析，至少包括以下几个方面。

1. 句型分析

句子结构类型的分析，单句确定是主谓句还是非主谓句，依次确定名词性谓语句、动词性谓语句、形容词性谓语句和名词性非主谓句、动词性非主谓句、形容词性非主谓句等。复句，确定并列、递进等下位句型。①

2. 句式分析

句式分析关注的是句子的特征，是在句型分析基础上，对句子的再分析，如"把字句"和"被字句"，一般都是主谓句、动词性谓语句，进而再分析其动词特点，分析修饰语的位置，等等。

3. 句法分析

句法分析关注的是构成单位的结构规则、结构关系，以及单位充当的成分和成分与单位之间的关系等。比如，通常说的主谓、动宾、偏正、中补，主语、谓语、宾语、定语、状语、补语，等等。

一般的句子分析指的就是语法分析。基础教育语文教学中，强调的更多的是主、谓、宾、定、状、补的分析。这便于修改病句，实际上就是句法分析。句型分析一般不会受到特别地关注。因此，导致在整个教与学的过程中，学生对句子的理解不深刻、不清晰。至于句式的问题，比如，"把"字句和"被"字句等的转换和部分特征的分析，已经在小学语文教学中作为重要的知识点进行了学习。

这里需要说明的是句子有独立语，短语没有。比如，"老师，您等等我。""小心，路上很滑。""据说，这棵老槐树已经有 500 余年的树龄了。"其中，"老师""小心""据说"是独立语，主语、谓语、宾语、定语、状语、补语和主谓、动宾、中补等句法成分和句法关系的分析，无法涵盖这一成分。因此，句法分析实际上也包括独立语的问题。如果不考虑独立语，对句子的句法分析就是对短语的结构分析。

另外，句子的谓语有时前置，如"真好，您的表现。"句子有时据上下文语境省略相关成分，如"（孩子）把头低了下去。"这些都不影响句型分析、句式分析和句法分析，上述两句依旧是主谓句，是形容词性谓语句、动词性谓语句，后者还是把字句。

---

① 短语分析即句法分析，方法是层层切分，从大到小，不断找出直接成分以及当中的句法关系。句子分析的方法是找出句型，从上位到下位，依次认定。

（二）语义分析

语义不同于词义。词义是词典中可以注明的单个词的意义，词汇学上称为义位，词典学称为义项。语义则是在结构中体现出的意义，是词、短语等语言单位在组合中体现出的客观事物之间的关系义。例如，"你看我"中，"你"有施事义，"我"有受事义；"我看你"中，"你"有受事义，"我"有施事义。这些意义属于语义。语义主要是名词性结构所代表的客观事物和动词性结构所代表的动作行为之间的含义，如"火车"指在铁路轨道上行驶的车辆，这是词义。在"开火车"中，"火车"除了有词义之外，还是驾驶的对象，是动作行为的接受者，是受事；"坐火车"中"火车"又是乘坐的工具。这些是语义，语义通常包括施事、受事、与事、时间、处所、工具、方式、原因、材料、目的等。我们看下面的用例：

①狼昨天晚上在羊圈里用嘴咬死了羊。（"狼"是施事，"羊"是受事，"昨天晚上"是时间，"羊圈"是处所，"嘴"是工具。）

②跟老师一起考博士。（"老师"是与事，"博士"是目的。）

③小葱拌豆腐，预防高血脂。（"小葱"是材料，"高血脂"是原因。）

语义分析还包括语义指向的分析，语义指向一般指的是定语、状语、补语，对主语、谓语、宾语的语义指向。例如：

①饭吃饱了。

②饭吃多了。

③饭吃完了。

这三个句子从结构上分析，不管用什么术语，都属同一类型。可是从语义上看，"饱"与施事（未出现）发生关系；"多"与受事（饭）发生关系；"完"与"吃饭"这一行为发生关系。又如：

④我找不着先生教。

⑤我找不着东西吃。

⑥我找不着地方睡。

从结构上分析，这三个句子属同一类型。可是从语义上看，句末的动词和它前边的名词有不同的语义关系，④中的"先生"是

"教"的施事，⑤中的"东西"是"吃"的受事，⑥中的"地方"是"睡"的处所。再如，赵本山小品《有病没病》中的一段对白。

大壮：前列腺，前列腺，它在前边呗！

三叔：谁前边？

大壮：在你前边呗？

三叔：我前边不是你吗？

大壮：三叔，在你身体的前边。

赵本山饰演的三叔说的"我前边"，"前边"不在"我"所代表的三叔这个人的身体之上，而是在他的身体之外的前边。以此创造了喜剧效果。这里，"前边"和"我"所代表的事物发生了联系。这种联系虽然不是动词与名词之间的关系，但是也属语义的范围。

（三）语用分析

语用分析是基于语法分析和语义分析的句子使用情况的分析。投入使用是句子对短语和词的实现。交流过程中人的主观情绪和语言环境赋予词和短语以鲜活的生命，如"你今天也太漂亮了！""你也太漂亮了，今天！"这两个句子属同一类型（主谓句，形容词谓语），语义上无差别，反映的是同一事实。前边一句是一般的问句，后边一句语序改变，反映说话人的情绪，增加了更多的惊讶与赞赏。这就是说，在语用上有所不同。语用分析所关注的是处于一定句法结构中的语言单位所代表的意义与说话人和环境之间的关系。句子有语气，可以分为陈述、疑问、祈使、感叹等四类，这是句类的分析。句类的分析属语用的分析。语用的因素有很多，下面介绍一些常见的语用因素。

1. 新信息和旧信息

句子用来交流思想，总是在旧信息（已知信息）的基础上传达新信息。例如：

镇江西北有座金山，山上有金山寺，始建于东晋，距今已有一千六百多年历史。

"镇江西北"是旧信息，"有座金山"是新信息。接下去"山上"指"金山上"，是已知信息，"有金山寺"是未知信息。如此层层推演，形成话语链。语言中的省略，总是省略旧信息。例如：

①谁在唱歌？　　——小王。

②小王在干什么？　　——唱歌。

2. 指称和陈述

说出的话当中，通常有指称，也有陈述。比如，说"老师来了"，"老师"是指称，"来了"是陈述。依靠语境，单有指称就可以达到交际的目的。比如，上面的例子只说"老师"，就可以完成交流。用陈述也可以实现交流，但必须有环境的支持，如有同学说："来了！"大家都在等老师来上课的情境下就知道这句话是什么意思。如果语境无法满足指称的缺失，就无法实现准确交流。比如，两个人夜里坐出租车，到达目的地后，一个突然说："拿钱！"司机就可能吓一哆嗦，因为指称不明确。

3. 定指和不定指

指称可以分为定指和不定指。试比较：

①雨下了。　客来了。　水开了。

②下雨了。　来客了。　发水了。

①中的主语代表指称，属定指。②中的宾语也是指称，属不定指。人们看到天上乌云密布，知道快要下雨，忽然说"雨下了"是指心目中的雨。"客来了"中的"客"是受邀请的客人。人们走在路上，忽然遇到下雨，于是说"下雨了"，这里的"雨"是不定指。"来客了"的"客"是不速之客。

4. 焦点和疑问点

新信息的重点叫作焦点。一般的句子，焦点在后。试比较：

①王冕死了父亲。　　　　　王冕父亲死了。

②我没有把这件事情办好。　　我没有办好这件事情。

"死了父亲"的焦点在"父亲"，"父亲死了"的焦点在"死了"。"没有把这件事情办好"的焦点在"办好"，"没有办好这件事情"的焦点在"这件事情"。

有时，对比的形式可以突出焦点。试比较：

③我今天不在家，明天在家。

④他北京到过，天津到过，上海没到过。

③的焦点在时间，④的焦点在地点。利用副词"是"指明焦点更属常见。试比较：

⑤我是昨天在街上见到他的。　　我昨天是在街上见到他的。

在口语里，可以用重读来指明焦点。疑问句有疑问点，也就是要求对方回答的重点。特指问的疑问点用疑问代词"谁""什么""哪儿""怎么"等表示。选择问的疑问点用肯定形式与否定形式相重叠的方式表示，如"去不去""好不好"。副词"是"的叠用形式"是不是"本身不表示疑问点，作用在于指明后边的词语是疑问点，如"是不是去""是不是好"等。

5. 预设

预设是句子表示的理解句子意义的前提是包含在句子中的，不需要另外的语句作为前提。例如，语气词"着呢"表示一种坚信不疑的语气，它常常指明某种预设。例如：

①水还热着呢！（预设水由热而凉）

②水还凉着呢！（预设水由凉而热）

③路还远着呢！（预设路由远而近）

④路还近着呢！（不可能由近而远）

预设与逻辑上的前提不同。逻辑上的结论必须有其他语句表达前提，而不是在结论中。

大前提：关上门窗屋子里安静。

小前提：现在，关上了门窗。

结　论：所以，屋子里安静了。

"屋子里安静了"这个结论中，本身并不包含上面的"大前提"和"小前提"。同样是"屋子里安静了"，就预设而言是"屋子里之前是喧闹的，预设屋子由喧闹而安静"。

句子的语法分析是分析语言单位与语言单位之间的关系。语义分析是分析语言单位所代表的客观事物之间的关系。语用分析是分析语言单位与说话人主观态度和语言环境之间的关系。"男孩儿帅"和"帅男孩儿"的差别在句法上，语义和语用没有什么不同。"我爱她"和"她爱我",句法上无差别,施受关系却不同,语义上也有差异。"回来了吗,妈妈?""妈妈,回来了吗?"这两个句子属同一类型(主谓句,动词谓语),语义上无差别,反映的是同一事实。前边一句是一般的问句,后边一句语序改变,反映说话人的焦急。两句在语用上有所不同。"客来了""来客了",语义上无大差别,句法上语序的调整体现了主谓关系到动宾关系的变化,语用上反映了定指和不定指的差异。

概括来说,句子分析就是在探讨语言单位表述的客观事实、如何表述客观事实、为什么这样表述客观事实的几个问题。只是找出主谓宾等句法成分,指出主谓、动宾等句法关系,还没有达到分析句子的目的,还不能深刻认识句子。

第二节 语文教学中语法分析的方法

基础教育语文教学中涉及语法分析的方法,主要是针对句子的句法分析。一般自然联想到的就是划分主语、谓语、宾语、定语、状语和补语的问题。这是通常所说的中心词分析法,在以往的语文中考、高考中还作为考核点。因此,教学中尤为重视。至于层次分析法则很少被提及,语法、语义、语用结合起来的三个平面的句子分析几乎是处于"无关紧要"和毫无意义的状态。这里,我们还是打算简单介绍几种句子分析的方法,并直接结合中小学语文语言教学,建立方法和教学实践的有效联系。

一、中心词分析法

中心词分析法兴起于 19 世纪末的欧洲,又叫句子成分分析法。以词为基本的语法单位,以找中心词的方法来确定句子成分。中心词分析法强调对应一个句子成分的是一个词,而不是偏正短语、动宾短语、中补短语等。分析时,要求一举找出全句的主干,以充当主语、谓语、宾语,再依据主语、谓语、宾语划分定语、状语、补语等依附在中心词上的修饰连带成分。比如：

凶恶的狼顿时咬死了奔跑的羊。

第一步，确定主干：狼、咬、羊。

第二步，确定主语、宾语的修饰成分定语：凶恶的、奔跑的。

第三步，确定谓语的修饰成分状语和补足成分补语：顿时、死。

当然，有时候句子的主干未必是完整的主语、谓语和宾语，也不一定都有定语、状语和补语。根据步骤依次找出各个成分，并划分到词，就合乎要求。为了方便标记，中心词分析法一般分别用"＝＝＂"——""～～""（ ）""［ ］""＜ ＞"表示主语、谓语、宾语、定语、状语、补语，涉及兼语的用波浪线加双横线来表示。

（凶恶的）狼［顿时］咬＜死＞了（奔跑的）羊。

虚词不能单独充当成分，可以划到谓语、定语、状语上，补语后的"了""着""过"因为是附着在整个中补结构上面的，划到补语上就不合适，可以不作考虑。

中心词分析法简单容易操作，最大的优点就是便于检查句子的语病。比如：

今年麦子的收成是几年来最好的一年。

第一步，找主干，就能发现主语和宾语"收成是一年"搭配不当。不过，中心词分析法也存在问题。

一是出发点问题。中心词分析法的出发点是语义，并不关注词与词之间的直接的语法关系。一般认为，施事是主语，受事是宾语。实际上有很多句子并没有明确的施事、受事，如"大街上有很多人"。有些施事、受事位置不定，比如"鲁本充满感激地用手碰着他的破帽子。"，由于受到中心词分析法的语义出发观念的影响，教学中缩句的结果很多被确定为"手碰着帽子"，这与语言的实际明显不符。

二是有时划不到词。这种情况还很多见，如"这个孩子头脑很灵活"，"头脑很灵活"是主谓短语充当谓语。这些情况，如果绝对地坚持划分到词就无法实现。

三是很多时候主干不能搭配。用词对应的主语、谓语、宾语在意义上很多时候不能搭配，如"这次考试准备得很充分"，缩句后变为"考试准备"就不大合乎语义。

四是抹杀句子结构的层次性。中心词分析法关注的是线性结构，因为忽略句法结构的层次和成分之间的关系，又强调划分到词，所以句法结构的立体性被掩盖，割裂了词与词的语法关系。比如，"他背着总经理和副总经理偷偷地把钱存到了两家银行"，缩句后变为"他存银行"不但意义不能搭配，其中的歧义也无法分析。到底是只有总经理不知道存钱的事情还是副总经理也不知道，中心词分析法不能准确地解释。通过划分结构层次就可以解释这里的歧义现象，"背着总经理和副总经理"或者是"背着总经理/和副总经理"，或者是"背着/总经理和副总经理"。

二、层次分析法

句法结构是一个词挨着一个词，表面看起来是一个一个词连起来的。实际上，其内部构造并非如此顺次地发生关系，而是由小到大、由密到疏、有层次的进行组合的。例如，"我想踢足球"，是"踢"与"足球"组成"踢足球"，然后再和"想"组合，再和"我"组合。再如，"桌子"——一张桌子——一张大桌子……可见，一个短语或句子内部的各个词并不是处在同一平面上，而且具有立体性。层次性是句法结构的本质属性，不是人们主观强加的可有可无的东西。从大到小逐层剖析，或者从小到大逐层归纳句法结构中客观存在的层次的方法，就是层次分析法，又叫作直接成分分析法。层次分析法来自结构主义语法学，不但讲切分，而且讲关系。因此，运用层次分析法分析句法结构，要熟练掌握短语的结构类型和切分典型多层次结构的步骤和方法。

（一）短语的结构类型

汉语语法有并列、偏正、动宾、补充、主谓五种基本结构类型。

1. 并列短语

由两个或两个以上的名词、动词、形容词、代词或数量词性的

结构并列组合构成。构成部分之间没有轻重主次之分,彼此地位平等。例如:

红花绿叶　大海蓝天　有说有笑　唱歌跳舞　坚强勇敢　美丽

2. 偏正短语

后一部分是中心,前一部分修饰限制后一部分。例如:

①定中短语的中心语为名词性:

红苹果　　蓝天上的水莲花　　好老师

②状中短语的中心语为谓词性:

非常好　　始终不错　　　慢慢说

3. 动宾短语

由动词性结构和它的宾语组成,宾语是动词性结构的支配对象。动宾之间是支配与被支配、关涉与被关涉的关系。

敬畏生命　放下包袱　骗取信任　丢下它　发展生产　进行斗争
恢复平静　爱热闹　　下决心　　像珍珠　夸奖我　　有幽默感

4. 中补短语

由动词或形容词性结构与它们的补语构成,补语起补充说明的作用。例如:

看<清楚>　吹<破>　去<一趟>　等<两天>　拿<起来>
跑<出去>　好<极>了　强得<多>　冻得<麻木>　生<在鞍山>

5. 主谓短语

由主语和谓语两部分构成,主语表示陈述的对象,谓语表示陈述的内容。例如:

试验开始　花色微红　天刚黎明　明天星期六　波光粼粼
虚心使人进步

短语的五种基本结构类型之外,还有七种结构类型。之所以说这些短语,不属于基本的结构类型范畴,是因为它们总是作基本结构类型短语的一部分,形成主谓、动宾、偏正、中补、并列等语法关系。

6. 连谓短语

两个或几个谓词、谓词性短语连用的组合,连用的几部分大多表示连续发生的几个动作,是连续关系。这几部分都可以和同一个主语组成主谓短语,但是又不同于联合短语,其间没有关联词语和语音停顿。例如:

出去闲逛　听了很高兴　上街买菜　去学习　找老师问问题
向银行贷款买房

7. 兼语短语

兼语短语是由一个动宾短语和一个主谓短语套合在一起构成的。述宾短语的宾语兼做主谓短语的主语,形成一种连环形式,中间一项是宾主同体,称作兼语。例如:

叫你去　请他来　使校园美丽　选他当队长　称他为英雄
有人帮忙

连谓短语和兼语短语的基本功能都是充当主谓短语中的谓语。

8. 介词(宾)短语

由介词和名词性结构构成,形成支配关系。常见的介词如"在""从""比""对""被""对于""关于""把""被""为""用"。例如:

〔在桌子上〕有本书　　〔从北京〕出发　　〔于鞍山〕有特殊的感情
〔对于他〕来说

上面例中的"从北京""于鞍山""对于他""在桌子上"是介宾短语。由于汉语的介词是从动词虚化而来的,或是存在介词、动词并存的情况,因而"在""用""比"既是动词也是介词。保留动词的印记,"被老师批评"中的"被",依旧有遭受的意味,所以,汉语的"被"字句多数具有消极色彩。介宾短语的基本功能是作状语,很多情况下也可以充当补语。

9. 方位短语

由名词性或谓词性结构加方位词构成,方位词有"上""下""前""后""左""右""内""外""之上""之下"等。例如:

井冈山上　月光下　改革中　屋子里　大门外　吃饭以前
挥手之间

方位词具有黏着性,"上面""下边"等组成的"桌子上面""房檐下边",中间可插入"的"构成"桌子的上面""房檐的下边",是偏正短语，不是方位短语。方位短语的基本功能是作主语、宾语，也可以充当定语。

10. 量词短语

由数词或指示代词加上量词组成。例如：

数量短语：一个　二斤　一碗　两包　三次　一回　两趟

指量短语：这种　那本　这堆　这碗　那包　这次　那会　这趟

指量短语都是名词性的名量结构。数量短语中如"三次""一回""两趟"等是动量，"二斤""一碗"等是名量。名量的量词短语基本功能是作定语、宾语，动量的量词短语基本功能是作补语。名量中的"三天""两小时"等表示时间，与动词性结构结合充当补语。

11. 同位短语

两个词或短语同指一种事物，作同一个成分，这种短语是同位短语，也叫作复指短语。例如：

首都北京　班长老王　钢都鞍山　我自己　你们俩　夫妻二人

读书这种活动

很明显，同位短语的基本功能是充当主语、宾语。

12. 助词短语

由名词性结构或谓词性结构和结构助词"的""所"、比况助词"似的""一般"等构成。具体包括：

①"的"字短语，X＋的：吃的、穿的、教书的。

②"所"字短语，所＋谓词性结构：所想、所爱、所青睐。

③比况短语，X＋比况词（似的、一样、一般）：耗子似的、禽兽一样、飞一般。

"的"字短语、"所"字短语的基本功能是作主语、宾语，"所"字短语表示被动，多充当宾语。比况短语一般充当状语，与谓词性结构组成状中短语，如"耗子似的乱窜""禽兽一样狠毒"。这里，顺带说明如何看待"像耗子似的乱窜""如禽兽一样狠毒"等短语。总体看来，这样的短语仍旧是状中短语。不过，这样的短语和"教室里面像教室外面一样明亮""这块木头跟那块石头一般硬"不同。首先，口语中的重音位置不同。"像耗子似的乱窜"重音在"耗子"，"像教室外面一样明亮"重音在"一样"。其次，结构层次不同。一是"像耗子似的/乱窜"，一是"像教室外面/一样明亮"。仔细看来，"像"后的"耗子似的"具有了名词性，相当于"耗子似的 NP"。因此，我们把"像/如同/好似……似的/一般/一样"等看作是动宾短语更合适，不能当成比况短语。

（二）分析句法结构层次的方法

层次分析法一般也粗略地说是"二分法"。这揭示了层次分析法的本质。分析句法结构的层次，通常需要坚持"二分"的原则。也就是先确定一个大的句法结构的层次，指出是什么类型的短语，再分别确定被"二分"后的两部分的层次，依此类推。例如：

①我们学校召开了学生代表大会。

第一步，确定整个结构的层次：我们学校/召开了学生代表大会（主谓关系）。

第二步，分别确定"二分"后的两部分的层次：我们/学校（定中关系）；召开了/学生代表大会（动宾关系）。

第三步，再分别确定"二分"后的两部分被"二分"后的两部分的层次：学生代表/大会（定中）。

第四步，……学生/代表

……

分析结果用框状图表示为：

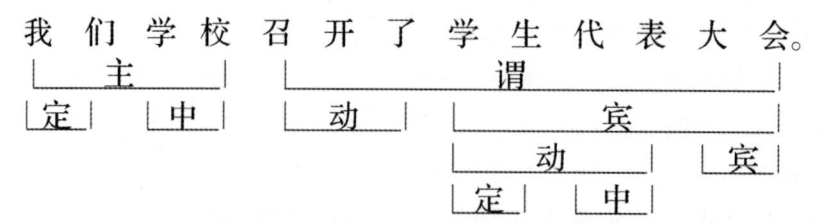

```
我  们  学  校  召  开  了  学  生  代  表  大  会。
|____主____|        |_____谓_____|
|_定_|_中_|   |_动_|  |_____宾_____|
                     |____动____|  |_宾_|
                     |_定_|_中_|
```

下面依次介绍典型的句法结构分析用例：

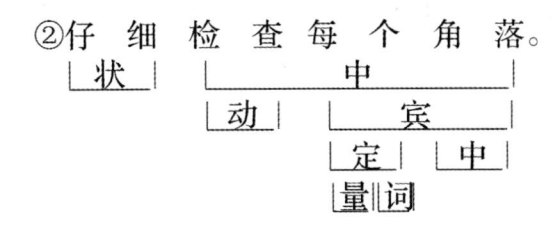

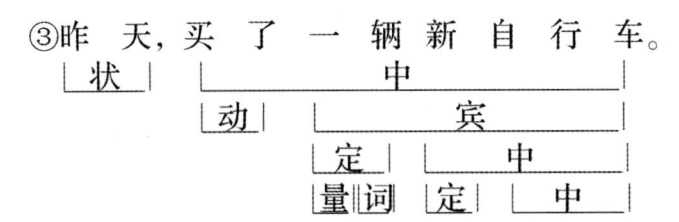

②仔细检查每个角落。
状		中
动		宾
定		中
量	词

③昨天，买了一辆新自行车。
状		中
动		宾
定		中
量|词|定| |中

④打了老虎三拳。
  | 中 | |补|
  |动| |宾| |量|词|

⑤飞进一只苍蝇来。
中	补
动|	宾
中|补| |定| |中
量	词

⑥给我一杯忘情水。
动		宾
定		中
量	词

有的结构不是简单的两个层次的问题，不能用"二分"的方式切分。例如：

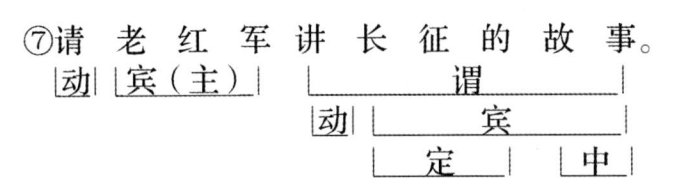

⑦请老红军讲长征的故事。
  |动|宾（主）| | 谓 |
              |动| | 宾 |
                   |定| |中|

183

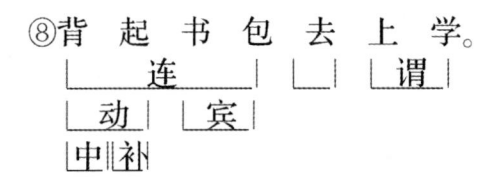

⑧背　起　书　包　去　上　学。
　　｜　连　｜　｜　谓　｜
　　｜动｜　宾　｜
　　｜中｜补｜

⑨山，山　上的　树，山　中的　人家；水，水上的　灯影，水　中的　桨声。
　　｜　　　并　　　｜　　　列　　　｜　｜　　并　　　｜　　　列　　　｜
　｜并｜　　　列　　｜　｜并｜　　　列　　｜
　　　｜定｜中｜　｜定｜中｜　　　　｜定｜中｜　｜定｜中｜
　　　｜方位｜　　　｜方位｜　　　　｜方位｜　　　｜方位｜

这里介绍的从大到小的层次分析法叫作切分法，反之，也可从小到大的进行层次分析，依次确定有语法关系的直接成分，这种方法叫作组合法。例如：

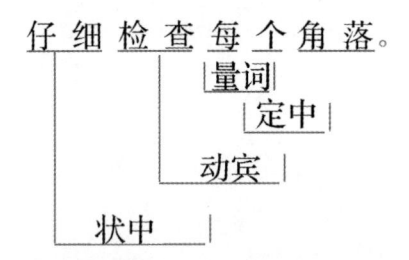

仔　细　检　查　每　个　角　落。
　　　　　　　　　　｜量词｜
　　　　　　　　｜定中　｜
　　　　｜动宾　｜
｜状中　　　｜

一般我们采用的切分法是由大到小地逐次找出句法结构的直接成分。切分法便于操作，符合认知的规律，从整体中看个体能更清晰地揭示句法结构的层次关系。不过，运用切分法要注意几个问题。

第一，要保证切分下来的成分是音义结合体。如果切分下来的成分不是音义结合体，说明切分出现了错误。"打了老虎三拳"切分成"打了/老虎三拳"就不行，因为"老虎三拳"不是音义结合体，不能搭配形成意义。说白了切分下来的是短语或词，得成话。

第二，要保证切分符合汉语语法的结构规则。切分下的单位单是音义结合体还不行，需要用语法规则来检验。比如，"仔细检查每个角落"，切分成"仔细检查/每个角落"意义上没有问题，却违背了汉语的语法规则。因为汉语中有状中结构、动宾结构，不存在"状中结构＋宾语"的关系，这样的切分割裂了动宾之间的关系，所以有状语的一般都是先切分状语，确定状中关系。

第三，否定词和单音节词作单音节动词的状语，且动词后有宾语的，一般把它们和后面的单音节动词当成一个整体。这样的状中结构是双音节的结构体，结构上和功能上相当于一个词，只是没有凝固成词。如"新建了很多房屋"就不能先切状语"新"，因为"新"实际上修饰的是"建"，并不是整个动宾结构。同样，"不想回答问题"的切分形式为"不想/回答问题"。

层次分析法最大的优点是简洁直观，能够揭示句法结构的层次，也能够准确分析由于层次交叉和层次关系交叉引起的歧义。但是也存在局限性，由于关注的是句法结构的层次性，划分直接成分使得线性结构下的语义被割裂开来，不利于解决语病问题。同时，有些歧义问题层次分析也不能解决。比如，"在火车上写字"，这句话需要借助语义分析。

三、基于层次分析的中心词分析法

任何的方法都不是万能的，语法学研究的方法论也不断处于更新演变中。中心词分析法存在的问题，层次分析法可以部分地弥补，层次分析法存在的问题，中心词分析法也能够部分地解决。语法、语义、语用三个平面的语法研究转换生成语法学、认知语法学等新理论新方法，都是在弥补缺陷的进程中实现的对立统一地发展。因为中心词分析法在中小学语文教学中应用普遍，所以我们以层次分析法作为出发点，以中心词分析法为落脚点，结合两种方法划分主语、谓语、宾语、定语、状语、补语等句法成分。实际上，只要是掌握了切分法，就非常容易操作。下面以"我们学校召开了学生代表大会"为例。

第一步，确定第一层次，标记层次关系。我们学校召开了学生代表大会。很明显，这是主谓短语，"我们学校"是主语部分，"召开了学生代表大会"是谓语部分。

第二步，分别确定第二层次主语部分和谓语部分层次关系。"我们学校"是定中短语，"学校"是主语部分中心词，"我们"是定语。

"召开了学生代表大会"是动宾短语,"召开"是谓语中心词。

第三步,看剩余的其他部分的层次关系,确定定语、状语、补语。谓语中心词"召开"没有修饰语和补足语,不再考虑。宾语部分"学生代表大会"继续切分,"学生代表大会"是定中短语,"大会"为宾语部分中心词。

用符号表示中心词分析法的分析结论为:

(我们)学校召开了(学生代表)大会。

我们再看几个典型结构:

①母亲那种勤劳俭朴的习惯,母亲那种宽厚仁慈的态度,｜至今在我心中留有深刻印象。

第一步,确定第一层次,主谓关系。

第二步,确定主语部分层次,并列关系;谓语部分层次,状中关系,"至今"是状语。

第三步,确定主语部分的并列短语的层次,均为定中关系。主语中心词"习惯""态度",定语部分"母亲那种勤劳俭朴的""母亲那种宽厚仁慈的"(这两部分定语仍旧可以继续切分)。谓语部分状中关系,"在我心中"是状语。

第四步,确定谓语中心部分"留有深刻印象"为动宾短语,"留有"为谓语中心词,"深刻印象"为定中短语,"印象"为宾语中心词,"深刻"是定语。

用符号表示中心词分析法的分析结论为:

(母亲)(那种)(勤劳俭朴的)习惯,(母亲)(那种)(宽厚仁慈的)态度,｜[至今][在我心中]留有(深刻)印象。

②西起九江(不含),东至江阴,｜均是人民解放军的渡江区域。

第一步,确定第一层次,主谓关系。

第二步,确定主语部分层次,并列关系,主语部分划不到中心词;谓语部分层次,动宾关系,动语部分为"均是"(虽然是短语,但是不能把"均""是"分开)。

第三步,确定谓语部分"均是"为状中关系,状语"均"谓语中心词"是"。宾语部分为定中短语（可以继续切分），中心词为"区域"。

用符号表示中心词分析法的分析结论为：

<u>西起九江（不含），东至江阴</u>，｜［均］<u>是</u>（人民解放军的）（渡江）区域。

③在一天夜里，｜他被一阵尖叫声惊醒了。

用符号表示中心词分析法的分析结论为：

第一步，确定第一层次，状中关系，状语部分为"在一天夜里"。

第二步，确定中心语部分为主谓关系，主语"他"。

第三步，确定"被一阵尖叫声｜惊醒了"为状中关系，状语部分为"被一阵尖叫声"；谓语中心词为"惊醒"（了）。

用符号表示中心词分析法的分析结论为：

［在一天夜里］，｜他［被一阵尖叫声］<u>惊醒</u>了。

④我最急于告诉你们的，｜是我思想感情的一段重要经历。

第一步，确定第一层次，主谓关系，主语部分为"我最急于告诉你们的"（"的"字短语，不必继续划分）。

第二步，确定谓语部分为动宾关系，"是"是谓语中心词。

第三步，确定宾语部分为定中短语（可以继续切分），宾语中心词为"经历"。

用符号表示中心词分析法的分析结论为：

<u>我最急于告诉你们的</u>，｜<u>是</u>（我）（思想感情的）（一段）（重要）经历。

⑤我｜每忆及少年时代，就禁不住涌起视听的愉悦之感。

第一步，确定第一层次，主谓关系，主语为"我"（这里注意，依据短语层次划分，和停顿处无关）。

第二步，确定谓语部分为状中关系，"每忆及少年时代"为状语。

第三步，确定中心语部分"就禁不住涌起视听的愉悦之感"为状中短语，状语中心词为"就"。

第四步，确定中心语部分"禁不住｜涌起视听的愉悦之感"为动宾短语。动语部分"禁不住"为中补短语，中心词为"禁"。宾语部分为"涌起视听的愉悦之感"（不必继续划分）。

用符号表示中心词分析法的分析结论为：

我｜［每忆及少年时代］，［就］禁＜不住＞涌起视听的愉悦之感。

从层次分析法出发，划分中心词分析法的主语、谓语、宾语、定语、状语、补语等句法成分，是结合两种分析句子的方法，解决教学中成分划分的问题，不是完全地照搬两种方法生硬地结合。操作过程要坚持层次切分，又要点到为止；落脚点是中心词，又要合理处理具体情况，不一定都能划到，或者都要划到词。这里补充说明两个问题：

第一，遇到多重状语、多重定语，如果能够确定是状中关系，可以直接确定状语和定语部分；如果有特别需求，就继续切分定语和状语的层次。就教学对象而言，小学阶段不必要强求细致地划分，初中高年级和高中阶段具有一定的语言基础，最好切分到底。比如：

（母亲那种勤劳俭朴的）习惯，（母亲那种宽厚仁慈的）态度，｜［至今在我心中］留有（深刻）印象。

（母亲）（那种）（勤劳俭朴的）习惯，（母亲）（那种）（宽厚仁慈的）态度，｜［至今］［在我心中］留有（深刻）印象。

从层次关系来说，多重定语、状语是依次和中心语发生的关系，不是彼此修饰、限制。例如：

母亲｜那种‖勤劳俭朴的‖‖习惯。

至今｜在我心中‖留有深刻印象。

第二，"的"字短语和非名词性结构充当主语、宾语，可以不继续划分，充当状语和补语的短语也没有必要继续划分。这是基于教与学的实际的考虑，一是便于操作，二是避免杂乱。比如：

我｜［［每］忆及少年时代］，［就］禁＜［不］住＞涌起（视听的）（愉悦）之感。

这句话就非常杂乱，为了便于操作不再继续划分"的"字短语。

除非是有特别需要，针对具体的成分，再用层次分析法单独分析。否则，我们就完全回到了层次分析。

四、形式和意义的整体分析

语言单位的形式和意义是对立统一体的，不同层面的形式反映不同的意义。词汇形式反映词义。句子结构所承载的一是句法结构，体现语言单位之间的形式和意义，即语法形式和语法意义；二是语义结构，体现语义形式和意义；三是语用结构，体现语用形式和语用意义。分析句子需要综合考虑三个方面，特别是要厘清形式和意义的对应关系。这就需要我们具有综合分析的意识，特别是要注意综合地分析不是混沌地融合，不要配错了对象。

（一）语法分析和语义分析

语法分析是探讨语法的形式和内容的问题，和语义分析不同。但只要是语法单位都是有意义的，这是语法分析的基础。明晰句法结构、揭示组合规律、充分理解语义是语法分析的意义所在。语法分析和语义分析不同，却又不能完全割裂开来。比如：

吃苹果　吃食堂　吃大碗　吃大锅饭　吃新鲜　吃白食

以上结构语法分析的结果是：

语法形式：动词＋名词　　语法意义：动宾关系

语法分析看不出彼此的差异。语义分析则是另一个结论：

语义形式：动作＋事物

语义内容：动作＋受事　动作＋处所　动作＋工具　动作＋来源　动作＋方式　动作＋目的　动作＋结果

因此，我们说，语法分析不等于语义分析，语法分析不能说明的问题语义分析可以解决。语法分析和语义分析的形式和内容不能只关注单个方面，但也不能彼此交叉，不能片面地看待问题。如今，"驴唇不对马嘴"的现象仍然存在。20世纪50年代中期，语法学界进行了一场主语、宾语的大讨论，就提出了多种划分标准。

1. 以意义为标准

这样的标准认为，凡施事皆为主语，受事皆为宾语。这符合大众化的想法，如"狼吃了羊"，"狼"是主语，"羊"是谓语。这样看起来似乎符合汉语实际，的确汉语中很多句子的情况就是如此，都有施事、受事，而且这样的标准也很明确、清晰。但实际上，我们是不能以意义为标准划分主语、宾语的。语义问题包含的是施事、受事等内容。这个是出发点问题，如果是从语义划分主语、宾语，不管词和短语在句中的地位、作用和结构关系，那么就完全忽略了语法本身的结构规律，以语义代替了语法结构分析，把二者混为一谈，显然是不正确的。

2. 以语序为标准

即从结构上，以语序的先后为依据划分主语和宾语。印欧语可以这样做，因为其形态即一定的语法形式，其主语、宾语的语法形式也自然不同，而汉语缺乏形态，语序、虚词便是其语法形式，所以汉语不可以这样做。语序标准的原则是体词性成分在动词前为主语，在动词后为宾语，不管这个体词性成分是施事、受事、处所，还是工具。语序是汉语的重要语法手段，单纯从语序出发，便陷入了形式主义的漩涡，如"屋里谈吧""昨天，我先走的"。把其中的"屋里""昨天"也看成主语，把词序强调到了不应有的地步，就是不正确的了。

3. 语序和意义相结合

词序是形式，意义是内容，形式与内容相结合，看起来没有任何问题。这里必须指出，语义并非语法意义，是不能和语法形式上的语序相结合的。因此，持这一理论的人，有时用词序这个标准，有时用意义这个标准，完全凭主观感觉而定。例如，"台上坐着主席团""这个字我不认得"，说"主席团"是倒装主语，"这个字"是倒装宾语，这是用施受的标准；看成是主语，是语序标准。此划分标准根本无法将本不属于同一范畴的形式和内容结合起来，结果是"驴唇不对马嘴"。

上面的方法都行不通，因为一个是标准单一，另一个就是标准并非为对立统一体，根本谈不上结合。真正结合的应该是语法形式和语法意义，即从语法本身的运动形式，如哪一类词与哪一类词以何种方式相结合,从而到构成什么样的结构关系上去进行划分,方式包括词序、虚词、停顿、重音、层次等。这是句法结构产生的主谓、动宾、偏正等,是语法意义。这是与施受义完全不同的。

(三) 语用分析

语用分析是基于语境的句子分析,投入使用的词或短语实现了成句。句子是交流的基本单位。语用的分析是活生生的动态分析,是句子分析的目的所在。句法分析解释规律,语义分析揭示内容,语用分析体现意图。关于语用分析,基础教育的语文教学中涉及不多,我们这里提出这个问题,是为了更好地理解句子本身和句子的分析问题。

1. 句子的言外之意

语用含义又叫言外之意,指人们利用语境表达出与话语表面意义不符甚至相反的意义。语用含义常常表现出说话人话语交际时的真正的话语意图和交际目的。例如:"我渴了。"这句话的语义本身是表示人的生理状态,因缺水口干舌燥的意思。这是它的一般的和稳定的意义,是语言形式本身所表达的意义,通常叫作"语言意义"。但在不同的情景下,它的话语意图和交际价值就有所不同。例如:

①夏日的中午,爸爸和妈妈带着孩子在公园游玩。经过一个卖饮料的小店,这时,孩子说:"我渴了。"孩子的意思是要买一瓶水。

②夏日的中午,男孩儿和女孩儿一起逛街,男孩儿邀请女孩儿去看场电影。女孩回答:"我渴了。"女孩儿的意思是先准备点儿水,然后去看电影,默许了邀请。

③夏日的中午,刚刚逛街回来的女朋友对正在图书馆看书的男朋友说:"我渴了。"女孩儿的意思是,赶紧出来接我,帮我带上水。

言外之意,是基于语言形式、语义,在特定的交际场合和知识背景等因素的作用下所表达的意义,是人、事、物、境综合表现出来的语用意义。

2. 句子的唯一之义

静态地看待语素、词和短语,一般都具有歧义。歧义并不是多么特别的语言形象,多义性是语言丰富性的体现之一。拿一个语素来说,比如,"食"常用的动作义是"吃",如"食物";事物义是"吃的东西",如"粮食"。词是由语素构成的,自然是多义的,特别是单音节词。复合词对语素的多义性具有化解作用。在运用的过程中,复合词一般也会产生新的意义。比如,"勾魂""美女""泡沫""上台"等。词和语素都以多义为主,语素、词、短语在被实现和实现的过程中,意义趋向于单一化。即便如此,静态的句法结构体现的多义性仍旧广泛存在。比如:

①这样的螃蟹不好吃。(螃蟹味道不好;螃蟹不容易吃,不方便吃;螃蟹很难吃到,难得。)

②难得糊涂。(因难而导致糊涂了;装糊涂而不糊涂。)

③他走了两个小时。(离开两个小时了;走路走了两个小时了。)

④张三会唱这支歌的。(张三具有唱这首歌的能力;张三一定唱这首歌,不是不唱。)

⑤菜不热了。(菜凉了;菜不用被加热。)

⑥大厅里摆着酒席。(摆好了酒席,准备开席了;正在安排酒席。)

我们说,句子的唯一之义,指的是词、短语投入使用成句后,多义性被句子的语境化解,表义单一。嘴里吃着螃蟹,摇着头说"不好吃。",是味道不好;摆弄两下,摇摇头说"不好吃。",是不方便吃,扒起来太费劲;竖起大拇指,点头说"不好吃。",是不容易吃到;吃了两口放了两个小时的饭菜,"菜不热了。",肯定是说菜凉了;一走进大厅看到桌子上已经摆放好的菜,肯定不是正在摆酒席;等等。实际的生活中,我们很难遇到这样的歧义,也不会因为这样的歧义而影响交流。语义的单一化、唯一性,是语言运用过程中的人物、事物、事件、情境等合力的结果。

3. 句子的真实歧义

句子的真实歧义是语言模糊性的体现。语素、词和短语等语法单位,意义都具有模糊性。句子意义的模糊性一般不是语义范畴的歧义,因为词、短语实现在句子的过程中,语义趋于单一化。句子的真实歧义,主要是由于说话人、听话人的主观意图和语言环境之间的矛盾产生的。交流过程中,说话人、听话人都是基于语境来实现交流目的。语境是客观的存在,人则具有主观性。说话人表达时基于个人意图借助了多少语境要素,听话基于个人理解涵盖了多少语境要素,二者不可能是完全对等的。一般情况下,说话人借助的语境要素和听话人涵盖的语境要素趋于一致。因此,双方不会产生交流障碍。当对方的语境要素严重偏离的时候,就会产生真实的歧义。比如:

①烘焙店里,顾客对着橱柜中的大块面包说:"能不能切开卖?"店员回答:"可以切开。"结果是,店员把大面包切成了十几张薄片。顾客说:"我要买的是一半。"

这里,顾客的意图和店员的意图很明显不一致,两种不同的意图借助烘焙店、大面包、刀等语境要素,理解上出现了严重的偏差,导致了歧义。指称"面包",说话人"顾客"认为是一半,听话人"店员"理解的是整体。从语义上来说,是受事的不同。

②饭桌上,一个略胖的小女孩说:"不吃了。"朋友劝说:"吃得太少了,多吃点儿。"女孩说:"这不为了保持体重嘛?"朋友说:"嗯,现在正好。保持住!"女孩儿很尴尬。

女孩儿和朋友的语境信息明显不对等,女孩儿少吃的目的是保持她心里的标准体重,现在有些胖了。朋友的理解是,女孩儿体重适中,她很中意自己的体重。

③赵本山、范伟、高秀敏表演的小品《拜年》有这样一段:

赵老蔫:你咳嗽它也是五六万,你不用搁那……!特别是养甲鱼,一本万利。我告诉你,我给你拿两条。这玩意看好水,掌握好饲料,我完全自己配制饲料!吃啥玩意爱长……

范乡长:喝酒!

赵老蔫:喝酒不行,喝酒它上头。你给它喝酒,它酒糟都不吃!

范乡长:我说咱爷俩喝酒!

赵老蔫:啊?咱俩啊,我寻思你给王八灌酒呢!哎,喝!

范乡长(范伟饰演)打断了赵老蔫(赵本山饰演)的话"吃啥

193

玩意爱长",来了句"喝酒"。赵老莴完全没有关注到范乡长举着的酒杯,顺口回答了"喝酒不行,喝酒它上头",造成歧义,创造了幽默效果。

脱离具体现实情境的文字交流,更容易产生歧义。比如,某小区业主群里的一段对话。

④业主1:二号楼二单元姓王的,买的东西在电梯里,一直未取。

业主2:什么叫姓王的?买的东西不能放在电梯里吗?

结果展开了一场争论,业主们都支持业主1,认为这是善意的提醒,劝说业主2这是一场误会。误会产生的原因就是双方对语境要素的把握不对称。关键是业主2,把"姓王的"理解成了称呼语,把整个语句理解成祈使语气,自然心里不舒服。实际上,业主1采用的是陈述语气,"姓王的"并不是称呼语。

基于语境对话语意图的理解受到人的主观情绪、知识背景、人生阅历、当时状态等因素的多方面影响,所以从语用的层面说,歧义随时都可能发生。比如:

⑤咸点儿。

妻子把菜端到桌子上,丈夫尝了一口,说:"咸点儿。"妻子气呼呼地拿来盐罐子:"自己放。"丈夫说:"我说菜有点儿咸。"这就是理解的问题。因为妻子很可能炒菜的时候情绪就不好,所以丈夫评价了菜的咸淡后,她就误解了丈夫的意思,以为是让她回锅再加些盐。另如:

⑥今天有点儿冷。

正在上课的老师,看了一眼开着的窗户,说了这么一句。很明显,是希望靠窗的同学关上窗户。但那个同学却回应了一句:"还行,不太冷。"这是同学根本没有关注到老师的情态,或者这名同学反应慢,没能理解老师的言外之意。可见,说话人和听话人对等交流的影响因素十分复杂。因此,过度理解和理解不透彻都是十分正常的。不过,我们日常生活中对等的交流是常态,真实歧义并不多见。至于过度的言外之意和敏感的强解,涉及的是情商和心理,不具有普遍性。

　　学习语法，揭示语言规律，根本目的是要实现正确地运用语言交流思想。我们探讨语法分析问题，关注语法单位之间的组合和聚合关系，仍旧离不开意义，最终也是为了深刻地理解意义。因此，我们一直强调意义是基础，是句子分析的旨归。从广义上来说，句子分析是对句子的整体分析，包括句法分析、语义分析和语用分析。三个层面的分析各有侧重，互为补充，殊途同归。基础教育语文教学中，句子分析更关注的是句法分析。层次分析和中心词分析两种句法分析的方法，教师应该熟练掌握，并能够自如地运用层次分析法解决中心词分析法中的问题。语义分析也需要熟悉，否则很容易把语法分析和语义分析混为一谈，或是将形式和内容配错了对。至于语用分析，了解无大害，因为这是充分认识句子和理解句子的必要前提。

第四章 汉语语音与语文教学

语音是语言的物质外壳,任何意义都是靠语音来体现的。语音和意义实现了结合,语言才真正产生。汉语的语音研究从汉代就已经开始,反切的发明、四声的发现,是人们自觉关注汉语音节的结果。现代语文教育的初级阶段,也是从拼音学习开始的。可以说,语音的学习伴随语文学习的终身。语文教学中,拼音教学、诗词格律、字音教学、通假字教学等都是基于语音应用汉语语音知识的教学。掌握和理解汉语语音基本知识,是实现高质量语文教学的重要保障。

第一节 汉语语音基本知识

汉语语音基本知识包括共时的语音单位的描写和分析,也包括历时的语音单位的基本情况和汉字声韵调的发展规律。今天的汉语语音系统是历时发展演变的结果,汉语的古今历史演变形成了完整的汉语发展史。语文的含义是广泛的,涵盖现代的口语、书面语和古代的口语、书面语,所涉及的文字、语音、语法、词汇常识理所当然地贯通古今。

一、音节、音素、音位

(一)音节

音节是语音的基本单位,是自然感知到的最小的语音片段。一般来说,一个汉字在语音上就代表一个音节,如"回家"。只有少数指况下是两个汉字代表一个音节，如"花儿"。

(二) 音素

音素是最小的语音单位，音素组成音节。汉语中，少数音节是由一个音素构成，多数音节由二到四个音素组成，把"读书"的两个音节拉长就会读出［u］，前面还有个［t］和［ʂ］。这些都是音素。

根据发音性质，可以把音素分为元音、辅音两大类。元音和辅音有以下区别：

①在口腔或咽头等受阻与否。元音不受阻碍，辅音受阻。

②声带颤动与否。发元音时声带颤动，辅音中清辅音声带不颤动，只有浊辅音声带颤动。

③气流顺畅与否。元音不受阻碍，气流通畅，辅音气流强，受阻而不通畅。

④发音时各部位紧张与否。发元音时发音部位处于均衡的紧张状态，发辅音时阻碍气流的部分紧张。

发音时是否受到阻碍，为元音、辅音的根本区别。

(三) 音位

音位也是对音素的归类，只不过不是根据发音性质，而是根据能否区别意义。在同样的语音环境下出现，能够区别意义的音素是属于不同的音位；不能区别意义的就可以归入同一个音位。音位是以集合的形式出现的，一个集合的内部成员彼此不区别意义，不同集合的成员区别意义。比如，m＿＿，［i］出现时为"米"，［ᴀ］出现时为"马"，二者区别意义，属于不同音位；另如，在普通话中［u］［v］［w］出现在 áng 的前面，听话者都能确定是"王"或"亡"，三者在同样的语音环境下出现不区别意义，可以归入一个集合，作为一个音位。另外，在普通话中，［A］出现在充当韵母且无韵尾的环境下，［a］只出现在韵尾［i］和［n］的前面，［ɑ］只出现在韵尾［u］和［ŋ］的前面这一环境。三者不具备出现在同一语音环境的条件，互补分布，自然就没有区别意义的作用，也就是不区别意义，因而为同一个音位。音位是一个语音系统中能够区别意义的最小的语音单位，就是不区别意义的音素的组合，它是个群体名称。

一种语言中有多少个元音音位，有多少个辅音音位，都需要我们去归纳、描写。有多少个音位就可以采用多个符号来记录它。这样，我们就把较多的音素归成很少的几个堆儿，每个堆儿只需记住很少的符号就可以了，汉语拼音就是采用的音位原理。

二、声母、韵母和声调

完整的汉语音节由声母、韵母、声调三部分构成。历史上直到汉代，人们才认识到汉语音节由声母、韵母两部分构成。佛教传入中国后，在佛典翻译的过程中，受梵文元音拼辅音的音节结构的启发，人们也开始注意汉语音节的声母、韵母两个部分，并将声调附属在韵母上。魏晋时期，人们开始关注声调，发现了区别意义的音高。声母一般是音节开头的辅音，韵母是声母后面的部分，声调是附着在音节上面区别意义的音高。

（一）声母

声母一般指音节开头的辅音。有些音节不能直接感知到辅音。比如，wén 一般认为是由［u］［ə］［n］三个音素构成。［u］和［ən］可以相拼和为一个音节，但［u］却不是声母，因为它是个元音，是韵母的韵头。那是不是就没有声母？也不是。在发音时，这个音节前会伴有摩擦而出现轻微的［v］或［w］的音，这是两个半元音，也可以看作是半辅音。实际上，北京人发 a、o、e 开头的音节时，往往要加上一个喉塞音或半元音，如"傲［ɣɑu］"。齐齿呼、合口呼、撮口呼韵母前往往要一个同部位的半元音［j］、［w］、［y］，如"鸭［jiA］"。由于这些音的摩擦成分或喉塞成分较为轻微，而且有时可有可无，通常不用音标标出。音节声母往往是空位，即为零，被标为零声母。

现代汉语有 22 个声母，包括 21 个辅音声母，一个零声母。现代汉语的 22 个辅音中，ng［ŋ］只出现在音节末尾，不充当声母。舌尖中音 n［n］，既可以用在开头，又可以用在音节末尾。此外的

第四章　汉语语音与语文教学

20个辅音只能充当声母。古代汉语的声母和现代则不同。古人称声母为字母，和现代意义上的字母所指不同。关于声母最早的记载是五代时期守温和尚的《守温韵学残卷》，其中记录了三十个字母，至宋代发展为"三十六字母"。下面是中古三十六字母和国际音标、汉语拼音对应表。

发音部位		全清	次清	全浊	次浊
今名	古名				
双唇塞音	唇音 重唇音	帮 [p] b	滂 [pʰ] p	并 [b]	明 [m] m
唇齿塞音（后为擦音）	轻唇音	非 [p] f	敷 [pʰ]	奉 [b]	微 [m̡]
龈塞音	舌音 舌头音	端 [t] d	透 [tʰ] t	定 [d]	泥 [n] n
卷舌塞音	舌上音	知 [ṭ]	彻 [ṭʰ]	澄 [ḍ]	娘 [ṇ]
齿擦音	齿音 齿头音	精 [ts] z	清 [tsʰ] c	从 [dz]	
		心 [s] s		邪 [z]	
龈腭	正齿音	照 [tɕ] j	穿 [tɕʰ] q	床 [dʑ]	
		审 [ɕ] x		禅 [ʑ]	
舌根塞音	牙音	见 [k] g	溪 [kʰ] k	群 [g]	疑 [ŋ] n
喉塞音（声门塞音）	喉音	影 [ʔ]			
软腭擦音		晓 [x] h		匣 [ɣ]	
硬腭半元音					喻 [j] y
龈边音	半舌音				来 [l] l
龈腭鼻音	半齿音				日 [ʑ]

古今声母呈现出的最大变化就是浊声母清化。声母有辅音构成，根据发音时声带颤动与否，辅音可以分为清辅音和浊辅音两类。清辅音声带不颤动，不送气的清辅音充当的声母，古人称之为清声母、

· 199 ·

纯清声母、全清声母，送气的清辅音充当的声母被称为次清声母、半清声母；浊辅音声带颤动，其中鼻音、边音、半元音等充当的声母被称为次浊声母或半浊声母，其他的被称作浊声母、全浊声母、纯浊声母。

现代汉语中浊辅音有 5 个，其中 ng [ŋ] 不能充当声母，只能作韵尾。辅音声母只有 m [m]、n [n]、l [l]、r [ʐ] 四个浊声母，其中 r [ʐ] 是全浊声母。中古三十六字母，清浊各 18 个，数量相等，对称分布。相比之下，现代汉语的浊声母要少得多。总体看来，历史发展过程中，声母数量变少，浊声母逐渐清化。

（二）韵母

韵母是音节中声母后面的部分，完整的韵母包括韵头、韵腹、韵尾三部分。韵腹是主要元音，相比之下，开口度大，发音响亮。韵腹前面的元音叫作韵头，后面的音叫作韵尾。如果一个韵母只由一个元音构成，那么这个元音就是韵腹。音节中能够充当韵头的有 i [i]、u [u]、ü [y] 3 个元音；充当韵尾的有 i [i]、u [u] 2 个元音和 n [n]、ng [ŋ] 2 个辅音。比如 iang，i [i] 是韵头，a [a] 是韵腹，ng [ŋ] 是韵尾。一般认为，现代汉语普通话有 39 个韵母，（除特殊情况），这些韵母我们可以从不同角度进行分类。从结构上来说，我们可以把它们分成单韵母、复韵母和鼻音韵母。

1. 单韵母

单元音韵母，由单元音构成。所谓的单元音就是发音时舌位、唇形、开口度都没有变化的元音。单韵母有 a [A]、o [o]、e [ɣ]、i [i]、u [u]、ü [y]、ê [ɛ]、i [ɿ]、i [ʅ]、er [ɚ] 等十个。

2. 复韵母

复元音韵母，由复元音构成。复元音指的是发音时舌位、唇形、开口度都有变化，由一个状态迅速过渡到另一个状态的元音。根据韵腹所在的位置，复韵母分为以下三类。

①前响复元音韵母：ai [ai]、ao [au]、ei [ei]、ou [ou]

②后响复元音韵母：ua [uA]、ia [iA]、ie [iɛ]、üe [yɛ]、uo [uo]

第四章　汉语语音与语文教学

③中响复元音韵母：uai［uai］、iao［iau］、uei［uei］、iou［iou］

a、o、e 开口度较大，所代表的音素在韵母中始终是韵腹。ao 的韵尾汉语拼音用 o 来记录，实际上是［u］，发音时尾音拉长就能体会到。iou、uei 是三合元音，汉语拼音为了简洁整齐分别记为 iu、ui。这些对于语文教师而言，都应该有所了解。

3. 鼻韵母

带鼻音韵母，韵尾为前鼻音［n］、后鼻音［ŋ］的韵母。鼻韵母共十六个：

①前鼻音韵母，又称前鼻韵母，共有 8 个。分别为：an［an］ ian［iɛn］ uan［uan］ üan［yan］ en［ən］ in［in］ uen［uən］ ün［yn］

②后鼻音韵母，又称后鼻韵母，共有 8 个。分别为：ang［aŋ］ iang［iaŋ］ uang［uaŋ］ eng［əŋ］ ing［iŋ］ ong［uŋ］ ueng［uəŋ］ iong［yŋ］

uen 的韵腹是 e［ə］，汉语拼音为 un；ong 的韵腹是［u］，iong 的韵腹是［y］。《汉语拼音方案》没有依据实际情况标记，如此处理都是为了方便教学。

从韵尾性质来说，我们可以分为前鼻音韵母、后鼻音韵母，二者合称为辅音韵尾韵母，以及元音韵尾韵母，即开音节、闭音节。依据韵母开头音的发音性质还可以继续分类，以 u［u］开头的为合口呼，以 i［i］开头的为齐齿呼，以 ü［y］开头的为撮口呼。分类的目的是便于说明问题，根据不同的需要可以采用不同的分类。

古代学者很早就关注到韵母在文学创作中的作用，为了方便查阅韵字，把汉字按照字音分韵编排成书，这就是韵书。李登的《声类》、吕静的《韵集》、阳休之《韵略》等。这些韵书均已亡佚。目前，能够见到的最早的韵书是隋代陆法言的《切韵》（敦煌残卷 45 行）。《切韵》产生后，陆续产生系列研究《切韵》和增补修订《切韵》的韵书。

《切韵》：作者是隋代的陆法言，共收字 12158 个，共 5 卷。其

· 201 ·

中，仅平声54韵就写有两卷，还包括上声51韵，去声56韵，入声32韵，共193韵。《切韵》中韵的体例以残卷看，是韵字少，注释简单，先释义，后出切。

《唐韵》作者是唐代的孙愐，有两个版本，一是开元本，二是天宝本。天宝本是修订本，现只有天宝本残卷。《唐韵》比《切韵》多11个韵，加上庄、严二韵，共206韵，是唐代影响最大的韵书，是《广韵》206韵的基础。

《广韵》，宋太宗时期，国家组织学者修订《广韵》，称为《新定广韵》，"广"就是把当时的韵增广收入《切韵》中来。宋真宗时期，诏命陈彭年、丘雍等第二次增订《切韵》，称《大宋重修广韵》，简称《广韵》，这是我国古代第一部官修韵书。该书收字26194个，分5卷，平声57韵，上声55韵，去声60韵，入声34韵。韵下注同用、独用。《广韵》是中古音研究的重要文献，也是上探上古音，下连北音的重要媒介。

《集韵》成书于宋仁宗时期，收字53525，分10卷，平声4卷，上去入各两卷，分韵与《广韵》相同，206韵，对《广韵》进行了增广和修订。在音韵学史地位重要，一是收字极多，二是提供了一些新的反切，三是规范了写诗作文的用韵，四是强化了字典作用。

《礼部韵略》，礼部为宋代负责科举的政府机关。《礼部韵略》是为科举而编的韵书，因为收字较《广韵》少得多，故称《韵略》。成书于仁宗时期，仍为206韵，注明"同用""独用"之例。

系列韵书收字越来越多，但是韵数不变，这样必然造成韵字古今杂糅，脱离实际语音，滞后于时代发展。韵书在规范用韵的同时，也明显地繁简失当，不利于写诗作文和科举考试。于是学者们在《礼部韵略》的基础上，把同用的韵合并编辑成书，形成了后来的"平水韵"。包括王文郁《平水新刊礼部韵略》（《平水韵略》《新刊韵略》）106韵，刘渊在理宗时期完成的《壬子新刊礼部韵略》107韵，还有康熙年间的《佩文诗韵》等。其中，刘渊的《壬子新刊礼部韵略》影响最大。人们就把写诗作文所用的106韵或107韵称为"平水韵"。

第四章 汉语语音与语文教学

由于 206 韵数量太多，既难于记忆，又不便使用。于是，等韵学家就一些音值相近的韵合成一个大单位，称为"摄"。"摄"为佛教术语，梵文的意思相当于汉语的"概括""包括"。由于梵文有 14 个元音和 2 个书写符号（太空点、涅槃点），算是 16 个元音，因而唐代学者就仿照梵文把 206 韵算成 16 组，称为 16 摄，是概括了所有韵的意思。因为梵文 16 个元音有 4 个不常用，所以有人就将 206 韵归为 12 摄。至明清时期，形成了"十三辙"。

综上，我们不难发现，古人所说的韵是包括声调在内的，所以韵书都是以声调来分韵。韵和韵母不同，押韵关注的是韵腹、韵尾和声调，韵腹相同、相近，韵尾相同，声调相同。这里，还要介绍一个术语——韵部。韵部是比韵还要大的一个概念，是古音学家用于研究上古音韵的术语。上古诗歌有押韵的事实，但是没有韵的概念。古音学家根据诗歌的押韵情况，把彼此押韵的字归成一个类，这个类就是韵部，韵部不考虑韵头和声调。清代学者开始采用这一术语，各家对上古韵部的分析结论也不同。通行采用的是王力先生的 30 韵部说。

	阴声韵	入声韵	阳声韵
第一类	之 [ə]	职 [ək]	蒸 [əŋ]
第二类	幽 [u]	觉 [uk]	冬 [uŋ]
第三类	宵 [o]	药 [ok]	
第四类	侯 [ɔ]	屋 [ɔk]	东 [ɔŋ]
第五类	鱼 [ɑ]	铎 [ɑk]	阳 [ɑŋ]
第六类	支 [e]	锡 [ek]	耕 [eŋ]
第七类	歌 [ai]	月 [at]	元 [an]
第八类	脂 [ei]	质 [et]	真 [en]
第九类	微 [əi]	物 [ət]	文 [ən]
第十类		缉 [əp]	侵 [əm]
第十一类		叶 [ap]	谈 [am]

可见，简化是从古至今汉语韵母系统发展的方向。

(三) 声调

一个音节除了包括元音、辅音等按时间顺序排列而成的音质单位外,还必然包括一定的音高、音强、音长,否则这个音节就不可能成为有声语言。语言学之所以要研究音高等超音质成分,固然是因为这些是言语中不可缺少的物理因素,更重要的是他们往往和音质成分一样,有区别意义的作用。如有些音长有区别意义作用,而有些音高有区别意义的作用。声调是有区别意义作用的音高,是附着在音节上有高低升降、曲直长短的变化。

1. 声调的类型

声调可以分为高低型和旋律型。前者只根据音的高低区分声调,非洲、美洲的声调语言大都属于高低型,如班图语中的刚果语,[lakolo]这个词的三个音节都读成低调时意思是"棕榈果",后两个音节读成高调就成了"驱魔符"。也有分为高、中、低型的,如尼日利亚西部的约鲁巴语,[owa]这个词前后都读高调是"他来",前高后中是"他看",前高后低是"他在"。旋律型声调是根据音的升降区别意义,声调的音高随着声调时间的推移或升、或降、或高、或低,很像音乐的旋律线,听起来很像音乐。根据声调的有无,可以把世界上的语言分为声调语言和非声调语言两大类。非声调语言并不是音节,没有高低升降的音高变化,只是这种变化没有区别意义的作用,有时可以用于改变语气。

2. 声调的发现

声调是汉语固有的特色,但直到魏晋时期才有人发现声调。启功先生认为,《世说新语》中的两段时人对驴叫声的钟爱,就是学者们在探索声调问题:

王仲宣好驴鸣。既葬,文帝临其丧,顾语同游曰:"王好驴鸣,可各作一声以送之。"赴客皆一作驴鸣。(《世说新语·伤逝》)

孙子荆以有才,少所推服,唯雅敬王武子。武子丧,名士无不至者。子荆后来,临尸恸哭,宾客莫不垂涕。哭毕,向灵床曰:"卿常好我作驴鸣,今我为卿作。"体似真声,宾客皆笑。孙举头曰:"使君辈存,令此人死!"(《世说新语·伤逝》)

第四章 汉语语音与语文教学

以驴叫声来描写声调，记录调值，是人们发现声调后的自觉地研究。至南朝齐梁年间，沈约等人作文以讲究声调配合韵律的和谐，《南齐书·陆厥传》有："永明末，盛为文章。吴兴沈约、陈郡谢朓、琅琊王融以气类相推毂。汝南周颙颇识声韵。约等文，皆用宫商，以平上去入为四声，以此制韵，世呼为'永明体'。"明确了声调的名称和代表字。

3. 调值和调类

调值指各声调的实际读法，指附着在音节上的高低升降、曲直长短的变化形式。声调的音高主要决定于基音的频率，从声调的最低音到最高音是基频的变化范围，也就是声调的调域，一般约占一个8度音。调域的高低宽窄因人而异，男人约在100～200赫，女人大致在150～300赫。同一个人说话时，感情和语气不同，调域的高低宽窄也会有变化。描写声调最简单的办法是五度竖标法。五度竖标法，把调域分为五度，用一条四等分的竖线代表，共五个点。五度竖标法示意图如下：

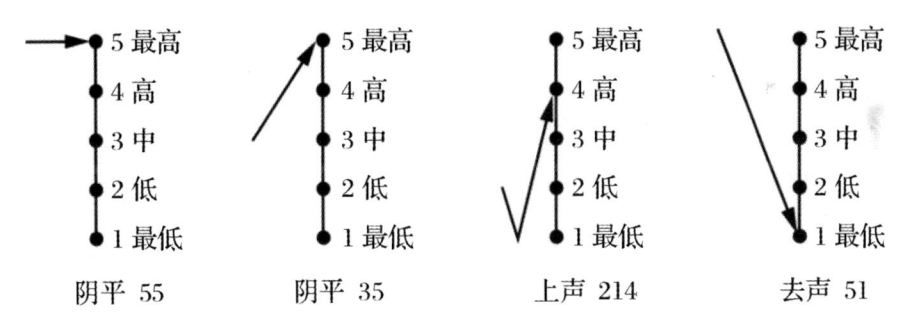

阴平 55　　　阴平 35　　　上声 214　　　去声 51

五个数字的绝对音高和各数字之间的音高差距都是相对的。不同于音乐简谱中的 do、re、mi、fa、so。在竖线左侧，自左至右按时间变化，按五度标准画在竖线左侧。五度竖标法描写的调值是相对的，不管人本身的调域多大，一律归到相对的五度之中，即相对音高。与音乐不同，音乐是绝对音高。例如，一个女性唱一句歌词，男性跟唱时一定（一般）不会舒服，但女性发音，男性模仿却不受限制。

调类即声调种类，一种语言有多少种基本调值，就有多少种调

· 205 ·

类。调值是对音节音高的实际读音,有几种实际读法就有几种调类。归纳调类须在同一语音系统内进行,不同语音系统不能归类。

三、古今语音演变术语

现代汉语的声母、韵母和声调系统,都是汉语古今动态演变的结果,是汉语语音发展历程的当代表现形式。中国的古今学者对汉语语音情况及其发展演变的规律进行了不懈的探索,这门学问叫作音韵学。音韵学中常见的术语和常见的语音演变规律,我们有必要了解。这对于深入理解汉语言文字,学习和研究古代文献具有十分重要的意义。

（一）声母方面

清代钱大昕《十驾斋养新录》卷五的两段论述,明确了汉语声母演变的两条规律。

1. 舌音类隔之说不可信

古无舌头舌上之分。知、彻、澄三母以今音读之,与照、穿、牀无别也。求之古音则与端、透、定无异。①

这就是一般所说的"古无舌上音"。指在上古声母系统中,只有"端[t]""透[t']""定[d]""泥[n]"这组舌头音声母,没有"知""彻""澄""娘"这组舌上音声母。舌上音声母是从舌头音"端[t]""透[t']""定[d]""泥[n]"这组声母中分化出来的。比如,"端"以"耑"为声旁,"猪""都"以"者"为声旁等。

2. 古无轻唇音

凡轻唇之音古读皆为重唇。《诗》:"凡民有丧,匍匐救之",《檀弓》引《诗》作"扶服",《家语》引作"扶伏"。②

具体说来,三十六字母中的"非""敷""奉""微"这组音产生较晚,上古皆为"帮""滂""并""明"四母。轻唇音是在唐末宋初

---

① [清]钱大昕著,杨勇军整理. 十驾斋养新録[M]. 上海:上海书店出版社,2011:100.
② 同上,90.

时期从"帮""滂""並""明"中分化出来的。比如,"负""北"同源,"悲""霏"以"非"为声旁,"晚""挽"以"免"为声旁等。

近人曾运乾在《喻母古读考》中提出,"喻三归匣""喻四归定"两个论断。他认为,喻母的三等("于"母或"云"母)字从上古的"匣"母中分化而来,喻母的四等("以"母)字从上古"定"母分化而来。① 这里包含的意思是,喻母在中古之后已经开始分化为两个类别,三等字中喻母和四等字中的喻母尽管都是喻母,但实际上已经分化为两个声母。如同"见"母,中古以后逐渐分化出舌面音[tɕ]。说得浅白些,喻母字一部分来源于上古的匣母,一部分源自于上古的定母。

"喻三归匣"。例:"魂",匣母,声符是"云","韩""讳",匣母,声符是"韦";"或",匣母,"域"以"或"作声符,等等。

"喻四归定"。例:"地",定母,声符是"也"(喻四);"偷",透母,声符是"俞"(喻四);"怡",喻四,声符是"台"(定母);"移",喻四,声符是"多"(端母),等等。

近代学者章炳麟提出"古音娘日二纽归泥"说,即中古的娘母和日母上古归于泥母。《国故论衡》"古音娘日二纽归泥说"言:"古音有舌头泥纽,其后支别,则舌上有娘纽,半舌半齿有日纽,于古皆泥纽也。"如"涅"从日声,"涅而不缁"又作"泥而不滓","涅""泥"为中古泥母,"日"为中古日母;"入",古文以为"内"字,"入",中古日母,"内",中古泥母;"泥""昵"为泥母,"尼""昵"为娘母,"仲尼"《三苍》作"仲昵",《夏勘碑》有"仲泥",可见"尼"声古音皆为泥母,无娘母。②

(二)韵母方面

汉语音韵学根据研究对象可以分为今音学、古音学和等韵学。今音学以《切韵》音系韵书为研究对象;古音学相对于今音学而言,研究的是上古音系,以先秦两汉的韵文为研究载体;等韵学是唐代

---

① 曾运乾. 喻母古读考[J]. 安徽大学月刊,1933(1):127-133.
② 章太炎. 国故论衡[M]. 北京:商务印书馆,2010:40-43.

产生的分析共时的语音系统的音韵学分支。我们这里没有必要面面俱到，只是介绍一些必要的术语和规律。今音学方面在前面已经有所触及，我们重点解释几个等韵学和古音学的常识。

1. 阴声韵、入声韵、阳声韵

根据韵尾的有无和异同，上古韵部可以分为阴声韵、入声韵和阳声韵。以鼻音［m］［n］［ŋ］为韵尾的是阳声韵，如"东""蒸""真""文""侵""谈"等；以［p］［t］［k］为韵尾的是入声韵，如"职""屋""质""物""缉""叶"等；无辅音韵尾的为阴声韵，如"之""幽""脂""微"等。

2. 对转、旁转

对转、旁转是汉语语音演变的一种规律，是指在主要元音保持相同的条件下，韵尾发生阴声韵、阳声韵、入声韵之间的变化。从阴声韵到阳声韵或从阳声韵到阴声韵，只是韵尾发生变化，主要元音一般是必须相同的，这样统称为"阴阳对转"。"对转"的现象尤其普遍，古代称作"阴阳对转"，之所以不叫"阴阳入对转"，是因为古人把入声韵归到阴声韵里。

另外，还有韵尾保持相同的条件下，主要元音的发音部位发生变化，叫"旁转"。

3. 等

"等"是等韵学的一个基本概念。清代江永在《音学辨微》中说："一等洪大，二等次大，三四皆细，而四尤细。"这是受历史局限而产生的相当于现代意义上的开口度的一个术语。一二等韵没有［i］介音，所以声音"大"；三四等韵有［i］介音，所以声音"细"；二等韵的主要元音比一等韵稍前稍高，发音时口腔共鸣空间稍小，所以"次大"；四等韵的主要元音比三等韵更前更高，发音时口腔共鸣空间最小，所以"尤细"。敦煌写本《守温韵学残卷》中有"四等轻重例"，四等的区别在于声音的洪细。

等与声母也有关系。因为声母、韵母有一定的配合关系。等韵图中，轻唇音只出现在三等韵，舌头音只出现在一四等，舌上音只出现在二三等，齿头音没有二三等，正齿音没有一四等，日母只有三等。按原理来说，每个韵都有开合各四等。"等"是根据韵母中主要元音及介音的发音状况的差异而划分的类别，是唐宋时期的音韵学家们用以分析韵母结构的术语。根据声母和不同等的韵母的拼合，就形成了韵图，相当于声韵配合表，音节结构图如下图：

（三）声调方面

古汉语有平、上、去、入四个调类，现代汉语是阴平、阳平、上声、去声。古今调类的差异，反映了声调的古今演变。

1. 平分阴阳

指古平声按照声母的清浊分化为阴平、阳平两类，即全清、次清声母字读为阴平，全浊、次浊声母字读为阳平。这一变化大约在唐代就开始了。我们可以依此反推，如"同"今为阳平字，古声母即为端组的定母，"盘"古声母即为帮组的并母，"通"即为端组的透母。

2. 浊上变去

指的是古上声的全浊声母字在声母清化以后，声调变为去声，次浊上声字则不变。作为上声名称字的"上"就是典型的全浊声母上声字，古为禅母。"舅"在《广韵》中的注音为"其九切"，上声有韵，群母，现代为去声。

3. 入派四声

指古入声字分别归于现代普通话的阴平、阳平、上声、去声之中。入派四声规律性不是很强，其中较明显的是全浊声母的入声字归入阳平、次浊声母的入声字归入去声。现代汉语不送气的且不是以［n］［ŋ］作为韵尾的阳平字都是入声，一至十只有"三"是平声，其余古代皆为入声。入声字有些找不到规律，需要借助诗词押韵联系、谐声偏旁等手段记忆。比如，柳永的《雨霖铃》押入声韵：

寒蝉凄切，对长亭晚，骤雨初歇。

都门帐饮无绪，留恋处，兰舟催发。

执手相看泪眼，竟无语凝噎。

念去去，千里烟波，暮霭沉沉楚天阔。

多情自古伤离别，更那堪、冷落清秋节！

今宵酒醒何处？杨柳岸，晓风残月。

此去经年，应是良辰好景虚设。

便纵有千种风情，更与何人说？

利用谐声偏旁可类推"彻""拨""活""栝"等也是入声。

现代语音学和音韵学基本知识对于基础教育的语文教师而言，有所了解是最好的，过深地研究没有必要也不现实。我们具有一定的汉语历史语音学知识，能够利用《汉语大词典》《汉语大字典》《王力古汉语字典》等工具书，解释通假字、同源字等用字问题就足够了。

同时，我们还需要了解汉语的注音方式。要研究语音就得把它描写、记录下来，这就需要一定的符号，文字是记录语言的符号，语音也有记录它的一系列符号。汉语注音方式的发展，实际上就反映了汉语语音记录描写的演变历程主要经历了以下3个阶段。

1. 直音阶段

直音指用一个汉字为另外一个汉字直接注音。《尔雅·释言》："恀、怙，恃也。"郭璞注："今江东呼母爲'恀'，音'是'。"在没有简单的同音字的情况下，借用"读若""读如"，就用一些相似字来代表，有时很不容易把握，如《淮南鸿烈解·墬形训》："其地宜黍，多旄犀。"注："旄，读近绸缪之缪，急气言乃得之。"很明显，有很大局限性。不过，直音法简便直接，现代也偶见使用。

2. 反切阶段

反切是中华民族的伟大创造，是认识声韵的结果。即用两个汉字为一个汉字注音，其中"上为声，下取韵"，如"都，当孤切"。一般称为"切"，一直被用到清末民初。反切的发明一方面是在佛典翻译的过程中受到梵文音节结构分析的启发，另一方面是民间口语中有不少用两个汉字记录一个音节的现象，如《容斋三笔》卷第十六"切脚语"："世人语音有以切脚而称者，亦间见之于书史中。如以蓬为勃笼，盘为勃阑，铎为突落，叵为不可，团为突栾，钲为丁宁，顶为滴，零角为矴落，蒲为勃卢，精为即零，螳为突郎，诸为之乎，旁为步廊，茨为蒺藜，圈为屈挛，锢为骨露，橐为窟驼是也。"

3. 符号阶段

①注音符号：是为汉语汉字注音而设定的符号。民国初年，老一代学者以章太炎先生的记音字母为蓝本，创造了一套为汉字注音的符号，如"ㄅㄚ"，后续又经过多次修订。

②拼音字母：主要是《汉语拼音方案》和国际音标。

《汉语拼音方案》是为汉字注音的一套音标方案，是为汉字注音推广汉民族共同语——普通话的重要工具。这是国家制定的方案，于1958年全国人民代表大会批准推行。该方案包括字母表、声母表、韵母表、声调符号和隔音符号五大部分。《汉语拼音方案》在各领域得到了广泛运用，并得到了国际社会的认可。

国际音标是国际语音学会拟定的一套国际通用的音标符号。国际音标坚持"一个符号，一个音素；一个音素，一个符号"的原则，可以精确地记录世界各民族的语言。音标形体以小写拉丁字母为基础，并用大写、草体、合写、倒排、变形、增加附加符号等加以补充，是研究对比不同语言和方言必不可少的标音工具。

《汉语拼音方案》是通行的为汉字注音的音标方案，基础教育语文教学中，汉语拼音的教学需要借助汉语语音的基本知识作出科学地解释。或者说，作为语文教师，我们需要知其所以然。以此，提高教学效率。国际音标是我们正确地理解和看待《汉语拼音方案》的一个基础。教学实际中，为了教而教，不问为什么，这种情况也是存在的。了解国际音标，掌握了音位的相关知识，就能够正确地对待拼音字母和音素之间的关系。直音和反切都是用汉字注音、记音，汉语音韵学的术语和语音发展规律，之所以难学难懂，最大的障碍就是汉字注音和符号注音之间的一道鸿沟。打通了记音的界限，也就进入了音韵学学习的领域。

第二节　汉语语音与基础教育语文教学

实际的语音教学中，有模糊的环节，有说不清的内容，有隐晦而被忽略的信息，有存在而被忽略的常识。本节我们结合语音学的基本知识，谈一谈解决以上问题的几点建议。

一、明确本音、名称音和呼读音

本音是按音素本来的音值发的音。辅音的发音是由发音部位和发音方法决定的，元音的发音取决于舌位的高低、前后和唇形的圆展。比如，b［p］是双唇、不送气、清、塞音，e［ɤ］是舌面后、半高、不圆唇圆音。总之，发音时经历一次"成阻－持阻－除阻"过程的就是辅音，发音时舌位、唇形、开口度都没有变化的就是元音，这样音值的辅音和元音都是本音。普通话的辅音声母大多数是清音，声带不振动，发音不响亮。辅音的本音不便于教学和称说，《汉语拼音方案》在声母表中的每个声母下面用注音符号注出了声母的呼读音。呼读音是用本音加上一个响亮的元音构成的。其构成情况如下：

b、p、m、f＋o［o］，呼读为 bo、po、mo、fo。

第四章 汉语语音与语文教学

d、t、n、l、g、k、h＋e［ɤ］，呼读为 de、te、ne、le、ge、ke、he。

j、q、x＋i［i］，呼读为 ji、qi、xi。

zh、ch、sh、r＋i［ʅ］，呼读为 zhi、chi、shi、ri。

z、c、s＋i［ɿ］，呼读为 zi、ci、si。

呼读音是用来称说的，不用来拼音。在汉语拼音教学中，虽然拼音时也用来称说，例如 bo－u—bu，但是实际上拼音时用的还是本音，o 并没有被拼进去。其他声母在拼音时情况也一样。

名称音是 26 个拉丁字母在不同民族语言中的具体的读音。世界上所有音素字母除了其音值外，都另有名称音，如拉丁字母 b 在汉语拼音里代表［p］，名称音为［po］；在英文里代表［b］，名称音为［bi］。名称音的设计是为了称说响亮，便于记住字母表。因为音素字母大多代表辅音，发音不响亮、不清晰，所以名称音的构成一般是在辅音字母的后面，也有少数在前面加上 ê［ɛ］，还有在后面加 a、i、ie、iou，在前面加 a 的。用名称音谱曲作的汉语拼音字母歌对于《汉语拼音方案》的传播起到推动作用。汉语拼音字母歌如下：

汉语拼音字母歌

1=C 4/4

3 · 2 3 1 ｜ 5 6 5— ｜ 6 · 5 3 5 ｜ 2 3 2 — ｜
a   bê cê dê   e êf gê   ha   i jie kê   êl êm nê

5 3 5 0 ｜   i 5 6 0 ｜ 5 6 3— ｜ 2 3 1— ｜
o pê qiu   ar ês tê   u vê wa   xi ya zê

这里，我们需要说明几点。

第一，名称音在实际的教学中并不流行。就当下来看，熟悉名称音的并不多，教学实践中也并不讲授名称音。但是在 26 个字母的讲授中，却都能念出 a［A］、b［po］、c［tsʅ］、d［tɤ］、e［ɤ］、f［fo］、g［kɤ］。很明显，这里元音字母读的是典型的代表音值，辅音读的是呼读音。这并不影响对 26 个字母的记忆，而且比上面提到的名称音好记、易读。就声母而言是呼读音，就字母而言就是名称

· 213 ·

音。这样，就没有必要多记一套读音，而且符合教学实际。也有人提出，用英语的 26 个字母的读音作为汉语拼音中 26 个字母的名称音。但是这样既绕了圈子，也没有必要。

第二，受辅音声母呼读音的影响，个别元音也产生了"呼读音"。这也是对本音、呼读音、名称音界限认识不清晰造成的。比如 o [o]，教学实践中就有很多争议。我们看下面一则材料：

儿子今年 6 岁了。他开始学习汉语拼音，每晚都会一边在拼音本上写"a""o""e"，一边大声地念："啊""欧""呃"。听到孩子的念读，家长马上纠正孩子，"o"应该读"窝"，不能读成"欧"。儿子很不忿地说，老师教的就读"欧"。

教育部语言文字信息管理司工作人员表示，关于这个问题他们经常接到家长和老师的来电咨询。目前，学界对于"o"的读音也一直有争论，没有一个特别统一的共识。而现在教学中，老师的读音是根据教育主管部门每年下发的教学标准来设定的。目前的教学标准就是认定"o"为单元音，发音念"欧"。

这则材料是由《人民日报》公众号首先发布，很多媒体都给予关注。从理论上来说，读成"欧""窝"都是不确切的，"欧"[ou]"窝"[uo] 都是复元音，是误推自声母呼读音的"呼读音"。o [o] 实际上是单元音，发音时舌位、唇形、开口度都没有变化。但教学实践中，就是读成了"欧"[ou]"窝"[uo]，也并没有大的危害。因此，我们可以接受这种元音"呼读音"。

第三，元音字母并不都是代表一个音素。由于元音字母的名称音选取的是字母所代表的典型音素的音值，因而一般会误读不同环境下的字母读音。比如，拼音字母 i，代表的音素有 [i] [ɿ] [ʅ] 等。所以，zi、ci、si 和 zhi、chi、shi、ri 中的 i，很多人都认为是名称音 [i]。实际的教学中，为了方便教学直接说成是整体认读音节，问题就被掩盖了，故而一直也得不到解决。

第四，辅音声母的名称音是在本音基础上加了一个元音拼读而成，这自然就成了一个音节。于是，很多时候人们就搞不清楚这个呼读音究竟该怎么看待。比如：

第四章　汉语语音与语文教学

放学路上，妈妈问坐在自行车后座的小朋友说："今天学了什么？"孩子回答说："今天老师讲了 mo 的声调。"妈妈接着说："记错了吧？mo 是声母，没有声调。"

这里，孩子和妈妈都没有错。孩子说的是音节 mo，妈妈说的是声母的呼读音。呼读音本身就是音节，有四声。

二、合理解释通假现象

关于文字的使用现象，我们在文字部分已经进行了介绍。若要深刻地理解用字现象，并能够深入浅出地作出解释，这离不开对汉语音韵学知识的学习。中学文言文教学中，涉及的通假字、古今字和部分合音现象多数反映的是上古的语音面貌，如今去古已远，必须进行一番解读。

（一）通假字

通假的前提是音同或音近。比如，"固"通"故"、"蚤"通"早"、"倍"通"背"等，现在仍旧是同音字，很好理解。实际上，有的通假字和被通假字在当时的读音略有差异，有的是当时为同音，由于语音的历史变化，现代成为音近或语音差异较大的字。这些语音有差异的通假字，在教学过程中需要厘清关系。比如：

1. 女—汝

《诗经·魏风·硕鼠》："三岁贯女，莫我肯顾。""女""汝"二字用于记录第二人称代词本身就是假借，现代二字音异。古音之所以相通，是因为"女"为泥母，"汝"为日母，同为鱼部。据"娘日二纽归泥说"，二字上古同音。上古常通用，如《尚书·舜典》："三载，汝陟帝位。"《史记·五帝本纪》作"女登帝位。"

2. 第—但

《史记·陈涉世家》："藉第令毋斩。"南朝·宋裴骃《史记集解》引小颜云："第，但也。"《汉书·陈平传》："陛下第出伪游云梦。"注："第，但也，语声急也。它皆类此。"另如，《史记·孙子吴起列传》："君第重射，臣能令君胜。"刘淇《助字辨略》卷四"第"条言："此第字，但也，且也。"上古"第"为定母脂部，"但"为定母元部，二字双声，韵母主要元音相近。

3. 拂—弼

《孟子·告子下》："入则无法家拂士，出则无敌国外患者，国恒亡。"（《生于忧患，死于安乐》）拂：通"弼"，辅佐。"拂"的现代音与"弼"相差甚远。《广韵·物韵》："拂，敷勿切。"敷母。《广韵·质韵》："弼，房密切。"并母。中古时期，"拂""弼"已不同音。据"古无轻唇音"，非组上古在帮组，二者声母音近；上古"拂""弼"同为物部。据潘悟云先生拟音，"拂"上古为[pʰɯd]，"弼"为[bʳɯd]，二者音近可通。"拂"在《集韵》中有薄宓切一读，入声，质韵，并母。这是基于通假保留的古音。

（二）古今字

古今字是基于一个字承载的不同词或多个意义而产生的古今分化字现象。从理论上来说，古字和今字分化之初是同音字，其后的发展过程中，有些字音相对稳定地保持同音关系，如"然"和"燃"、"息"和"熄"、"要"和"腰"等；有些字音出现了分化，发展为异读的两个音，如"其"和"箕"、"它"和"蛇"等。现在看来，教学中常见的古今异读字中的古字本身就是多音字，今字只是分化了其中一个读音下的意义。这些也不难理解。比如：

1. 属—嘱

"属"为多音字。《说文解字》徐铉注中即已有之欲，市玉二切。《广韵》"嘱"为之欲切，章母，入声，烛韵，分化之欲切一读。范仲淹的《岳阳楼记》有："属予作文以记之。"

2. 见—现

见，《广韵》中有古电切、去声、霰韵、见母，和胡甸切、去声、霰韵、匣母两读。胡甸切的"现"分化了"见"的一个读音，表示出现，如《西江月·夜行黄沙道中》："七八个星天外，两三点雨山前，旧时茅店在林边，路转溪桥忽见。"《敕勒歌》："天苍苍，野茫茫，风吹草低见牛羊。"

3. 说—悦

"说话"的"说"，《广韵》中为失爇切，入声，薛韵，书母。表

第四章 汉语语音与语文教学

示喜悦快乐的"说",《广韵》中为弋雪切,入声,薛韵,以母。"悦"分化弋雪切一读,成为今字。例如,《论语·十则》:"学而时习之,不亦说乎?"

另如,还有"道"和"导"、"责"和"债"、"卒"和"猝",等等。古字是以音变的方式区别意义,形成一字、异音、异词的对应关系。用字过程中,分化音义的需要,使得产生今字,形成古今字。

(三)合音现象

合音现象在现代依旧很普遍,如"不用为甭""了啊为啦""咕嘟为滚""窟窿为孔"等。《说文通训定声·自叙》言:"合音者,如芫蔚为萑,蒺藜为茨也。"朱骏声视此类现象为假借,有一定道理。只是有的合音现象是合音单字义明,有的是合音两字义明。两字义明者,需循单字追溯,说明合音之由,解读字义。合音字在文言中用例不多,常见的有:

1. 诸:之于、之乎

例如:

①投诸渤海之尾,隐土之北。(《愚公移山》)
②往借,不与,归而形诸梦。(《黄生借书记》)
③又试之鸡,果如成言。乃赏成,献诸抚军。(《促织》)
④假诸人而后见也。(《送东阳马生序》)

"之乎"合音为"诸",现代依旧如此,"之于"则需要解释。"乎""于"二字上古同音通用作为介词,如《尚书·皋陶谟》:"能哲而惠,何忧乎驩兜?"曹植《洛神赋》:"容与乎阳林,流眄乎洛川。"例中"乎"相当于"于"。"乎",匣母,上古为鱼部。"于",云母,上古为鱼部。二字上古同属鱼部,云母就是通常所说的喻三。根据"喻三归匣"的规律,可知上古"乎""于"音同,可通用。"之于"等于"之乎",合音为"诸"。"投诸渤海之尾"即"投之于渤海之尾","之"和"于""乎"没有直接的语法关系,意义上也不能搭配。只是语音上急促,有时用两个字记录,有时用一个字记录。在书面语中形成了习惯,"诸"也就相当于是一个等同两个字的假借字。

· 217 ·

2. 尔、耳：而已

例如：

①我亦无他，惟手熟尔。（《卖油翁》）

②但少闲人如吾两人者耳。（《记承天寺夜游》）

③布衣之怒，亦免冠徒跣，以头抢地尔。（《唐雎不辱使命》）

上古"尔""耳""而"字同属日母、之部，上古为同音字。"已"为以母之部，"而""已"连用，由于二字音节短小，且韵同，因而后一音节的"已"就自然合入"而"中。进而由同音的"耳""尔"记录"而已"。"而"是一个具有连词性质的副词，"而已"相当于一个状中结构，表示就停止、就可止于此，如《论语·里仁》："夫子之道，忠恕而已矣。""而已矣"相当于现代汉语口语中的"罢了"。

3. 以：以之

例如：

①越明年，贫者自南海还，以告富者，富者有惭色。（《为学》）

②若亡郑而有益于君，敢以烦执事。（《烛之武退秦师》）

③公曰："小大之狱，虽不能察，必以情。"对曰："忠之属也。可以一战。战则请从。"（《曹刿论战》）

"以之"合音为"以"与"而已"合音为"尔""耳"情况相同。"以"为以母、之部，"之"为章母、之部，二字同韵部。据"古无舌上音"，"知"组和"章"组声母都来源于上古的"端"组。以母为喻母四等字，据"喻四归定"，以母的上古为定母。这样，"以""章"在上古的差别就在于清浊。因此，"以"后的"之"因为语音的相近，与"以"合音。只是因为二者有直接的语义、语法关系，合音后依旧用"以"字，所以我们说"以"后面常常省略"之"。

4. 焉：于焉

例如：

①此百世之怨，而赵之所羞，而王弗知恶焉。（《毛遂自荐》）

②故为之说，以俟夫观人风者得焉。（《捕蛇者说》）

③积土成山，风雨兴焉；积水成渊，蛟龙生焉。（《劝学》）

第四章　汉语语音与语文教学

④香远益清，亭亭净植，可远观而不可亵玩焉。(《爱莲说》)

"焉"的早期应该就是个代词，如《左传·僖公二十三年》："子女玉帛，则君有之；羽毛齿革，则君地生焉。"《论语·卫灵公》："众好之，必察焉；众恶之，必察焉。"北宋梅尧臣《夜晴》诗："躁静于焉见，谁与度物情？"这里的"焉"大体相当于"之"和"此"，例①②都是这种情况。"焉"另有疑问代词的用法，相当于"怎么""哪里"，如《诗经·卫风·伯兮》："焉得谖草？言树之背。"《左传·闵公元年》："鹤实有禄位，余焉能战？"这与疑问代词"安"的用法相同。"焉"在文言文教学中的最常见用法是作为兼词，兼有介词加代词的功能，相当于介词"于"加代词"此"或"是"，如《左传·隐公元年》："制，岩邑也；虢叔死焉，佗邑唯命。"《陈书·高祖纪上》："六月，高祖修崎头古城，徙居焉。"例③④即是。"焉"《广韵》有乾切、云母、仙韵，於乾切、影母、仙韵，和谒言切、影母、元韵三读。上古音为影母、云母，元部，拟音为 [ɢʳan] 或 [qan]、[qʳan]；"于"为云母、鱼部，拟音为 [ɢʳʷa]，与"焉"的古音十分相近。二字主要元音相同，"焉"有辅音韵尾 [n]，音节较长。于是，"于"合入代词"焉"中。"焉"成了一般意义上的兼词，但不是"于是""于之"等的合音。其和"以"后面省略"之"一样，"焉"前面省略了"于"，都是语音相近合音的结果。代词前省略"于"古汉语中很常见，如《左传·隐公元年》："请京，使居之。"《礼记·中庸》："草木生之，禽兽居之。"《商君书·开塞》："天地设而民生之。"这大概都是合音的缘故。

文言中另有"何不"为"盍"、"不可"为"叵"等合音现象，这里不再赘述。

教学中，我们利用音韵学知识解读涉及古音的用字现象，切记过犹不及。对于教师而言，深刻理解是必要的，要学会借助工具书。授课过程中，理解了就能说得透，说得透不等于说得细、说得全、说得难。音韵学的相关知识一语带过即可，让学生知道有这么一回事，是这样的情况，也就实现了教学目标。

· 219 ·

三、辨音探究文化信息

语言是文化的载体。语言以口语和书面语的形式承载社会历史文化，这是从总体上而言的。具体到语言的要素上，语音、词汇、语法等单个的形式同样以各自的方式反映历史文化、社会面貌。这些具体的要素，反而体现得更精确、更真实、更形象，这在古诗文中体现得尤为明显。一般来说，古诗文的注释关注的是疑难字词或语段，承载文化内涵的一般词汇由于意义简单，往往不加以注解。教学中，教师需要揭示其中的文化信息，解释缘由，涉及语音的，有些要借助音韵学知识。下面，我们举例简述。

（一）高中《语文》必修《鸿门宴》

（1）范增数目项王，举所佩玉玦以示之者三，项王默然不应。范增起，出，召项庄，谓曰："君王为人不忍。若入前为寿，寿毕，请以剑舞，因击沛公于坐，杀之。不者，若属皆且为所虏。"

书下注解：玦，环形而有缺口的佩玉。"玦"与"决"同音，范曾用"玦"暗示项羽要下决心除掉刘邦。这里，教材编者关注到其中的文化信息，特别注释加以说明。这样的标注，有利于理解原文，增长文化常识。

（2）庄则入为寿。寿毕，曰："君王与沛公饮，军中无以为乐，请以剑舞。"项王曰："诺。"项庄拔剑起舞，项伯亦拔剑起舞，常以身翼蔽沛公，庄不得击。

这段话，一般的翻译为："项庄就进去祝酒。祝酒完了，说：'君王和沛公饮酒，军营里没有什么可以娱乐，请让我用舞剑助兴吧。'"这里，涉及一个重要的文化问题，就是"酒和乐"的关系。其中，"乐"常用，一般不标注读音。一般的翻译自然理解"乐"为娱乐，这也是误解语境造成的。音乐是宴饮礼的必要组成部分，在古代一般的宴饮场合，音乐往往起自"宴酣""饮酣""酒酣"之际。"宴酣"等之际，即宴饮尽兴之际。此时的确需要助兴，助兴之方式即为音乐。文中项庄"入为寿"，正为酒过三巡、菜过五味之际。同时，音乐和政治紧密结合，士大夫宴饮中少不得"乐"，"众乐乐"

方为与民同乐。因此，此处"乐"音 yuè，所言本应有音乐上来助兴之际，则"无以为乐"，舞剑也就相当于乐舞。①

（3）沛公已去，间至军中。张良入谢，曰："沛公不胜杯杓（sháo），不能辞。谨使臣良奉白璧一双，再拜献大王足下，玉斗一双，再拜奉大将军足下。"项王曰："沛公安在？"良曰："闻大王有意督过之，脱身独去，已至军矣。"项王则受璧，置之坐上。亚父受玉斗，置之地，拔剑撞而破之，曰："唉！竖子不足与谋。夺项王天下者必沛公也。吾属今为之虏矣！"

"白璧一双"献于项王，项羽"受璧，置之坐上"。"玉斗一双"送给范增，"亚父受玉斗，置之地，拔剑撞而破之"，并大骂项羽"竖子不足与谋"。项羽、范增二人对所送之礼物态度截然不同，究其原因在"璧""斗"之上。"璧"，从"辟"、"玉"，"辟"，亦声。"辟"，《说文解字·辟部》："法也。"佩璧者拥有绝对权力。又，从字音上看，璧者，必也。即佩戴者所说的话，别人必须执行。璧，古音帮纽锡部；必，帮纽质部，二字双声，而锡、质可通转，故为谐声。史实证明，"璧"在制度文化中的地位，如有名的"和氏璧"，秦始皇定为传国玉玺，命玉工孙寿镌刻由李斯手书的"受命于天，既寿永昌"八个鸟虫形篆文。②

（二）高中《语文》必修《阿房宫赋》

书下首注释：选自《樊川文集》卷一（《杜牧集系年校注》中华书局2008年版）。阿房（ēpáng）宫是秦代宫殿，遗址在今陕西省西安市西郊，始建于秦始皇三十五年（前212），到秦亡时尚未完工。本文写于唐敬宗宝历元年（825年）。杜牧在《上知己文章启》中说："宝历大起宫室，广声色，故作《阿房宫赋》。"

阿房（ēpáng）宫，"阿房"现代音为 āfáng。阿房宫究竟选取哪一种音读，教学中也有争议，莫衷一是。折中的做法是，怎么读

---

① 冯雪冬．"宴酣之乐（lè）"还是"宴酣之乐（yuè）"——兼谈古诗文翻译问题［J］．鞍山师范学院学报，2022（5）：27-32．

② 邹晓丽．传统音韵学教程［M］．上海：上海辞书出版社，2002：19-20．

都对。采用现代音者认为,古音已经消失,读现代音为是。这里,我们要强调一个问题,就是正确对待语言中的古音问题。语言中有不少强势音,并没有遵循语音发展规律"准时地"发生变化,口语中保留了前代的音读。比如,"父"中古"非"组从"帮"组分化之后,声母为轻唇音。口语中依旧保留了白读的重唇音一读,直到现在,还是读作 bà。这个"bà"就是强势音,书面语为了区分特别造了一个"爸"字。另如,地名中山东临沂的费(bì)县(今多读作 fèi),安徽的六(lù)安,辽宁海城的析(shī)木,等等。阿房(ēpáng)宫,"阿"为山势曲折,或者宫殿依山而建曲折铺陈,这个意义好理解。"房"读作 páng,符合古无轻唇音的发展规律。《释名·释宫室》:"房,旁也,在堂两旁也。"《说文解字·户部》:"房,室在旁也。"可见,"房""旁"古音同,为旁边的房屋。阿房宫建于骊山之上,非正宫,于是得名阿房(ēpáng)宫。

(三)高中《语文》必修《芣苢》

书下首注释:选自《诗经注析》(中华书局 1991 年版)。芣苢(fúyǐ),车前草。

学习提示:《芣苢》句式整齐,节奏明朗、轻快,自然流露出劳动的喜悦;"采""有""掇"等一系列动词的变换,细腻地描绘出劳动的过程,富于诗情和画意。清代方玉润在《诗经原始》中说,这首诗读来好似"田家妇女,三三五五,于平原绣野、风和日丽中,群歌互答,余音袅袅,若远若近,忽断忽续,不知其情之何以移而神之何以旷"。

《毛诗序》说:"《芣苢》,后妃之美也。和平则妇人乐有子矣。""芣苢,马舄。马舄,车前也。宜怀任焉。"芣苢究竟为何物,历来说法不一,据郑笺:"天下和,政教平也。芣苢,音浮。苢,本亦作苡,音'以'。《韩诗》云:'直曰车前,瞿曰芣苢。'郭璞云:'江东呼为虾蟆衣。'《草木疏》云:"幽州人谓之牛舌,又名当道。其子治妇人生难。"《本草》云:"一名牛遗,一名胜舄。"《山海经》及《周书·王会》皆云:"'芣苢,木也。实似李,食之宜子,出于西戎。'"车前草之说出自《毛传》,最为流行。据《毛传》《郑笺》,芣苢未必

第四章　汉语语音与语文教学

是言后妃之美，但"妇人乐有子"与怀孕生子有关的信仰大概是存在的。《说文解字系传·艹部》也说："《本草》：芣苢，一名车前。服之令人有子。"闻一多先生考证，"芣""胚"是"不"的孳乳字，"苢""胎"为"以"的孳乳字。芣苢（苢）音近胚胎，以为食芣苢能受胎生子。① 因此，无论芣苢是否为车前草，其一定可食，采摘后可直接食用，就是一种野菜。由于谐音，进而有怀孕生子的意味。谐音承载某种文化意蕴，数字谐音、文字谐音等，至今在汉语中仍普遍存在。

（四）初中《语文》九年级上《醉翁亭记》

至于负者歌于途，行者休于树，前者呼，后者应，伛偻提携，往来而不绝者，滁人游也。临溪而渔，溪深而鱼肥，酿泉为酒，泉香而酒洌，山肴野蔌，杂然而前陈者，太守宴也。宴酣之乐，非丝非竹，射者中，弈者胜，觥筹交错，起坐而喧哗者，众宾欢也。苍颜白发，颓然乎其间者，太守醉也。

书下注释⑦："［宴酣之乐，非丝非竹］宴中欢饮的乐趣，不在于音乐。酣，尽情地饮酒。丝，弦乐器。竹，管乐器。"此处注释的问题有二，一是误注了"宴酣""酣"，二是忽略了"乐"的文化内涵，误以为是乐趣。这里，我们从以下3个方面说明。

1."酣"之义

《说文解字·酉部》："酣，酒乐也。"唐代玄应在《一切经音义》卷五中言："《汉书》：应劭曰：'不醉不醒曰酣，一云乐酒曰酣。'"这里训释了"酣"的两个基本意义，一是喝酒进入了尽兴的状态，二是沉迷于酒。《史记·高祖本纪》亦有："悉召故人父老子弟纵酒，发沛中儿得百二十人，教之歌。酒酣，高祖击筑……（裴骃）集解：'应劭曰：不醒不醉曰酣。'""宴酣"就是宴会上饮酒进入了尽兴的状态。"宴酣"本身强调的是一种状态，不是一个动态的过程；在语境中凸显的是状态开始的时点，而不是状态开始后的时段。"宴酣"

---

① 闻一多，吕明涛. 闻一多——诗经讲义稿笺注［M］. 北京：当代世界出版社，2008：109－110.

后往往可以增加"之时""之际"等时点词语。文献中,"宴""燕""醼"通用,"宴酣"又作"燕酣""醼酣",与"宴酣"结构一致且所指略同的亦有"酒酣""饮酣"。

那么,以"宴酣"之正义解"宴酣之乐,非丝非竹"为"宴饮进入尽兴状态时的乐趣或者欢乐、快乐,不在于音乐",我们便很难接受,因为在语义上是说不通的,既然尽兴自然快乐、欢愉,饮酒已经实现,饮酒之乐与赏乐之乐相辅相成,我是我你是你,你"宴酣之乐"本身已为乐,何必谈及非我音乐所能?因此,所谓的"宴酣之乐"乃音乐,尽管"非丝非竹",与后文投壶、下棋、行令饮酒等,恰是古人行乐之诸样式。这样,"宴酣之乐,非丝非竹"自然容易理解,是宴饮尽兴时的音乐,不是乐器所弹奏出的。

2. 酒与乐

酒与音乐自古以来就难舍难分。乐和酒均为古礼的重要内容,如《礼记·郊特牲》:"饮,养阳气也,故有乐;食,养阴气也,故无声。凡声,阳也。"可见,音乐主阳,古礼中有饮则有乐,单食则无乐。酒和音乐结下了不解之缘,如影随形,在古人的观念中似乎有酒必有乐。从王侯将相到贩夫走卒,享受酒乐之乐,娱心娱情,好不痛快。

文献中的材料给我们的又一个重要信息是,宴饮进入尽兴状态时是乐起的最佳时间,也是必然之际(宴酣之时,另有一个程序性的活动是祝寿,如《战国策·赵策三》:"平原君乃置酒,酒酣起前,以千金为鲁连寿。"《史记·项羽本纪》:"庄则入为寿,寿毕,曰:'君王与沛公饮,军中无以为乐,请以剑舞。'"实际上就是开始单独敬酒、助兴怡情。),如"酒酣乐进""酒酣乐作""饮酣乐作""饮酣乐奏"等直接的叙述。

3. 乐与政

音乐在古人的观念中是尤为重要的,礼和乐是儒家所提倡的治国安邦的支柱,儒家学者反复申说这个道理。音乐和政治实际上是紧密结合的,正所谓"寓乐于政"。音乐反映民情,观乐可知民情,乐教之目的便是使人无怨而平易良善,民风反映的恰恰是政教之实貌。欧阳修《醉翁亭记》所言者何？"然而禽鸟知山林之乐，而不知人之乐；人知从太守游而乐，而不知太守之乐其乐也。"已明其"与民同乐"之主旨。太守之宴会上的众宾欢、太守乐何以体现，理应有音乐出现方可，但丝竹之乐者享乐之需，"真乐'yuè'"方彰显与民同乐。此时，非丝非竹，众宾欢之场景即是美妙的音乐，与上文"滁人游"可观民乐之一斑。

（五）初中《语文》九年级下《送东阳马生序》

寓逆旅，主人日再食，无鲜肥滋味之享。同舍生皆被绮绣，戴朱缨宝饰之帽，腰白玉之环，左佩刀，右备容臭，烨然若神人；余则缊袍敝衣处其间，略无慕艳意。

"环"，书下无注释，讲解中教师也很容易忽略。离家在外之人佩戴玉环寓意明显，就是希望平安回来。环，还也。如同送别以折柳的方式，柳即留。

四、挖掘汉语的韵律美

汉语记录了我们的生活，丰富了我们的生活，也让我们更优雅地生活。汉语词汇以单音节为主，由此形成了大量的同音词、音近词、多义词，特别是古汉语中词汇以单音节为主，于是从《诗经》开始，汉语的韵文讲究韵律，读起来朗朗上口，听起来和谐悦耳。汉语的韵律美取决于汉语的语音特征。这里，我们从语音的角度，谈一谈韵文中的韵律美。

（一）押韵

早期韵文的押韵相对自由，可以连续押韵，可以隔句押韵，可以换韵，可以押邻韵。例如：

关 雎

关关雎鸠，在河之洲。窈窕淑女，君子好逑。
参差荇菜，左右流之。窈窕淑女，寤寐求之。
求之不得，寤寐思服。悠哉悠哉，辗转反侧。

参差荇菜，左右采之。窈窕淑女，琴瑟友之。
参差荇菜，左右芼之。窈窕淑女，钟鼓乐之。

燕歌行

曹　丕

秋风萧瑟天气凉，草木摇落露为霜，群燕辞归鹄南翔。
（鹄南翔一作：雁南翔）
念君客游思断肠，慊慊思归恋故乡，何为淹留寄他方。
（思断肠一作：多断肠；何为一作：君为）
贱妾茕茕守空房，忧来思君不敢忘，不觉泪下沾衣裳。
援琴鸣弦发清商，短歌微吟不能长。
明月皎皎照我床，星汉西流夜未央。
牵牛织女遥相望，尔独何辜限河梁。

近体诗的押韵则要讲究得多：
（1）偶句入韵，首句不入韵。例如：

送友人

李　白

青山横北郭，白水绕东城。
此地一为别，孤蓬万里征。
浮云游子意，落日故人情。
挥手自兹去，萧萧班马鸣。

这是二、四、六、八句入韵。如果是绝句，就是二、四入韵。例如：

两个黄鹂鸣翠柳，一行白鹭上青天。
窗含西岭千秋雪，门泊东吴万里船。（杜甫《绝句》）

（2）偶句入韵，且首句入韵。例如：

使至塞上

王　维

单车欲问边,属国过居延。
征蓬出汉塞,归雁入胡天。
大漠孤烟直,长河落日圆。
萧关逢候骑,都护在燕然。

一、二、四、六、八句,押 ān 韵。绝句一、二、四入韵。例如:

寄扬州韩绰判官

杜　牧

青山隐隐水迢迢,秋尽江南草未凋。
二十四桥明月夜,玉人何处教吹箫。

近体诗为了声韵和谐,一般只押平声韵。

词、曲的押韵,由词牌、曲牌决定。从形式上来说,相对自由。例如:

相见欢

李　煜

无言独上西楼,月如钩。寂寞梧桐深院锁清秋。
剪不断,理还乱,是离愁。别是一般(番)滋味在心头。

有的是一韵到底,且平声、仄声可通押。例如:

渔家傲·秋思

范仲淹

　　塞下秋来风景异，衡阳雁去无留意，四面边声连角起，千嶂里，长烟落日孤城闭。
　　浊酒一杯家万里，燕然未勒归无计，羌管悠悠霜满地，人不寐，将军白发征夫泪。

天净沙·秋思

马致远

　　枯藤老树昏鸦，
　　小桥流水人家，
　　古道西风瘦马。
　　夕阳西下，断肠人在天涯。

　　至于现代诗歌则更要自由，只要朗朗上口，形式不拘一格。例如：

雨　巷

戴望舒（节选）

　　撑着油纸伞，
　　独自彷徨在悠长、悠长，
　　又寂寥的雨巷。
　　我希望逢着，
　　一个丁香一样的，
　　结着愁怨的姑娘。

　　押韵的韵不关注韵头，要求韵腹相同、相近，有韵尾的韵尾必须相同。例如，《使至塞上》先韵的"边""天"和仙韵的"延"

"圆""然",韵头不同;《渔家傲》下阕止韵的"里"、霁韵的"计"和至韵"地""寐""泪",上声、去声相押,韵腹相近。

值得注意的是押韵在表达情感方面也有积极的作用。典型的是押入声韵更能凸显悲伤的情绪。例如:

声声慢

李清照

寻寻觅觅,冷冷清清,凄凄惨惨戚戚。乍暖还寒时候,最难将息。三杯两盏淡酒,怎敌他、晚来风急!雁过也,正伤心,却是旧时相识。

满地黄花堆积,憔悴损,如今有谁堪摘?守着窗儿,独自怎生得黑!梧桐更兼细雨,到黄昏、点点滴滴。这次第,怎一个愁字了得!

《声声慢》(寻寻觅觅)以朴素清新的口语入词,抒写词人在国破家亡遭受劫难后的忧愁苦闷,通篇写"愁",徘徊低迷,婉转凄楚。学生要注意揣摩词人因外物触发的内心波澜,体会词作是如何渲染这种愁绪的。这首词手法独到,起句便用十四个叠字,反复诵读,体会叠字中包孕的情感及其递进层次。这一段文字提供了赏析脉络,发挥了很好的导读作用。其中,可以增补的是,本词押入声韵,入声韵由于以 [p] [t] [k] 收尾发音短促,大有抽咽之感,在愁绪渲染上极有意义。

(二) 平仄

魏晋南北朝以来,文人又发现了声调,确定汉语的平、上、去、入四声,现代汉语发展为阴平、阳平、上声、去声。文人发现声调的同时,也发现了声调在韵文中的韵律美,便积极尝试在文学作品中运用,创作高低起伏、抑扬顿挫的音乐效果。至唐代,诗歌发展为律诗,平仄格式要求相对严格。平,大体对应现代的阴平、阳平;上、去是仄,多数对应现在的上声、去声;入声也是仄,北方方言中多数已经消失,需要特别记忆。声调是音高形式,平仄相间必然充满音乐性。比如：

次北固山下

王　湾

客路青山外，行舟绿水前。潮平两岸阔，风正一帆悬。
仄仄平平仄，平平仄仄平。平平平仄仄，平仄仄平平。
海日生残夜，江春入旧年。乡书何处达？归雁洛阳边。①
仄仄平平仄，平平仄仄平。平平平仄仄，平仄仄平平。

平仄在近体诗中逐渐发展成熟。这里我们以五言律诗为基础，介绍平仄的基本知识。五言律诗的基本平仄句式为：

A：仄仄仄平平　　　a：仄仄平平仄
B：平平仄仄平　　　b：平平平仄仄

律诗就是四个形式的组合，需要记住四个基本平仄句式。这是学习和讲授律诗平仄的基础。掌握了下面的几个重要概念，也就明白了律诗的平仄问题。

（1）出句和对句：出句是律诗每一联的上一小句，对句则是下一小句。出句、对句构成一联，一般为四联，八小句，四大句。

（2）对：指的是每一联的出句和对句平仄格式是相对的，就是A（a）组和B（b）组之间的事情。但律诗必须押平声韵，因而出句是A，对句是B；出句是a，对句也是B；出句是B，对句A；出句是b，对句也是A。

（3）黏：指的是下一联的出句和上一联的对句平仄格式必须是同一大类的，或为A类，或为B类。这句话也可以表述为下一联的出句和上一联的对句的第二字的平仄格式相同。

（4）一三不论，二四分明：指的是每一小句的第一字、第三字可不受限制，第二字和第四字则必须符合格式要求。（七言为一、三、五不论，二、四、六分明）这只是粗略地说。

---

① 加粗字为入声字。

第四章 汉语语音与语文教学

（5）孤平和三平调：孤平指的是"B：平平仄仄平"，第一字如果不用平声字，除了韵脚外，就只有一个平声字，这就是孤平；三平调是"A：仄仄仄平平"，第三字必须是仄，否则就出现了三个平声连在一起的现象。孤平和三平调是律诗大忌，但仅限于这两种格式，其他不算。如"b：平平平仄仄"就不是三平调，"A：仄仄仄平平"也不能算是孤平。

实际上，末尾三个仄声连在一起也是不和谐的。因此，"b：平平平仄仄"中，第三字如果用了仄声，一般第四字也要用平声。

（6）拗和救：拗就是该用平的地方用了仄，或该用仄的地方用了平，一般指的是前者。拗，就是拗口了，不和美了。因此，就要将拗字后面距离最近的合乎规则的字改为平仄相反的字。（注意：韵脚字是必须符合要求的，不参与拗救）比如，"b：平平平仄仄"第二字用了仄声字，就拗了。怎么办？在作诗过程中，就需要将这个字后面最近的一个本应用仄声的字改用平声，以求和谐。第二字拗了，"b平平平仄仄"就成了"平仄平仄仄"，救后就是"平仄平平仄"。有时候，本句救不了，那就得用下一句救了。比如，"a仄仄平平仄"的第四字用的是仄声字就拗了。本句后面离它最近的仄声是韵脚，不能动，就得看它的下一句。根据对的原则，它的下一句是"B：平平仄仄平"，就将这里的第三字用作平声。

（7）律诗的四种基本格式：

①首句为仄起平收，为"A：仄仄仄平平"，即首句入韵（韵脚平声）。

仄仄仄平平，（对上句）平平仄仄平。

（黏上句）平平平仄仄，（对上句）仄仄仄平平。

（黏上句）仄仄平平仄，（对上句）平平仄仄平。

（黏上句）平平平仄仄，（对上句）仄仄仄平平。

②首句为仄起仄收，为"a：仄仄平平仄"，即首句不入韵。

仄仄平平仄，（对上句）平平仄仄平。

（黏上句）平平平仄仄，（对上句）仄仄仄平平。

231

（黏上句）仄仄平平仄，（对上句）平平仄仄平。
（黏上句）平平平仄仄，（对上句）仄仄仄平平。

③首句为平起平收，为"B：平平仄仄平"，即首句入韵。
平平仄仄平，（对上句）仄仄仄平平。
（黏上句）仄仄平平仄，（对上句）平平仄仄平。
（黏上句）平平平仄仄，（对上句）仄仄仄平平。
（黏上句）仄仄平平仄，（对上句）平平仄仄平。

④首句为平起仄收，为"b：平平平仄仄"，即首句不入韵。
平平平仄仄，（对上句）仄仄仄平平。
（黏上句）仄仄平平仄，（对上句）平平仄仄平。
（黏上句）平平平仄仄，（对上句）仄仄仄平平。
（黏上句）仄仄平平仄，（对上句）平平仄仄平。

七言律诗平仄句式与五言律诗大体相同，只是在相应句式前多用了两个与后字平仄相对的字，即：

A：平平仄仄仄平平　　　a：平平仄仄平平仄
B：仄仄平平仄仄平　　　b：仄仄平平平仄仄

四种基本格式也是如此。下面，我们以五言诗为例，分析其中的拗、救现象。

送杜少府之任蜀州

王　勃

城阙辅三秦，风烟望五津。
平仄仄平平，平平仄仄平。仄起平收，第一字平，没问题，因为一三不论。

与君离别意，同是宦游人。
仄平平仄仄，平仄仄平平。第一三字仄，没问题，因为一三不论。

· 232 ·

第四章　汉语语音与语文教学

海内存知己，天涯**若**比邻。
仄仄平平仄，平平仄仄平。
无为在歧路，儿女共沾巾。①
平平仄平仄，平仄仄平平。出句三字仄声，末尾三仄相连，第四字救。

望洞庭湖赠张丞相

孟浩然

八月湖水平，涵虚混太清。
仄仄平仄平，平平仄仄平。出句第三字平声，三平调，第四字救。

气蒸云梦**泽**，波撼岳阳城。
仄平平仄仄，平仄仄平平。出句一字仄，对句一字平。一三不论，可不救。

欲济无舟**楫**，端居耻圣明。
仄仄平平仄，平平仄仄平

坐观垂钓者，徒有羡鱼情。
仄平平仄仄，平仄仄平平。出句一字仄，对句一字平。一三不论，可不救。

利用平仄格式可以解决一些音读问题，如"涵虚混太清"，"混"有平声和去声两读，从意义上来说 hún 是和天空浑然一体，hùn 是掺入、连接为一体，都能说得清。据平仄格式"平平仄仄平"，可知音为去声 hùn 为洽。另如：

---

① 加粗字为入声字。

题破山寺后禅院

常　建

清晨入古寺，初日照高林。
平平仄仄平，平仄仄平平。对句一字仄，一三不论。
曲径通幽处，禅房花木深。
平仄平平仄，平平仄仄平。出句一字平，一三不论。
山光悦鸟性，潭影空人心。
平平平仄仄，平仄仄平平。对句一字平，一三不论。
万籁此都**寂**，但余钟磬音。①
仄仄仄平仄，平平平仄平。出句三字仄，对句三字平，一三不论。

　　这首诗中，颈联"潭影空人心"中"空"有平声和去声两读。很明显，"仄仄仄平平"句式中第三字必须是"仄"，否则就是三平调。因此，"空"为去声，意义为"使……空"。

　　语言的物质外壳语音，整齐对立，系统性非常明显。特别是汉语，声韵调齐全，音节短小，元音占优势，音乐性极强。漫长的历史发展过程中，汉语留下了丰富的书面语，韵文、散文完备。其中，有多彩的用字现象，有优美的诗词歌赋，有气势磅礴的历代散文，等等。基于文字、透过语音，探究汉语言文字的奥妙，这无疑是当代中国学人的幸运之事。依托语音的语言教学、词汇教学、语法教学和文字教学，是一个系统的整体。任何要素的教学都是以点带面的牵引式教学，都是在整体中看个体。教学中一定要有整体观，综合运用理论解决实际问题。

---

① 加粗字为入声字。

参考文献

[1] 王力. 汉语史稿 [M]. 北京：中华书局，1980.

[2] 吕叔湘. 近代汉语指代词 [M]. 上海：学林出版社，1985：序.

[3] 袁宾. 近代汉语概论 [M]. 上海：上海教育出版社，1992.

[4] 潘悟云. 汉语历史音韵学 [M]. 上海：上海教育出版社，2000.

[5] 张斌. 现代汉语（第二版）[M]. 北京：中央广播电视大学出版社，2003.

[6] 李如龙. 论汉语和汉字的关系及相关的研究 [J]. 语言教学与研究，2009（4）.

[7] 黄伯荣，廖序东. 现代汉语（增订六版）[M]. 北京：高等教育出版社，2017.

[8] 李家瑞. 云南几个民族记事和表意的方法 [J]. 文物，1962（1）：12—14.

[9] 孟维智. 汉字起源问题浅议 [J]. 语文研究，1980（1）：94—109.

[10] 王襄. 簠室殷契 [J]. 历史教学，1982（9）：13—14.（此为遗稿，初作于1955年）

[11] 王宇信. 关于殷墟甲骨文的发现 [J]. 殷都学刊，1984（4）：2—9.

[12] 沈一清. 我国古代文字起源初探 [J]. 河北大学学报, 1988 (1)：61－68.

[13] 徐中舒. 甲骨文字典 [Z]. 成都：四川辞书出版社, 1989.

[14] 裘锡圭. 从纯文字学角度看简化字 [J]. 语文建设, 1991 (2)：18－20.

[15] 王凤阳. 汉字的演进与规范 [J]. 语文建设, 1992 (4)：14－21.

[16] 王宁. 汉字构形理据与现代汉字部件拆分 [J]. 语文建设, 1997 (3)：4－9.

[17] 王宁. 汉字应用通则 [M]. 沈阳：春风文艺出版社, 1999.

[18] 董琨. 从甲骨文到简化汉字 [M]. 北京：语文出版社, 1999.

[19] 王力. 同源字典 [Z]. 北京：商务印书馆, 2002.

[20] 张斌. 现代汉语（第二版）[M]. 北京：中央广播电视大学出版社, 2003.

[21] 苏培成. 重新审视简化字 [J]. 北京大学学报, 2003 (1)：121－128.

[22] 唐兰. 中国文字学 [M]. 上海：上海古籍出版社, 2005.

[23] 黄晓宁, 冯雪冬. 娘≠孃 [J]. 西华师范大学学报, 2005 (1)：63－65.

[24] 王柏松. 书写 [M]. 北京：人民教育出版社, 2007.

[25] 卜启文. 同源字研究综述 [J]. 湖北广播电视大学学报, 2009 (4)：114－115.

[26] 贾璐. 释"疾" [J]. 汉字文化, 2010 (3)：79－80.

[27] 党怀兴, 陶生魁. 仓颉造字与汉字崇拜文化 [J]. 陕西师范大学学报（哲学社会科学版）, 2011 (5)：53－57.

[28] 周有光. 语文闲谈（初编）[M]. 北京：生活·读书·新知三联书店，2012.

[29] 裘锡圭. 文字学概要 [M]. 北京：商务印书馆，2013.

[30] 喻遂生. 文字学教程 [M]. 北京：北京大学出版，2014.

[31] 钱杭. "口述世系"与"口述家谱"略论 [J]. 上海师范大学学报（哲学社会科学版），2014（1）：102－109.

[32] 刘艳娟. 同源字、同源词辨析 [J]. 学行堂文史集刊，2014（1）：52－56.

[33] 义务教育教科书《语文》7—9年级 [M]. 北京：人民教育出版社，2018.

[34] 林沄. 豊丰再辨 [J]. 古文字研究（第32辑），2018：12－16.

[35] 冯雪冬. 国学讲义 [M]. 沈阳：沈阳出版社，2018.

[36] 洪飑，朱添. 汉字字源及应用解析500例 [M]. 大连：辽宁师范大学出版社，2019.

[37] 清华大学国学研究院. 马衡文存 [M]. 南京：江苏人民出版社，2020.

[38] 伍铁平. 词义的感染 [J]. 语文研究，1984（3）：57－58.

[39] 孙雍长. 古汉语的词义渗透 [J]. 中国语文，1985（3）：207－213.

[40] 汉语大词典编委会编纂. 汉语大词典 [Z]. 上海：汉语大词典出版社，1986－1994.

[41] 许嘉璐. 论同步引申 [J]. 中国语文，1987（1）：50－56.

[42] 朱庆之. 佛典与中古汉语词汇研究 [M]. 台北：台湾文津出版社，1992：196－210.

[43] 周荐. 词汇学问题 [M]. 天津：天津古籍出版社，1998.

[44] 张博. 组合同化：词义衍生的一种途径［J］. 中国语文, 1999（2）：129－136.

[45] 温端政, 周荐. 二十世纪的汉语俗语研究［M］. 太原：书海出版社, 2000.

[46] 史有为. 汉语外来词［M］. 北京：商务印书馆, 2000.

[47] 赵艳芳. 认知语言学概论［M］. 上海：上海外语教育出版社, 2001.

[48] 张斌主编. 现代汉语（第2版）［M］. 北京：中央广播电视大学出版社, 2003.

[49] 张博. 汉语同族词的系统性与验证方法［M］. 北京：商务印书馆, 2003.

[50] 陈秀兰. 成语探源［J］. 古汉语研究, 2003（1）：78－79.

[51] 张小平. 当代汉语词汇发展变化研究［M］. 济南：齐鲁书社, 2008.

[52] 张志毅, 张庆云. 词汇语义学（第3版）［M］. 北京：商务印书馆, 2012.

[53] 冯雪冬. 宋代笔记词汇研究［D］. 上海：上海师范大学, 2015.

[54] 冯雪冬. 国学讲义［M］. 沈阳：沈阳出版社, 2018.

[55] 冯雪冬. 语言的对称性与汉语词汇的发展演变研究［J］. 鞍山师范学院学报, 2018（3）：59－65.

[56] 冯雪冬. 宋代笔记语言概论［M］. 郑州：大象出版社, 2020.

[57] 张斌. 现代汉语［M］. 北京：中央广播电视大学出版社, 2003.

[58] 黄伯荣, 廖序东. 现代汉语（增订六版）［M］. 北京：高等教育出版社, 2017.

[59] 朱德熙. 语法讲义［M］. 北京：商务印书馆，1982.

[60] 张斌，胡裕树. 汉语语法研究［M］. 北京：商务印书馆，1989.

[61] 曹炜. 现代汉语词汇研究［M］. 北京：北京大学出版社，2004.

[62] 符淮青. 现代汉语词汇（增订本）［M］. 北京：北京大学出版社，2004.

[63] 傅雨贤. 现代汉语语法学（增订本）［M］. 广州：广东高等教育出版社，1994.

[64] 郭启熹. 古音与教学［M］. 福州：福建教育出版社，1986.

[65] 汉语大词典编委会编纂. 汉语大词典［M］. 上海：汉语大词典出版社，1994.

[66] 张清源，等. 现代汉语知识辞典［M］. 成都：四川人民出版社，1990.

[67] 邹晓丽. 传统音韵学教程［M］. 上海：上海辞书出版社，2002.

[68] 张斌. 现代汉语［M］. 北京：中央广播电视大学出版社，2003.

[69] 周一民. 现代汉语（修订版）［M］. 北京：北京师范大学出版社，2006.

[70] 张宇. 浅议汉语拼音字母名称音的改革——为纪念《汉语拼音方案》诞生50周年而作. 中央电大学科研究（第4辑），2009（1）：142－147.

[71] 杨勇军，（清）钱大昕. 十驾斋养新录［M］. 上海：上海书店出版社，2011.

[72] 林焘，王理嘉. 语音学教程（增订版）［M］. 北京：北京大学出版社，2013.

［73］黄伯荣，廖序东.现代汉语（增订六版）［M］.北京：高等教育出版社，2017.

［74］冯雪冬."宴酣之乐（lè）"还是"宴酣之乐（yuè）"——兼谈古诗文翻译问题［J］.鞍山师范学院学报，2022（5）：27－32.

结　语

结　语

　　语文教学是一项看起来简单的工作。倘若没有一定的基础，非要挂到讲台上不可。语文似乎是谁都能说出个三四五六，却谁也听不出个三四五六。不过，这是就文学而言的。长时期以来，语言文字的教学一直是处于文学教学的附庸地位。从上学读书的第一天起，学习拼音，进而认字、写字，就是为了满足读书的需要，这本来也无可厚非。让人遗憾的是，教学中的认字、写字、遣词造句，乃至诗文翻译等都变成了死记硬背。当死记硬背可以来获得分数的时候，很多人自然不愿意去关注那个"所以然"。小学研究小学的，初中研究初中的，高中再来研究高中的，各管一段。见效慢的事情谁也不愿意做，为他人作嫁衣裳更是得不偿失。功利之气弥漫于教育教学中，语文素养无从谈起，创新动力无从谈起，汉语言文字中彰显文化自信的要素也无从挖掘和继承。于是，优美的语言文字经过灌输后变得枯燥无味，晦涩难懂。结果是，老师懒得查、懒得解释、懒得在这上面耗费时间；学生全凭经验积累，一遍一遍地刷题，其负担越来越重。当然，这不只是语文一门学科的问题。

　　从严格意义上来说，学习是终身的事情，就是一般所说的终身学习。求学的路上没有捷径，也不应该有捷径。我们不否定方法，科学合理的学习方法肯定能够提高效率。我们是针对功利而言，是针对应试教育而言。当下的教育存在两个极端，一是大教育家的大方法，玄而又玄，术语横飞，为了方法而方法，脱离实际；二是小教育家功利地针对考试，那些高大上的理论最多在公开课、技能竞赛中表演一番，连传统地讲授都失去了耐心，直接奔着分数去了。这个考，那个不考；这个押对了，那个没押对……大家的精力放在了语文之外，对语言文字部分的内容更是鲜有问津，因为"不考"。考试本身没有问题，作为检验教与学的尺子也没有问题。问题是我们如何对待考试，如何提高成绩。语文素养的提升是个慢功夫，语文要学的太多、太博杂。对学生来说，就是要多读书，广泛地阅读；对教师来说，需要多查、多积累；对缺乏教学实践的教育家来说，至少要精通语言或文学的某一方面。老一代语文教育家吕叔湘先生是语法学家，叶圣陶先生是文学家；当下的王宁先生、温儒敏先生，都是语言文学领域的专家。不懂语言、不懂文学，空对空地谈理论、谈方法，除了模仿人家把外来的内容引进来，再换个说法恐怕没有别的办法。

基础教育的一线语文教师担子重，又很迷茫，处于应试的氛围中无所适从。不循规蹈矩，怕丢了成绩又显得不合群；想充充电多学些，却碍于应付各类事务没有时间。就我们所接触的语文教师，特别是初中语文教师，的确没有读书、研究的时间和精力。结果是事态愈加严重，情况越来越糟糕。语文成绩的提升必然源自语文素养，而非押题不押题，字词方面的问题也必然是考核的重要内容。谁讲语文、怎么讲语文，从教育的终极目的而言都是提升素养，从教学的阶段性检验而言都是提高成绩。好好讲课，一定能奠定基础，一定能循序渐进地提升。我们的这本小书也许可以作为语文教师缩短读书时间、提高学习效率的阅读参考，进而作为汉语言文字教学的一个助手，虽然它一定有很多的不足。另外，我们一定要积极利用各类工具书，解决语言文字教学中的问题。比如，《新华字典》《现代汉语词典》《王力古汉语字典》《汉语大字典》《汉语大词典》等，这些可以视为语文教师使用辞书的核心层；《甲骨文字典》《字源》《说文解字》《现代汉语虚词词典》等，这些是边缘层面的辞书，条件允许能利用最好。当下，获取信息的渠道丰富多样，直接地利用网络资源自然可以提高效率。比如，汉字的上古、中古音，我们可以利用古音小镜网站查询；一般的问题，也可以直接借助百度等。不过，因为用于教学，一定求真求准，对获取的信息要仔细甄别。

语言文字的教学，方法论不能排在第一位，语文教学甚至所有的教学都是如此。学问是动力的源泉，只有有学问的教师的课堂，

结　语

才有可能是有营养的课堂。无论怎样，多读书、增强学养都不可能是坏事，方法只能是锦上添花。如果我们都乐于读书、享受读书，乐于研讨问题、解决问题，我们一定会在教育中获得更为愉悦的享受。

作　者

2023 年 11 月